MOVIES 300 WORD SEARCH PUZZLES

Marcel Danesi, Ph.D.

chartwell
books

INTRODUCTION

The word search puzzle is among the most popular puzzles today. It challenges us to detect words hidden a in seemingly random arrays of letters. In America, the first word search puzzle appeared in the March 1, 1968 issue of the *Selenby Digest* in Norman, Oklahoma. The puzzle caught on quickly, as teachers in the local schools started asking for reprints for their classes. A similar puzzle was invented by Spanish puzzle creator Pedro Ocón de Oro in the early 1960s.

Movies have been important since they came into existence at the end of the nineteenth century, bringing us together to discuss common problems and ideas. To quote the great director, Martin Scorsese: "Now more than ever we need to talk to each other, to listen to each other and understand how we see the world, and cinema is the best medium for doing this."

If you like movies, this puzzle collection is for you. It consists of 300 word searches covering all the main themes related to cinema, from Academy Award-winning actors and directors to silent movies and contemporary genres.

The puzzles have been organized into three levels of difficulty and can be easily identified by their colors—blue for easy, green for moderate, and red for difficult.

PART 1: EASY

The puzzles in this part are relatively easy because the words are read only from left to right or up-down. But the words may also cross. In the case of actors, directors, etc. you are given their full names in the lists and will need to find their last names in the puzzle grid. In the case of movie titles, you will have to find just the underlined part (unless it is a single-word title).

PART 2: MODERATE

These word searches are a little trickier because the words can go in any direction—left-right, right left, up-down, down-up, but not diagonally. They may also cross. Also, beginning with this section you will no longer be given the hint of knowing the last name of the actor or director, adding to the challenge of the moderate and difficult puzzles.

PART 3: DIFFICULT

The puzzles here are classified as difficult for the reason that they now can cross in all directions—left-right, right left, up-down, down-up, and this time, also diagonally (in any direction).

L	L	A	W	R	E	N	C	E	A	W	P	R	E	B
S	L	A	S	W	A	K	L	W	W	I	O	N	S	L
T	E	S	W	A	N	K	B	U	I	L	R	L	O	A
R	B	U	L	L	K	C	W	I	N	H	T	E	R	N
E	M	C	M	R	D	A	N	D	S	R	M	M	O	C
E	S	L	A	R	S	O	N	T	L	O	A	N	E	H
P	M	R	R	E	N	C	O	L	E	M	N	B	U	E
M	B	U	L	L	O	C	K	S	T	N	E	C	O	T
T	T	A	C	O	L	M	A	N	C	O	T	I	L	T
W	I	T	H	E	R	S	P	O	O	N	M	U	I	L
M	O	O	R	E	W	T	H	R	S	P	N	O	O	M
M	R	R	E	N	M	C	D	O	R	M	A	N	D	S
M	I	R	R	E	N	C	T	L	L	A	R	D	S	R
S	W	K	N	B	U	L	L	O	S	T	O	N	E	M
C	O	T	I	L	L	A	R	D	I	R	R	E	N	S

OLIVIA COLMAN

FRANCES MCDORMAND

EMMA STONE

BRIE LARSON

JULIANNE MOORE

CATE BLANCHETT

JENNIFER LAWRENCE

MERYL STREEP

NATALIE PORTMAN

SANDRA BULLOCK

KATE WINSLET

MARION COTILLARD

HELEN MIRREN

REESE WITHERSPOON

HILARY SWANK

S	C	O	T	T	N	L	A	N	S	C	O	S	T	T
P	M	C	H	E	A	U	X	S	C	O	R	C	E	S
I	N	O	N	O	L	A	N	L	A	P	N	O	B	U
E	B	R	T	O	N	M	Y	A	K	P	Z	R	Z	I
L	H	L	L	E	R	B	I	G	E	O	L	S	O	M
B	U	R	T	O	N	S	C	O	T	L	T	E	S	I
E	C	O	P	P	L	O	L	A	G	A	R	S	W	C
R	C	R	O	O	J	S	C	O	B	T	R	E	S	H
G	H	M	I	Y	A	Z	A	K	I	M	R	S	E	E
W	C	S	S	E	C	S	E	S	G	E	B	G	E	A
W	L	O	W	S	K	O	T	T	E	C	R	E	O	U
O	G	R	W	I	S	G	H	E	L	L	E	R	A	X
O	D	C	A	R	O	V	R	N	O	A	Y	W	G	L
D	U	V	E	R	N	R	N	I	W	C	O	I	P	A
D	U	V	E	R	N	A	Y	S	C	O	T	G	C	O

STEVEN SPIELBERG

MARTIN SCORSESE

RIDLEY SCOTT

JOHN WOO

CHRISTOPHER NOLAN

TIM BURTON

HAYAO MIYAZAKI

PETER JACKSON

KATHRYN BIGELOW

NIKI CARO

SOFIA COPPOLA

AVA DUVERNAY

GRETA GERWIG

MARIELLE HELLER

OSCAR MICHEAUX

Answer on page 303

AWARD-WINNING ACTORS (MALE)

```
O  L  D  M  A  N  A  L  D  E  G  K  R  H  W
W  H  T  A  K  R  A  F  I  F  X  F  E  O  H
M  A  L  E  K  N  B  I  C  T  H  T  D  R  I
B  R  E  G  E  A  R  H  A  R  P  D  M  N  T
A  B  W  L  E  B  A  D  P  I  I  P  A  I  A
P  I  I  E  C  R  H  I  R  D  T  G  Y  S  K
B  C  S  W  O  M  A  P  I  L  T  H  N  Y  E
R  H  T  N  A  P  M  F  O  M  A  E  N  R
I  D  U  S  H  I  R  D  I  N  F  R  I  H  T
D  P  F  O  N  D  A  G  E  S  O  P  L  O  D
G  F  O  O  X  X  I  C  F  D  I  E  O  F  O
E  M  X  C  O  N  A  U  I  G  H  M  E  F  Y
S  D  X  H  D  U  J  A  R  D  I  N  F  M  X
E  L  W  I  S  L  E  W  T  I  S  W  T  A  A
M  C  C  O  N  A  U  G  H  E  Y  K  E  N  R
```

RAMI MALEK

GARY OLDMAN

F. MURRAY ABRAHAM

LEONARDO DICAPRIO

EDDIE REDMAYNE

MATTHEW MCCONAUGHEY

DANIEL DAY-LEWIS

JEAN DUJARDIN

COLIN FIRTH

JEFF BRIDGES

HENRY FONDA

BRAD PITT

FOREST WHITAKER

PHILIP SEYMOUR HOFFMAN

JAMIE FOXX

Answer on page 303

V	R	T	G	I	O	B	B	O	Y	H	O	D	N	F
E	V	E	R	T	I	G	O	F	G	H	T	P	O	A
C	P	R	S	G	O	D	Y	F	A	T	H	R	T	C
A	C	O	O	F	I	G	H	T	V	R	T	G	O	O
S	A	T	G	I	F	G	O	F	G	H	T	I	R	Z
A	S	O	O	E	F	I	O	L	F	P	A	R	I	S
B	A	R	D	L	L	I	D	T	G	O	O	D	O	N
L	B	I	F	D	L	D	P	L	R	T	E	P	U	O
A	A	O	A	K	O	A	M	I	N	D	N	R	S	T
N	N	U	T	B	R	O	Y	S	H	O	O	T	B	R
C	N	S	G	O	D	F	A	T	H	E	R	E	J	U
A	C	M	E	C	S	A	B	L	A	N	C	D	A	I
J	A	M	Z	D	E	P	A	R	T	E	D	J	Z	O
K	A	N	E	W	N	D	O	W	L	I	S	Z	Z	U
A	J	Z	Z	W	I	N	D	O	W	P	A	Z	I	S

CITIZEN <u>KANE</u>

THE <u>GODFATHER</u>

REAR <u>WINDOW</u>

CASABLANCA

BOYHOOD

VERTIGO

NOTORIOUS

SCHINDLER'S <u>LIST</u>

<u>FIGHT</u> CLUB

THE <u>LORD</u> OF THE RINGS

ETERNAL SUNSHINE OF THE SPOTLESS <u>MIND</u>

THE <u>DEPARTED</u>

A WOMAN OF <u>PARIS</u>

THE <u>JAZZ</u> SINGER

LILIES OF THE <u>FIELD</u>

Answer on page 303

G	O	L	D	B	E	R	G	G	L	D	B	R	G	H
A	G	R	B	O	F	R	E	H	A	N	K	S	M	E
R	B	R	E	G	M	N	S	T	E	W	C	T	P	P
B	E	R	G	M	A	N	H	E	P	B	R	C	T	B
O	M	F	C	O	O	L	V	I	R	E	R	A	O	U
A	N	R	H	N	P	T	I	T	F	I	O	R	I	R
C	R	E	P	R	H	P	B	U	R	N	L	R	E	N
H	R	M	L	O	L	I	V	I	E	R	R	O	R	C
A	O	N	I	E	S	T	E	W	E	R	T	L	S	H
P	E	P	N	C	R	S	U	I	M	S	E	L	M	A
L	B	R	E	G	S	T	E	W	A	R	T	T	T	P
I	S	T	W	A	R	T	M	O	N	R	E	O	H	L
N	N	P	O	I	T	I	E	R	P	S	M	I	T	H
G	R	B	O	C	H	P	L	I	N	M	N	O	R	O
M	O	R	I	T	A	R	C	R	U	I	S	E	B	E

GRETA <u>GARBO</u>

CHARLIE <u>CHAPLIN</u>

KATHARINE <u>HEPBURN</u>

WHOOPI <u>GOLDBERG</u>

INGRID <u>BERGMAN</u>

MARILYN <u>MONROE</u>

LAURENCE <u>OLIVIER</u>

MORGAN <u>FREEMAN</u>

JAMES <u>STEWART</u>

SIDNEY <u>POITIER</u>

TOM <u>HANKS</u>

DIAHANN <u>CARROLL</u>

PAT <u>MORITA</u>

WILL <u>SMITH</u>

TOM <u>CRUISE</u>

Answer on page 303

```
R O C C A S A B L A N C A R C
C A S B L A N C T T A N I C N
K I C I N D E R E L L A S S D
Y G O S T G H O S T F I P L R
R G H O S T S C T S N V U E E
W P S Y C H S K B G T O R E L
I G D F E L Y Y A O A Y M P L
N O T I T A N I C O S A A E A
G S S P E R A M N D I G N R N
S U P E R M A N B F A E S S O
W N G S S L L E B E P R L R B
F A N T A S I A O L E S E C O
C I N D R E E L D L A V P K D
O B A T M A N V Y A G R E Y Y
T T A N I C S T P S Y C H O O
```

WINGS	CINDERELLA	CASABLANCA	VOYAGERS
ALIENS	PSYCHO	ROCKY	GHOST
SUPERMAN	FANTASIA	TITANIC	NOBODY
BATMAN	GOODFELLAS	SLEEPERS	

Answer on page 303

C	O	N	T	A	C	T	C	N	T	A	T	C	W	W
M	M	I	N	R	E	P	T	I	O	M	A	Z	E	E
A	T	F	D	R	U	N	N	E	R	M	Z	E	S	S
T	R	E	E	I	S	N	W	P	I	C	E	R	T	W
R	A	R	R	V	M	N	K	E	Y	T	R	O	W	O
I	X	O	W	A	L	I	E	N	T	R	T	R	O	N
X	M	B	A	L	G	R	V	I	T	T	Y	S	R	R
A	U	O	T	G	G	R	A	V	I	T	Y	Y	L	L
I	N	C	E	P	T	I	O	N	T	I	O	N	D	D
M	D	O	D	N	T	A	C	T	G	R	A	L	R	M
A	E	P	R	M	O	N	K	E	Y	S	W	I	B	N
T	N	A	R	R	V	A	L	W	E	S	W	F	O	K
S	N	O	W	P	I	E	R	C	E	R	O	E	C	Y
X	W	S	T	S	R	L	D	G	R	A	R	Y	P	E
U	N	D	E	R	W	A	T	E	R	A	L	I	R	S

ARRIVAL   INCEPTION   TRON   ALIEN

CONTACT   ROBOCOP   GRAVITY   THE MATRIX

WESTWORLD   UNDERWATER   12 MONKEYS   HIGH LIFE

BLADE RUNNER   THE MAZE RUNNER SNOWPIERCER

Answer on page 304

N	O	P	S	Y	C	H	R	I	G	H	T	C	A	F
N	O	S	F	E	R	A	T	U	Q	U	I	E	S	R
L	G	Y	L	G	H	T	H	O	U	S	S	E	E	A
B	B	C	A	B	B	A	B	A	D	O	O	K	K	N
F	L	H	K	N	G	C	B	I	N	E	T	B	R	K
I	D	O	B	R	L	I	G	H	T	H	O	U	S	E
F	R	N	K	S	T	E	N	B	R	D	I	E	Y	N
C	A	B	I	N	E	T	I	N	V	S	U	B	L	S
B	A	B	A	D	F	O	L	L	O	W	S	O	K	T
A	O	C	L	I	G	R	I	C	A	B	B	I	N	E
Q	U	I	E	T	L	G	H	T	B	F	H	P	P	I
D	T	B	A	K	O	N	G	G	R	O	D	S	Y	N
O	I	N	V	S	V	I	B	L	I	L	E	Y	S	P
U	P	Y	F	R	H	E	R	E	D	I	T	A	R	Y
K	I	N	V	I	S	I	B	L	E	S	L	C	O	Y

US

GET OUT

A QUIET PLACE

THE CABINET OF
DR. CALIGARI

KING KONG

NOSFERATU

PSYCHO

THE INVISIBLE MAN

THE BRIDE OF
FRANKENSTEIN

THE BABADOOK

FRANKENSTEIN

THE LIGHTHOUSE

HEREDITARY

LET THE RIGHT ONE
IN

IT FOLLOWS

Answer on page 304

F	A	N	T	A	S	T	I	C	S	P	E	R	M	V
E	F	N	T	S	A	T	I	C	F	A	T	H	E	R
A	N	W	I	F	E	M	A	R	T	N	I	A	S	N
T	T	E	F	E	T	U	R	E	E	T	I	P	S	S
U	A	E	M	S	S	I	A	H	M	H	E	N	I	P
R	S	K	F	R	T	H	E	R	M	E	R	T	A	U
E	I	T	I	A	N	G	R	B	I	R	D	H	H	R
S	C	V	V	I	G	I	L	I	G	I	L	E	U	N
P	T	P	R	N	R	D	E	M	P	T	I	R	M	O
A	S	P	B	R	D	G	R	E	E	N	B	P	A	V
P	U	A	F	N	T	A	S	T	C	B	R	A	R	A
S	U	P	E	R	N	O	V	A	F	A	T	N	T	P
E	P	E	R	D	M	P	T	I	O	N	E	T	I	A
R	E	R	E	D	E	M	P	T	I	O	N	E	A	P
S	R	S	P	E	R	N	O	V	B	R	D	R	N	R

A FANTASTIC WOMAN

JUDAS AND THE BLACK MESSIAH

THE FATHER

IDENTIFYING FEATURES

BLACK PANTHER

LADY BIRD

JAKOB'S WIFE

A WEEK AWAY

THE VIGIL

SUPERNOVA

PAPER LIVES

FEAR OF RAIN

REDEMPTION DAY

THE MARTIAN

SOYLENT GREEN

G	G	R	V	E	S	C	O	L	R	I	N	S	G	S
R	R	D	S	H	C	O	L	L	I	N	S	G	R	N
A	E	P	E	B	L	L	S	E	G	P	E	R	A	G
P	A	R	K	S	P	R	A	K	G	S	R	I	Y	L
V	V	R	I	G	S	G	D	A	S	H	R	E	A	T
P	E	E	B	L	E	S	J	E	N	K	N	P	S	O
F	S	D	V	E	R	N	A	Y	R	E	S	E	E	N
U	F	U	Q	E	T	F	U	Q	U	A	R	R	D	D
Q	U	V	E	R	N	A	Y	J	E	N	K	R	S	V
R	S	I	N	G	L	E	T	O	N	F	Q	Y	W	E
A	T	R	C	L	L	I	N	S	C	O	L	L	R	R
R	O	N	S	J	E	N	K	I	N	S	P	R	E	N
S	R	E	G	R	E	E	V	S	E	S	R	E	E	Y
E	Y	S	S	I	N	G	E	L	T	N	K	S	S	F
S	T	T	D	U	V	E	R	N	A	Y	L	R	E	Q

WILLIAM GREAVES   SPIKE LEE   F. GARY GRAY   BARRY JENKINS

GORDON PARKS   MARLON RIGGS   ANTOINE FUQUA   DEE REES

MELVIN VAN PEEBLES   JULIE DASH   TYLER PERRY   AVA DUVERNAY

KATHLEEN COLLINS   JOHN SINGLETON   TIMOTHY STORY

Answer on page 304

B	R	O	W	S	T	C	K	B	N	G	C	A	C	M
B	R	O	O	M	S	T	I	C	K	S	D	D	A	C
A	P	C	R	P	A	C	F	I	C	D	A	N	M	M
N	J	A	L	H	O	U	S	E	L	A	P	C	E	E
G	L	B	D	A	N	C	E	R	J	Z	U	E	L	L
L	B	Y	R	N	T	H	J	A	Z	B	R	R	O	T
P	A	C	I	F	I	C	P	U	R	P	P	J	T	P
B	R	O	M	S	T	I	C	K	L	G	L	A	S	A
R	A	O	J	A	I	L	H	O	U	S	E	I	R	C
K	S	P	R	I	N	S	P	R	P	A	R	J	I	I
O	P	A	S	P	R	I	N	G	A	D	O	A	N	W
O	L	T	Y	A	B	R	T	H	J	Z	A	Z	G	A
L	A	B	Y	R	I	N	T	H	E	O	T	Z	L	G
S	D	P	A	T	C	R	G	D	O	O	N	A	A	O
T	Y	J	Z	Y	B	B	R	I	G	A	D	O	O	N

BEDKNOBS AND BROOMSTICKS

CHITTY CHITTY BANG BANG

WERE THE WORLD MINE

DANCER IN THE DARK

PURPLE RAIN

LABYRINTH

LIFE OF THE PARTY

THE DAY BEFORE SPRING

BRIGADOON

PAINT YOUR WAGON

MY FAIR LADY

CAMELOT

SOUTH PACIFIC

JAILHOUSE ROCK

THE JAZZ SINGER

Answer on page 304

```
C  C  O  C  O  C  O  L  O  G  A  N  I  D  G
S  M  U  R  A  I  D  R  V  E  R  H  A  U  D
A  D  V  N  T  U  R  E  S  D  R  I  V  N  N
A  D  V  E  N  T  U  R  E  S  C  I  V  K  K
Z  O  O  T  P  I  A  S  N  G  K  E  E  I  I
S  A  M  U  R  A  I  J  D  R  I  V  E  R  R
T  R  E  A  S  R  E  E  W  N  N  R  D  K  K
A  V  N  G  E  R  B  R  M  S  G  I  O  S  J
A  V  E  N  G  E  R  S  K  N  D  R  O  N  U
A  D  V  N  T  U  O  R  E  S  H  R  D  O  N
C  V  I  L  Z  O  W  T  C  I  V  I  L  P  G
M  I  S  S  I  O  N  T  R  A  S  U  R  E  L
Z  O  O  T  P  I  A  T  R  E  A  S  U  R  E
H  A  R  D  A  D  V  N  T  R  U  E  S  S  R
C  O  C  C  O  Z  O  O  T  O  P  I  A  K  I
```

THE AVENGERS	DUNKIRK	KING KONG	THE TREASURE OF THE SIERRA MADRE
JACKIE BROWN	COCO	ZOOTOPIA	CIVIL WAR
MISSION: IMPOSSIBLE	LOGAN	BABY DRIVER	THE JUNGLE BOOK
DIE HARD	THE ADVENTURES OF ROBIN HOOD	SEVEN SAMURAI	BLACK PANTHER

Answer on page 304

P	A	N	T	E	R	W	O	W	D	E	W	R	B	N
A	P	S	U	P	E	R	M	A	N	N	O	N	A	V
N	T	R	Z	A	N	A	M	S	E	R	N	I	T	E
T	H	O	R	T	H	R	K	P	I	G	D	H	M	N
H	I	N	C	R	D	B	L	S	A	V	E	N	A	G
E	T	K	N	I	G	H	T	R	A	G	R	O	N	R
R	I	N	C	R	D	I	B	E	L	S	S	H	A	S
S	A	A	V	E	N	G	E	R	S	A	V	E	N	G
H	K	I	N	I	N	C	R	E	D	I	B	L	E	S
Z	T	B	A	T	M	N	W	O	B	R	E	R	S	H
A	A	M	E	R	I	C	A	A	O	O	E	R	H	A
M	R	S	T	R	N	G	E	T	M	N	O	R	A	Z
R	Z	P	N	T	H	E	R	W	O	N	D	R	M	A
R	A	G	N	A	R	O	K	S	T	R	A	G	S	M
R	N	T	A	R	Z	A	S	T	R	A	N	G	E	A

SUPERMAN	THOR: RAGNAROK	THE DARK KNIGHT	IRON MAN
BATMAN	TARZAN	CAPTAIN AMERICA	DOCTOR STRANGE
WONDER WOMAN	THE INCREDIBLES	ANT-MAN AND THE WASP	
THOR	SHAZAM	THE AVENGERS	

Answer on page 305

T	H	U	N	D	E	R	B	A	L	L	E	D	E	S
W	T	H	N	D	R	B	A	L	L	V	E	I	W	V
I	H	S	E	C	R	E	T	R	U	S	S	A	I	I
C	N	O	Y	S	K	Y	F	A	G	G	D	M	T	E
E	D	C	E	G	O	L	D	E	O	L	I	O	W	W
A	R	T	S	S	E	C	R	E	L	D	M	N	C	R
M	B	O	M	T	L	O	V	E	D	F	O	D	E	T
O	A	C	O	H	T	O	P	U	F	N	B	S	L	I
O	L	T	O	U	G	O	L	D	I	G	D	E	V	S
N	L	O	R	N	S	G	S	I	N	E	S	A	E	K
R	O	P	A	D	I	O	M	O	G	R	N	D	A	Y
A	C	U	K	R	S	L	I	V	E	V	I	W	E	F
K	T	S	E	B	K	D	I	A	R	U	S	S	I	A
E	O	S	R	L	Y	E	D	I	M	O	N	D	S	L
R	P	Y	N	L	F	N	E	V	E	R	N	E	V	L

SKYFALL

GOLDFINGER

FROM <u>RUSSIA</u> WITH LOVE

THUNDERBALL

YOU ONLY LIVE <u>TWICE</u>

ON HER MAJESTY'S <u>SECRET</u> SERVICE

<u>DIAMONDS</u> ARE FOREVER

<u>LIVE</u> AND LET DIE

THE MAN WITH THE <u>GOLDEN</u> GUN

THE SPY WHO <u>LOVED</u> ME

MOONRAKER

FOR YOUR <u>EYES</u> ONLY

OCTOPUSSY

<u>NEVER</u> SAY NEVER AGAIN

A <u>VIEW</u> TO A KILL

```
M  A  R  Y  M  A  C  Y  T  R  M  P  B  D  Y
T  R  M  P  B  B  O  D  Y  P  O  T  N  M  T
T  A  R  T  T  H  R  N  E  I  G  A  B  E  R
R  R  T  B  R  E  A  D  W  I  N  N  E  R  P
I  T  R  M  A  C  L  O  R  A  L  G  I  M  L
P  U  M  R  M  A  I  R  Y  T  A  L  G  A  T
L  R  P  O  P  N  N  Y  N  E  I  E  B  I  S
E  P  O  N  O  B  E  M  B  I  T  D  I  D  C
T  N  P  A  T  H  U  R  T  R  P  L  E  T  R
S  Y  O  B  R  E  A  D  W  A  N  N  E  R  A
P  O  N  E  I  G  H  B  O  R  K  L  M  U  L
M  E  Y  R  M  A  I  A  D  T  T  B  O  L  T
A  R  O  T  H  U  R  M  T  H  I  B  A  L  P
T  R  P  L  E  T  S  B  C  U  O  R  N  P  N
K  L  A  U  S  T  N  I  G  R  L  E  A  T  E
```

CORALINE	LADY AND THE TRAMP	MOANA	PONYO
THE BREADWINNER		BAMBI	KLAUS
I LOST MY BODY	THE TRIPLETS OF BELLEVILLE	ARTHUR CHRISTMAS	BOLT
THE LITTLE MERMAID	MY NEIGHBOR TOTORO	MARY AND MAX	TANGLED

Answer on page 305

W	I	Z	F	A	R	D	R	A	M	O	H	N	A	A
W	I	Z	A	R	D	G	R	L	I	N	O	C	H	L
K	A	R	C	A	T	E	A	I	L	O	O	N	E	P
P	O	T	T	R	E	B	R	C	H	K	K	I	D	S
C	H	R	O	N	I	C	L	E	S	S	E	R	C	G
S	E	R	R	I	E	S	R	A	E	M	O	N	H	O
G	E	A	Y	W	S	A	A	C	R	O	W	G	R	N
R	R	L	P	I	E	L	M	K	I	R	I	R	O	I
I	A	C	R	Z	P	O	T	T	E	R	Z	I	N	E
C	M	E	E	R	R	N	O	R	S	E	R	N	I	S
H	O	L	N	D	I	E	N	T	P	A	D	C	C	K
N	N	A	T	E	A	A	B	I	R	C	H	L	A
P	A	R	E	N	T	C	B	G	R	I	N	C	S	R
P	A	C	T	O	R	Y	K	K	A	R	A	T	E	T
G	O	O	N	I	E	S	R	M	O	N	A	G	R	E

THE WIZARD OF OZ

CHARLIE AND
THE CHOCOLATE
FACTORY

ALICE IN
WONDERLAND

THE CHRONICLES OF
NARNIA

HOOK

A SERIES OF
UNFORTUNATE
EVENTS

HARRY POTTER AND
THE SORCERER'S
STONE

HOME ALONE

HOW THE GRINCH
STOLE CHRISTMAS

RAMONA AND
BEEZUS

THE PARENT TRAP

THE GOONIES

SIMON BIRCH

SPY KIDS

THE KARATE KID

Answer on page 305

N	O	O	N	S	T	G	E	C	O	C	H	N	O	N
S	W	E	T	G	R	S	S	D	D	O	L	L	A	O
W	B	A	S	T	A	G	E	C	O	A	C	H	L	U
E	R	O	E	R	U	N	F	O	L	R	G	I	V	N
S	V	U	G	E	L	I	B	E	L	T	Y	B	U	F
T	O	B	R	A	V	O	G	R	A	T	G	I	N	R
D	S	W	O	S	W	E	E	T	R	A	S	S	F	G
L	T	S	V	U	G	L	Y	S	S	E	A	R	O	I
I	A	T	O	R	B	A	L	A	D	S	E	A	R	V
B	G	W	D	E	A	D	W	O	O	D	G	I	G	E
E	C	R	S	W	E	T	G	R	A	S	G	R	I	T
R	O	S	W	E	E	T	G	R	A	S	S	U	V	N
T	A	T	S	T	G	E	C	O	A	C	H	S	E	E
Y	C	B	A	L	L	A	D	B	A	G	I	A	N	T
A	S	E	A	R	C	H	E	R	S	E	R	C	H	R

THE <u>TREASURE</u> OF THE <u>SIERRA</u> MADRE

HIGH <u>NOON</u>

THE GOOD, THE BAD AND THE <u>UGLY</u>

STAGECOACH

RIO <u>BRAVO</u>

UNFORGIVEN

TRUE <u>GRIT</u>

A FISTFUL OF <u>DOLLARS</u>

THE <u>SEARCHERS</u>

ONCE UPON A TIME IN THE <u>WEST</u>

DEADWOOD

GIANT

THE MAN WHO SHOT <u>LIBERTY</u> VALANCE

THE <u>BALLAD</u> OF BUSTER SCRUGGS

SWEETGRASS

Answer on page 305

```
B  P  P  R  E  T  T  Y  G  R  F  F  I  T  G
R  R  B  R  E  K  F  A  S  T  A  D  P  C  R
E  T  S  I  X  T  E  E  N  S  M  A  C  R  A
A  T  T  M  E  R  D  G  R  I  O  Z  T  E  F
K  Y  A  D  A  Z  G  E  D  I  S  E  U  T  F
F  M  N  E  M  M  E  R  M  A  I  D  S  U  I
A  R  D  G  R  E  N  W  W  I  C  H  R  R  T
S  E  P  C  R  E  A  T  U  R  E  S  E  S  I
T  M  E  R  M  M  A  I  S  J  O  R  N  T  Y
E  A  C  E  M  P  I  F  A  M  O  U  S  A  H
M  I  T  P  R  I  T  T  Y  S  T  A  R  D  O
P  D  J  O  U  R  N  E  Y  H  O  L  S  H  L
R  S  U  E  D  E  G  E  P  I  C  T  U  R  E
E  M  R  P  I  R  E  D  A  Z  D  H  O  L  S
D  G  R  E  E  N  W  I  C  H  J  O  R  E  Y
```

THE <u>BREAKFAST</u> CLUB

AMERICAN <u>GRAFFITI</u>

<u>PRETTY</u> IN PINK

<u>SIXTEEN</u> CANDLES

STAND BY ME

RIVER'S <u>EDGE</u>

MERMAIDS

HEAVENLY <u>CREATURES</u>

<u>EMPIRE</u> OF THE SUN

THE <u>JOURNEY</u> OF NATTY GANN

HOLES

<u>DAZED</u> AND CONFUSED

ALMOST <u>FAMOUS</u>

THE LAST <u>PICTURE</u> SHOW

NEXT STOP, <u>GREENWICH</u> VILLAGE

Answer on page 305

I	S	L	T	S	A	L	T	S	D	A	G	G	E	R
N	D	A	G	G	E	I	S	H	A	D	W	S	L	T
F	M	A	T	A	D	E	O	E	R	E	X	P	R	M
O	N	E	E	A	D	S	H	A	D	O	W	L	E	A
R	P	P	R	L	O	T	O	G	C	O	O	L	X	T
M	P	R	T	L	I	O	T	L	E	A	R	L	E	A
A	T	O	M	I	C	E	X	E	R	E	L	S	S	D
N	P	T	R	E	O	T	I	N	F	O	D	M	A	O
T	M	O	T	D	M	A	T	A	D	R	S	H	A	R
A	L	C	L	I	E	D	A	T	N	O	M	C	F	E
I	N	O	O	R	E	X	P	R	E	S	S	I	R	G
D	A	L	G	E	R	S	L	T	E	X	P	N	O	L
D	A	G	R	E	S	H	A	D	D	O	W	F	N	E
P	A	T	R	I	O	T	P	R	L	O	T	O	T	I
M	A	T	A	D	R	E	A	G	E	L	I	R	E	S

BODY OF <u>LIES</u>

SALT

<u>SHADOW</u> DANCER

THE <u>INFORMANT</u>

THE <u>EAGLE</u> HAS LANDED

<u>ATOMIC</u> BLONDE

UNTIL THE END OF THE <u>WORLD</u>

CLOAK & <u>DAGGER</u>

THE FOURTH <u>PROTOCOL</u>

ALLIED

THE <u>MATADOR</u>

EYE OF THE <u>NEEDLE</u>

HORROR <u>EXPRESS</u>

<u>PATRIOT</u> GAMES

THE <u>FRONT</u> LINE

Answer on page 306

P	P	L	K	A	W	A	T	E	R	R	E	B	D	R
L	L	A	N	M	A	L	T	S	E	C	A	O	O	E
A	C	I	I	R	I	S	H	M	A	N	N	U	U	B
C	E	C	V	S	P	T	L	I	G	H	T	B	B	E
E	I	R	E	B	E	C	C	A	P	S	Y	T	T	C
I	N	V	S	I	B	A	L	S	T	E	P	S	E	C
I	V	I	S	I	B	B	L	R	R	B	E	C	C	H
N	S	S	M	T	H	I	R	D	T	E	M	S	I	I
V	I	I	K	N	I	N	E	S	C	H	A	I	N	N
I	B	B	P	R	E	E	B	E	C	C	L	A	A	A
S	L	E	S	P	O	T	L	I	G	H	T	N	T	T
I	E	L	Y	C	A	B	I	N	T	E	E	I	O	O
B	S	T	C	R	B	E	C	C	A	E	S	S	W	W
L	T	H	H	A	V	A	N	I	S	H	E	S	N	N
E	E	C	O	V	N	I	S	H	E	S	C	R	N	A

KNIVES OUT

THE IRISHMAN

REBECCA

A QUIET PLACE

THE CABINET OF DR. CALIGARI

SPOTLIGHT

THE THIRD MAN

PSYCHO

SHADOW OF A DOUBT

THE MALTESE FALCON

THE INVISIBLE MAN

CHINATOWN

THE LADY VANISHES

HELL OR HIGH WATER

THE 39 STEPS

Answer on page 306

```
S  I  C  K  P  H  I  P  L  A  D  E  W  L  B
O  F  I  C  T  M  E  A  N  I  O  N  A  L  O
M  H  S  R  L  D  M  R  E  A  N  T  I  R  O
E  P  P  L  S  H  A  E  O  L  D  S  T  I  K
T  P  R  I  A  D  E  N  L  L  P  H  I  P  S
H  F  I  C  F  I  C  T  I  O  N  O  N  H  M
I  T  N  A  E  L  S  S  C  O  O  G  I  A
N  A  G  O  T  L  D  P  H  A  L  A  F  L  R
G  T  S  A  Y  V  E  L  P  L  I  L  I  D  T
S  M  E  T  H  I  N  G  L  O  C  H  A  E  L
P  H  I  L  A  D  E  L  P  H  I  A  T  L  P
A  P  R  E  N  T  S  S  C  H  O  R  I  P  R
L  A  T  R  A  V  E  L  S  O  R  O  O  I  E
M  S  F  E  T  Y  W  A  I  T  I  L  N  A  N
M  S  C  H  O  O  L  G  G  O  L  D  G  L  D
```

MEET THE PARENTS

MEAN GIRLS

PULP FICTION

SAFETY LAST

LOCAL HERO

THE PHILADELPHIA STORY

HAROLD AND MAUDE

PALM SPRINGS

BOOKSMART

THERE'S SOMETHING ABOUT MARY

THE GOLD RUSH

WAITING FOR GUFFMAN

THE BIG SICK

SULLIVAN'S TRAVELS

OLD SCHOOL

Answer on page 306

K	E	A	T	O	N	F	E	F	R	S	E	M	L	W
E	A	R	X	C	H	A	P	I	N	E	X	A	R	I
C	H	A	P	L	I	N	N	E	R	L	A	R	D	L
A	R	R	E	Y	M	U	E	L	R	L	S	X	D	L
C	A	R	R	E	Y	M	L	D	R	E	T	I	N	I
T	S	E	L	E	R	S	S	S	M	R	A	X	A	A
M	U	R	R	A	Y	I	N	I	E	S	O	N	S	M
O	W	I	L	I	A	M	D	M	U	R	A	A	Y	S
F	E	R	R	E	L	L	I	D	I	L	L	E	R	M
N	E	L	S	N	F	E	L	R	E	L	L	M	R	T
N	I	E	L	S	E	N	L	M	A	R	T	I	N	I
K	E	T	T	O	N	M	R	X	M	R	T	I	N	N
B	R	O	O	K	S	A	L	L	E	W	I	S	I	H
E	B	R	O	K	S	S	W	B	I	L	L	E	E	R
H	A	B	A	O	H	A	R	A	L	I	N	N	L	A

CATHERINE O'HARA BILL MURRAY W. C. FIELDS PHYLLIS DILLER

MEL BROOKS JIM CARREY PETER SELLERS STEVE MARTIN

LESLIE NIELSEN CHARLIE CHAPLIN GROUCHO MARX JERRY LEWIS

WILL FERRELL BUSTER KEATON ROBIN WILLIAMS

Answer on page 306

```
W   A   W   A   X   M   A   N   W   A   X   H   M   A   N
P   R   I   E   V   I   N   P   R   P   R   E   V   I   N
T   W   L   L   A   M   S   P   R   B   R   V   I   N
I   W   I   E   W   S   T   E   I   N   E   R   E   B   B
O   T   A   I   O   M   K   I   N   B   N   M   W   M   E
M   S   M   M   W   E   B   B   E   R   I   A   E   R   R
K   R   S   T   A   C   H   A   P   R   I   N   T   O   N
I   M   N   A   M   A   M   A   N   C   I   N   I   E   S
N   J   J   S   T   O   T   H   S   T   A   R   E   T
R   R   O   T   A   O   T   S   T   T   E   J   A   N   E
M   A   N   C   N   I   S   N   E   W   M   A   N   N   I
W   E   E   B   B   E   R   H   E   I   R   R   L   A   N
W   A   S   M   A   N   S   T   E   N   E   R   B   R   M
C   H   A   C   H   A   P   L   I   N   P   E   E   I   J
S   T   O   T   H   A   R   T   S   T   O   T   H   R   R
```

JOHN WILLIAMS	ELMER BERNSTEIN	HERBERT STOTHART	NINO ROTA
BERNARD HERRMANN	ALFRED NEWMAN	QUINCY JONES	CHARLIE CHAPLIN
FRANZ WAXMAN	MAURICE JARRE	HENRY MANCINI	ANDREW LLOYD WEBBER
MAX STEINER	DIMITRI TIOMKIN	ANDRÉ PREVIN	

Answer on page 306

```
R  P  R  Y  K  I  C  K  B  X  B  E  R  G  C
E  M  M  O  V  E  S  O  V  E  L  A  D  E  R
D  I  G  U  G  S  T  O  S  P  A  C  E  N  U
B  K  I  N  G  C  P  I  B  Y  D  O  U  N  S
E  R  O  G  R  E  A  T  W  A  E  T  E  R  H
L  V  A  B  S  I  T  Y  K  I  S  N  P  I  N
T  W  A  L  E  R  B  O  Y  V  A  R  S  W  Y
R  P  R  O  O  K  I  E  O  O  K  I  E  A  P
E  M  O  O  V  E  S  P  C  E  P  E  D  T  R
D  E  M  D  R  E  D  B  L  T  R  E  D  E  O
B  B  E  L  T  K  I  C  K  B  O  X  E  R  F
K  I  N  G  P  I  N  D  I  G  G  S  T  B  A
D  I  A  R  I  E  S  V  A  R  R  S  I  O  M
V  A  R  S  I  T  Y  D  I  A  A  R  I  Y  K
D  I  G  G  S  T  O  W  N  R  M  O  O  K  I
```

SPACE JAM

YOUNGBLOOD

ROOKIE OF THE YEAR

THE GREAT WHITE HOPE

ALL THE RIGHT MOVES

BLADES OF GLORY

KICKBOXER

THE WATERBOY

THE PROGRAM

REDBELT

BLUE CRUSH

VARSITY BLUES

THE BASKETBALL DIARIES

KINGPIN

DIGGSTOWN

Answer on page 306

M	M	I	N	D	I	N	G	I	S	E	N	S	E	A
I	D	E	N	T	C	A	L	I	D	E	N	T	I	M
H	O	U	S	E	A	P	O	L	O	A	P	O	L	A
B	L	A	K	F	I	A	M	A	Z	I	N	G	S	Z
M	N	D	I	N	G	S	T	A	R	D	E	O	M	N
P	L	A	C	E	S	C	O	N	T	W	I	R	E	G
B	L	C	K	F	I	S	H	S	L	O	G	W	A	W
I	D	E	N	T	I	C	A	L	A	P	H	O	L	I
I	D	N	T	I	C	L	P	L	A	C	B	E	S	C
C	N	T	R	L	I	F	E	A	A	P	O	L	L	O
B	L	W	C	K	F	I	S	H	S	E	R	S	E	N
S	T	A	R	D	O	M	S	T	R	D	O	M	M	T
O	A	L	B	L	K	F	S	H	W	A	L	N	T	R
L	R	T	E	B	L	A	C	K	F	I	S	H	E	O
O	L	Z	A	I	D	N	T	I	C	L	R	A	R	L

WON'T YOU BE MY NEIGHBOR?

APOLLO 11

LIFE ITSELF

MAN ON WIRE

AMAZING GRACE

MINDING THE GAP

FACES, PLACES

THREE IDENTICAL STRANGERS

20 FEET FROM STARDOM

FREE SOLO

THE LAST WALTZ

STOP MAKING SENSE

TOTALLY UNDER CONTROL

KNOCK DOWN THE HOUSE

BLACKFISH

Answer on page 307

C	O	M	C	I	N	G	S	N	S	N	I	P	E	R
H	A	W	H	A	W	K	S	S	U	H	E	R	N	O
B	R	A	R	V	E	H	E	U	R	T	F	H	G	E
C	O	M	I	N	G	B	T	R	V	P	U	R	A	N
S	N	I	S	P	R	E	H	V	I	R	R	I	G	G
B	E	A	T	I	F	N	I	I	V	I	Y	E	E	A
D	R	U	M	F	U	J	N	R	O	V	A	S	M	G
P	R	I	A	T	E	M	T	M	R	T	T	F	E	N
H	H	A	S	B	E	I	N	S	J	E	E	U	N	M
E	R	L	H	B	E	A	U	T	I	F	U	L	T	E
R	E	B	R	A	V	E	H	E	A	R	T	L	S	T
O	O	P	R	I	V	A	O	T	E	D	R	Y	U	D
E	E	F	U	R	P	P	R	I	V	A	T	E	R	R
S	S	D	F	R	Y	U	S	B	E	U	A	T	V	N
H	R	E	O	E	S	B	E	N	J	A	M	I	N	U

MERRY CHRISTMAS, MR. LAWRENCE

BLACK HAWK DOWN

THE TIN DRUM

A VERY LONG ENGAGEMENT

AMERICAN SNIPER

KELLY'S HEROES

BRAVEHEART

WAR HORSE

COMING HOME

THE THIN RED LINE

LONE SURVIVOR

PRIVATE BENJAMIN

LIFE IS BEAUTIFUL

FURY

SAVING PRIVATE RYAN

Answer on page 307

M	E	S	C	S	I	L	A	H	T	R	G	O	Y	H
E	D	A	H	A	C	I	K	U	S	A	R	W	M	A
S	N	D	I	G	S	S	R	R	I	S	E	N	R	M
S	K	I	C	R	K	T	H	A	C	K	A	W	I	I
I	I	C	A	C	A	G	O	H	A	M	T	O	S	L
A	R	M	G	O	T	R	O	Y	R	O	E	A	N	T
H	K	I	O	D	Y	B	K	R	K	R	S	O	M	O
R	R	I	S	N	G	R	E	A	S	T	T	T	E	N
H	A	C	K	S	A	W	H	A	M	R	T	O	S	N
H	M	I	L	T	O	B	J	O	J	O	A	N	I	J
D	U	N	K	I	R	K	C	H	I	M	C	A	H	O
T	N	B	S	T	O	N	E	H	A	A	C	K	S	N
T	O	M	B	S	T	O	N	E	J	N	T	R	O	E
T	M	B	S	T	N	E	B	R	A	V	H	A	R	T
B	R	A	V	E	H	E	A	R	T	R	M	O	A	N

THE TRIAL OF THE CHICAGO 7

JUDAS AND THE BLACK MESSIAH

THE DIG

SCHINDLER'S LIST

BEN-HUR

RISEN

HAMILTON

THE GREATEST STORY EVER TOLD

TROY

HACKSAW RIDGE

DUNKIRK

BRAVEHEART

TOMBSTONE

THE FALL OF THE ROMAN EMPIRE

RED JOAN

Answer on page 307

```
P  P  L  H  L  S  C  I  T  Y  S  C  O  S  H
N  I  A  S  A  T  F  R  I  O  U  S  S  O  U
E  N  W  T  W  A  R  I  D  E  T  S  T  T  S
S  E  L  L  N  C  R  S  C  O  R  E  L  T
P  S  S  E  E  D  S  T  A  N  W  I  N  Y  L
I  C  S  O  S  T  A  N  D  I  N  G  D  R  E
S  O  F  T  S  I  P  O  R  T  R  I  D  R  R
N  D  R  V  E  N  L  A  I  L  E  F  S  S  I
S  O  F  T  L  Y  C  R  V  W  N  U  P  O  D
T  R  D  E  R  C  R  O  E  N  S  R  E  E  R
R  I  D  E  R  P  O  N  T  S  C  I  N  N  S
E  L  A  W  L  S  S  L  A  W  P  O  I  N  T
E  S  T  C  R  O  W  N  R  E  E  U  D  R  A
T  S  T  R  E  T  S  C  A  N  O  S  O  F  N
S  C  S  C  A  N  N  E  R  S  C  A  N  E  R
```

THE PLACE BEYOND THE PINES

LAWLESS

LAST MAN STANDING

DRIVE

THE TOWN

THE SCORE

AMERICAN HUSTLE

KILLING THEM SOFTLY

THE FAST AND THE FURIOUS

POINT BREAK

MEAN STREET

EASY RIDER

A SCANNER DARKLY

SIN CITY

THE THOMAS CROWN AFFAIR

Answer on page 307

```
W  I  Z  A  R  D  B  B  R  I  D  E  R  I  D
F  E  L  W  S  H  I  P  T  W  E  R  S  T  O
F  B  E  S  A  B  E  A  S  T  L  G  E  N  D
E  B  A  N  D  A  T  S  C  R  Y  S  C  A  D
L  E  B  S  T  N  D  A  T  R  T  A  R  D  R
L  E  G  E  N  D  W  L  O  O  W  W  Y  R  A
O  C  B  A  N  I  T  S  W  L  I  A  S  A  G
W  C  A  N  S  T  O  N  E  A  L  R  T  G  O
S  A  N  N  E  S  E  X  R  B  L  D  A  N  N
H  L  W  I  Z  Z  A  R  S  R  L  R  L  S  S
I  B  W  I  L  L  O  W  D  Y  O  O  B  L  L
P  R  S  C  I  S  R  R  H  A  N  B  D  S  A
L  L  A  B  Y  R  I  N  T  H  O  E  I  E  Y
E  X  C  A  L  I  B  U  R  B  R  D  E  E  E
S  C  I  S  S  O  R  H  A  N  D  S  E  R  R
```

THE WIZARD OF OZ

BEAUTY AND THE BEAST

LORD OF THE RINGS: THE FELLOWSHIP OF THE RING

TIME BANDITS

LEGEND

THE PRINCESS BRIDE

HARRY POTTER AND THE SORCERER'S STONE

WILLOW

LORD OF THE RINGS: THE TWO TOWERS

EDWARD SCISSORHANDS

LABYRINTH

DRAGONSLAYER

EXCALIBUR

THE DARK CRYSTAL

THE CHRONICLES OF NARNIA: THE LION, THE WITCH, AND THE WARDROBE

Answer on page 307

```
T  K  K  I  D  M  A  N  A  B  E  R  Y  P  P
H  D  T  H  R  O  N  B  E  E  R  R  A  Y  A
E  M  H  R  O  R  O  B  E  R  T  S  M  T  L
R  A  U  F  O  S  T  R  R  R  S  W  C  O  T
O  N  N  R  B  E  R  T  S  Y  S  A  D  M  R
N  B  T  F  S  P  L  T  R  O  W  N  R  P  O
T  A  N  O  A  B  R  R  Y  L  A  K  M  S  W
M  C  D  O  R  M  A  N  D  H  T  B  A  O  H
F  T  O  S  A  T  E  R  H  U  H  T  N  N  N
B  E  L  A  N  G  E  B  T  E  O  S  D  D  T
A  S  T  T  D  N  D  Y  S  W  M  A  L  K  E
T  B  E  E  O  R  Y  F  O  S  P  T  N  E  R
E  H  H  U  N  T  E  R  U  N  S  T  G  E  S
S  T  H  R  O  N  K  I  D  F  O  S  T  E  R
R  O  T  A  N  D  Y  R  O  B  N  E  R  T  S
```

CHARLIZE THERON	HILARY SWANK	SUSAN SARANDON	JODIE FOSTER
NICOLE KIDMAN	GWYNETH PALTROW	JESSICA LANGE	KATHY BATES
HALLE BERRY	HELEN HUNT	HOLLY HUNTER	JESSICA TANDY
JULIA ROBERTS	FRANCES MCDORMAND	EMMA THOMPSON	

Answer on page 307

```
P  M  M  C  R  C  Y  S  M  T  A  L  L  C  B
R  R  U  N  I  A  E  L  U  S  O  N  E  N  E
Y  P  R  M  A  R  T  T  R  H  A  U  M  M  L
O  H  P  C  A  R  S  A  R  M  A  R  M  X  U
R  Y  H  O  P  E  N  K  A  Y  E  C  O  R  S
A  P  Y  C  R  Y  S  T  Y  A  L  M  N  O  H
C  A  R  E  Y  N  R  U  A  Y  L  E  M  M  I
M  A  T  T  H  A  U  M  T  T  H  A  U  C  A
O  Y  C  A  E  S  R  C  R  W  I  L  D  E  R
O  O  N  I  E  L  S  E  N  C  S  A  E  R  R
R  R  B  L  U  S  H  I  B  E  L  U  S  M  I
E  P  R  Y  N  R  R  C  R  Y  S  T  A  L
C  R  C  A  E  S  A  R  Y  S  T  A  L  R  R
B  E  L  H  S  I  M  A  T  T  A  U  H  X  R
N  E  L  S  N  L  E  M  N  M  R  U  P  H  Y
```

RICHARD PRYOR

BILL MURRAY

WALTER MATTHAU

BILLY CRYSTAL

EDDIE MURPHY

JACK LEMMON

DUDLEY MOORE

HARPO MARX

JIM CARREY

DANNY KAYE

GENE WILDER

SID CAESAR

BOB HOPE

JOHN BELUSHI

LESLIE NIELSEN

Answer on page 308

```
Y  Y  E  L  L  E  R  E  L  L  E  Y  R  M  M
F  S  H  A  G  G  S  O  N  D  E  E  R  R  I
R  B  E  S  O  U  N  D  E  R  N  A  J  I  L
E  G  T  S  H  A  G  G  Y  G  O  R  I  L  O
E  R  H  I  S  T  A  L  L  L  I  L  O  S  N
H  I  B  E  N  J  I  Y  E  L  L  I  E  E  R
H  L  B  E  A  N  J  I  Y  E  L  N  Y  A  S
O  L  S  T  T  A  L  I  O  B  N  G  E  B  E
O  A  B  N  I  A  R  B  E  E  J  I  R  I  B
C  S  H  G  O  R  I  L  L  A  S  Y  L  S  I
H  F  O  Y  N  L  L  E  R  R  B  E  I  C  S
F  L  C  K  A  S  O  U  D  E  R  A  N  U  C
R  I  H  F  L  I  C  K  A  B  E  R  G  I  U
E  K  H  O  C  H  S  T  A  L  L  M  O  T  I
S  T  A  L  L  I  O  N  Y  E  A  G  L  I  T
```

OLD YELLER

LASSIE COME HOME

BENJI

NATIONAL VELVET

GORILLAS IN THE MIST

THE BEAR

MY FRIEND FLICKA

THE YEARLING

SOUNDER

BORN FREE

TURNER AND HOOCH

THE BLACK STALLION

SEABISCUIT

THE ADVENTURES OF MILO AND OTIS

THE SHAGGY DOG

Answer on page 308

```
F  L  L  A  W  R  E  N  C  E  W  B  S  C  B
I  A  M  A  L  L  Y  S  I  T  H  A  T  A  L
N  W  M  A  L  L  O  Y  J  O  B  L  A  L  A
C  N  W  A  L  L  L  A  C  C  S  L  R  H  I
H  C  M  L  L  O  W  Y  T  I  T  I  L  A  N
W  E  B  T  E  R  E  S  M  I  E  Y  I  N  E
J  O  A  D  F  C  B  F  I  B  R  O  N  C  E
O  F  N  C  H  L  S  F  I  B  C  H  G  A  B
N  R  I  P  L  L  T  I  B  B  S  E  Y  L  A
E  S  T  A  R  A  E  L  I  S  N  G  S  H  I
S  M  I  T  H  H  R  W  N  S  O  L  O  A  L
W  A  L  L  C  A  E  E  C  A  L  L  A  N  E
W  A  L  L  A  C  E  B  P  R  I  P  L  E  Y
L  W  R  E  N  N  C  S  E  R  P  L  E  T  O
C  A  L  L  A  H  A  N  B  A  L  L  I  E  Y
```

ATTICUS <u>FINCH</u>

INDIANA <u>JONES</u>

RICK <u>BLAINE</u>

T. E. <u>LAWRENCE</u>

GEORGE <u>BAILEY</u>

JEFFERSON <u>SMITH</u>

TERRY <u>MALLOY</u>

ELLEN <u>RIPLEY</u>

TOM <u>JOAD</u>

HAN <u>SOLO</u>

NORMA RAE <u>WEBSTER</u>

VIRGIL <u>TIBBS</u>

HARRY <u>CALLAHAN</u>

CLARICE <u>STARLING</u>

WILLIAM <u>WALLACE</u>

Answer on page 308

```
C  O  N  F  I  D  E  N  T  I  A  L  C  P  E
H  C  H  I  N  A  T  A  W  N  K  L  T  U  E
I  S  B  U  K  S  P  K  E  C  C  A  P  E  T
N  S  O  M  L  E  C  E  N  F  A  D  E  N  T
A  G  D  R  U  I  F  D  T  E  N  R  S  R  E
T  M  Y  O  T  V  G  R  I  F  D  T  E  R  V
O  V  E  L  E  V  E  T  S  S  I  M  P  L  E
W  H  A  M  T  T  C  O  N  F  D  E  N  T  L
N  G  R  F  T  E  R  S  U  S  A  P  E  C  V
G  F  S  U  S  P  E  C  T  S  K  A  E
R  A  S  U  S  P  C  T  S  G  E  F  T  E  T
G  R  I  F  T  E  R  S  V  B  L  V  U  E  T
T  G  N  K  E  D  S  I  M  L  E  M  T  O  V
M  O  V  E  S  N  K  R  D  U  S  I  E  P  L
E  A  P  E  S  H  A  M  M  E  T  T  C  A  P
```

CHINATOWN	BLOOD SIMPLE	THE GRIFTERS	DEVIL IN A BLUE DRESS
L.A. CONFIDENTIAL	THE USUAL SUSPECTS	FARGO	BLUE VELVET
THE MANCHURIAN CANDIDATE	BODY HEAT	NIGHT MOVES	THE NAKED KISS
CAPE FEAR	KLUTE	HAMMETT	

Answer on page 308

```
M  A  L  T  E  S  E  S  L  S  L  E  E  P  P
I  N  D  M  N  T  Y  M  A  T  E  S  E  L  M
I  N  D  E  M  N  I  T  Y  T  T  H  I  R  D
H  N  T  E  R  O  S  T  R  N  G  E  R  S  S
S  L  E  P  S  T  R  A  N  G  E  R  S  H  U
H  O  L  E  L  O  U  R  A  K  I  L  L  R  S
U  L  A  G  R  R  O  C  L  A  R  G  O  O  M
N  S  U  N  S  I  T  I  N  D  M  N  I  T  Y
T  C  O  M  C  O  M  B  O  C  M  B  O  C  M
E  N  O  T  R  U  I  O  U  S  M  L  T  E  S
R  S  U  P  A  S  T  N  K  I  L  L  E  R  S
S  T  R  N  G  E  R  S  S  T  A  N  G  E  R
S  S  U  N  S  E  T  S  U  N  U  S  E  T  S
N  O  T  R  I  O  U  S  K  I  R  L  L  E  R
I  N  D  E  M  I  T  Y  H  E  A  T  H  E  T
```

THE MALTESE FALCON

DOUBLE INDEMNITY

THE BIG SLEEP

SUNSET BOULEVARD

THE THIRD MAN

NOTORIOUS

STRANGERS ON A TRAIN

OUT OF THE PAST

THE BIG COMBO

THE NIGHT OF THE HUNTER

KEY LARGO

THE KILLERS

ACE IN THE HOLE

LAURA

WHITE HEAT

I	I	N	T	O	L	E	R	A	N	C	E	E	H	N
P	A	S	S	I	O	N	P	A	S	S	O	N	U	A
M	E	T	R	O	P	O	L	I	S	L	P	G	N	P
I	N	T	L	E	R	A	I	N	C	E	H	L	C	O
P	A	R	A	D	E	M	G	E	N	R	A	L	H	L
P	H	N	T	O	M	P	H	A	N	T	N	M	B	E
M	E	T	R	P	O	L	T	C	A	B	T	T	A	O
H	U	N	C	H	W	B	S	A	C	K	O	E	C	N
E	G	E	N	R	I	A	L	C	A	B	M	N	K	T
M	O	D	E	R	N	H	O	R	S	M	N	W	I	N
N	L	O	S	F	G	E	N	E	R	A	L	E	R	A
P	D	A	D	E	S	H	R	S	E	M	E	N	P	A
N	A	P	O	L	E	O	C	A	B	I	N	E	T	N
H	O	R	S	E	M	E	N	C	B	I	N	E	T	T
H	U	N	C	H	B	N	O	S	F	E	R	A	T	U

WINGS

MODERN TIMES

INTOLERANCE

METROPOLIS

CITY LIGHTS

NAPOLEON

THE GENERAL

THE PHANTOM OF THE OPERA

THE FOUR HORSEMEN OF THE APOCALYPSE

NOSFERATU, THE VAMPIRE

THE HUNCHBACK OF NOTRE DAME

THE CABINET OF DR. CALIGARI

THE PASSION OF JOAN OF ARC

THE GOLD RUSH

THE BIG PARADE

Answer on page 308

```
G  P  G  R  R  A  B  G  L  E  Q  U  I  N  P
U  A  R  K  I  N  G  U  A  R  E  V  E  R  E
N  C  G  R  C  B  A  I  L  E  Q  U  I  N  R
N  I  R  I  K  M  R  N  H  A  N  D  A  V  K
S  N  H  O  M  S  N  N  O  H  O  S  K  I  I
S  O  S  T  A  N  E  E  S  W  Q  U  I  N  N
M  A  G  A  N  I  D  S  K  H  E  P  B  U  S
A  S  D  V  I  S  G  S  I  A  R  D  H  N  E
G  T  R  I  D  K  L  O  N  D  A  R  E  S  Y
M  A  G  N  A  N  I  R  S  A  R  K  P  I  N
N  N  P  A  V  I  N  E  O  G  R  A  B  L  E
A  W  A  R  I  K  I  V  N  O  I  F  U  R  O
N  Y  C  A  S  T  A  E  M  O  N  I  R  R  O
I  C  I  B  N  D  I  R  G  A  R  D  N  E  R
I  K  N  A  B  O  N  D  I  G  R  D  N  E  R
```

AL PACINO	ANNA MAGNANI	AUDREY HEPBURN	BETTY GRABLE
ALAN ARKIN	ANNE REVERE	AVA GARDNER	BEULAH BONDI
ALAN RICKMAN	ANTHONY PERKINS	BARBARA STANWYCK	BOB HOSKINS
ALEC GUINNESS	ANTHONY QUINN	BETTE DAVIS	

Answer on page 309

I	T	T	A	M	I	N	G	K	A	T	R	R	E	R
D	M	O	T	E	L	O	P	L	A	W	N	I	T	I
A	I	H	M	L	E	C	H	I	M	E	S	H	T	C
H	N	O	T	H	R	L	A	T	W	L	F	A	H	H
O	G	I	T	H	O	N	R	G	S	F	K	R	E	A
L	T	O	H	A	M	L	E	T	C	T	E	D	A	R
I	H	D	R	A	E	O	D	I	D	H	A	H	O	D
T	R	A	O	C	O	S	A	R	M	I	D	S	M	R
L	O	A	N	M	I	D	S	M	M	E	R	S	C	E
O	T	H	E	L	L	O	C	R	M	E	K	O	A	N
V	N	T	R	O	N	E	T	H	P	L	A	N	E	T
E	E	S	T	H	I	N	G	S	D	A	T	N	S	I
M	D	S	U	N	E	R	L	V	O	E	E	R	A	L
M	I	D	S	U	M	M	E	R	C	A	E	O	R	A
R	I	H	A	R	D	C	A	E	R	S	E	N	A	S

HAMLET

ROMEO AND JULIET

CHIMES AT
MIDNIGHT

THRONE OF BLOOD

OTHELLO

SHAKESPEARE IN
LOVE

MY OWN PRIVATE
IDAHO

JULIUS CAESAR

FORBIDDEN PLANET

KISS ME KATE

LOOKING FOR
RICHARD

A MIDSUMMER
NIGHT'S DREAM

THE TAMING OF THE
SHREW

TWELFTH NIGHT

TEN THINGS I HATE
ABOUT YOU

Answer on page 309

A	R	A	R	M	A	G	E	D	D	O	N	B	A	M
Q	U	V	E	T	I	N	F	N	I	T	Y	B	N	R
F	L	A	G	U	E	H	U	R	S	B	A	M	B	I
U	A	T	L	A	L	D	D	I	N	E	N	D	G	N
T	A	A	M	E	E	R	I	C	A	E	E	N	D	F
U	T	R	W	N	A	L	A	D	D	I	N	T	O	I
R	O	D	Y	S	G	S	E	Y	C	A	D	A	L	N
E	S	U	N	Q	U	I	E	T	D	A	G	N	C	I
O	D	T	Y	S	E	S	E	Y	A	L	A	D	D	T
A	V	O	D	Y	S	S	E	Y	A	T	M	A	R	Y
S	U	W	A	V	T	A	R	A	M	E	E	R	I	C
S	U	N	D	A	N	C	E	F	T	R	E	Q	U	I
C	A	V	L	C	A	D	E	A	M	E	R	I	C	A
A	R	M	A	G	D	D	O	N	F	T	U	R	E	S
A	C	A	V	A	L	C	A	D	E	A	M	E	R	I

20,000 <u>LEAGUES</u> UNDER THE SEA

2001: A SPACE <u>ODYSSEY</u>

ALADDIN

ALL <u>QUIET</u> ON THE WESTERN FRONT

ARMAGEDDON

AVATAR

AVENGERS: <u>ENDGAME</u>

AVENGERS: <u>INFINITY</u> WAR

BACK TO THE <u>FUTURE</u>

BAMBI

BEN-<u>HUR</u>

BOOM <u>TOWN</u>

BUTCH CASSIDY AND THE <u>SUNDANCE</u> KID

CAPTAIN <u>AMERICA</u>: CIVIL WAR

CAVALCADE

```
D  A  B  Y  L  I  G  H  T  C  C  H  I  C  A
C  D  A  Y  L  I  G  H  T  R  H  A  A  C  E
I  N  C  R  A  C  K  E  R  N  I  O  V  S  A
I  P  K  S  E  I  D  O  N  C  C  Y  A  L  R
N  P  D  A  S  T  R  O  I  D  A  C  L  E  T
F  I  R  E  S  T  O  R  M  S  G  H  A  K  H
E  A  A  S  T  R  O  I  D  C  O  R  N  E  Q
R  S  F  I  R  E  I  N  F  R  N  O  C  A  U
N  P  T  S  O  D  S  H  O  C  K  E  H  I  A
O  A  M  G  E  D  D  O  N  I  N  F  E  R  K
A  P  O  S  E  I  D  O  N  A  S  T  R  O  E
A  S  T  E  R  O  I  D  S  C  O  R  E  C  Y
C  Y  C  L  N  E  C  Y  C  C  L  O  N  N  E
A  V  A  L  A  C  Y  C  L  O  N  E  N  C  H
A  R  M  A  G  E  D  D  O  N  I  N  F  E  R
```

BACKDRAFT

CITY ON FIRE

DAYLIGHT

FIRESTORM

IN OLD CHICAGO

THE TOWERING INFERNO

AFTER THE SHOCK

AFTERSHOCK: EARTHQUAKE IN NEW YORK

ARMAGEDDON

ASTEROID

AVALANCHE

BEYOND THE POSEIDON ADVENTURE

THE CORE

CYCLONE

CRACK IN THE WORLD

Answer on page 309

A	L	I	V	E	A	L	O	S	T	L	I	V	E	S
D	A	D	R	F	T	I	N	E	R	N	I	T	L	Y
R	C	E	T	E	R	N	I	T	Y	A	S	T	A	C
I	C	L	I	F	H	N	G	R	E	A	C	P	G	L
F	A	C	A	S	T	R	C	A	P	O	L	L	O	C
T	C	E	N	T	R	U	N	P	A	R	I	T	O	C
A	N	T	R	A	C	C	T	O	I	C	F	I	N	D
A	N	T	A	R	C	T	I	C	A	P	F	H	I	S
G	A	G	A	N	S	T	C	A	N	C	H	T	I	B
A	R	C	T	I	C	A	P	L	O	C	A	L	Y	U
I	E	T	R	N	I	T	Y	Y	A	G	N	S	T	R
N	P	P	H	I	L	L	I	P	S	E	G	N	H	I
S	C	N	T	R	I	O	N	T	C	R	E	O	G	E
T	C	E	N	T	U	R	I	O	N	S	R	A	D	D
A	P	H	I	L	R	I	E	S	A	D	R	F	T	T

ADRIFT

AGAINST THE SUN

ALIVE

ALL IS LOST

ANTARCTICA

APOCALYPTO

APOLLO 13

ARCTIC

BACK FROM
ETERNITY

THE BLUE LAGOON

BURIED

CAPTAIN PHILLIPS

CAST AWAY

CENTURION

CLIFFHANGER

Answer on page 309

```
M  V  M  M  A  M  A  A  A  A  C  A  S  C  F
L  O  N  I  L  O  N  L  R  N  R  R  C  R  A
L  Y  S  L  L  N  C  L  T  A  B  C  O  A  T
I  A  T  L  G  S  N  I  I  C  D  T  R  B  H
O  G  E  I  A  T  D  G  C  O  D  I  P  I  M
N  E  R  O  T  E  A  A  A  N  A  C  I  C  S
S  P  A  N  R  R  S  T  S  D  S  B  B  L  B
S  C  T  F  A  H  T  O  M  A  R  B  L  O  B
C  L  I  C  L  O  V  R  F  I  E  L  E  D  S
O  O  T  T  I  T  T  A  N  S  S  C  E  O  R
R  S  A  C  O  L  O  S  S  A  L  S  C  O  R
P  S  N  A  L  L  G  A  T  O  R  S  H  A  R
I  A  S  S  C  L  O  V  E  R  F  I  E  L  D
O  L  C  D  D  A  F  A  T  H  O  M  S  S  L
N  C  B  A  R  B  A  R  I  A  N  B  A  R  B
```

THE 7TH <u>VOYAGE</u> OF SINBAD

20 <u>MILLION</u> MILES TO EARTH

A <u>MONSTER</u> CALLS

ALLIGATOR

ANACONDA

THE <u>ARCTIC</u> GIANT

ATTACK OF THE <u>CRAB</u> MONSTERS

ATTACK OF THE GIANT <u>LEECHES</u>

THE BEAST FROM 20,000 <u>FATHOMS</u>

THE BLACK <u>SCORPION</u>

THE <u>BLOB</u>

CLASH OF THE <u>TITANS</u>

THE <u>CLOVERFIELD</u> PARADOX

<u>COLOSSAL</u>

CONAN THE <u>BARBARIAN</u>

Answer on page 309

B	A	S	R	F	A	C	E	O	P	O	P	E	N	N
A	Y	H	Y	E	S	T	R	D	A	S	A	T	H	N
T	W	A	G	E	S	A	S	A	M	U	R	A	I	S
T	D	D	C	N	F	O	R	M	S	T	A	R	T	Y
T	G	O	R	I	A	T	W	A	G	G	S	E	S	E
L	R	W	I	G	H	O	T	S	A	M	I	R	A	S
S	U	S	S	D	A	K	D	O	E	S	T	C	A	T
H	M	S	B	A	T	Y	T	L	E	S	E	P	D	E
I	B	M	E	T	R	O	P	O	L	I	S	S	A	R
P	R	I	G	H	T	T	T	H	I	N	G	S	D	D
P	E	M	T	R	O	P	L	O	S	W	A	G	S	A
A	L	S	C	O	N	F	O	R	M	I	S	T	B	Y
S	L	A	G	L	R	I	A	C	O	N	F	R	M	T
B	A	T	T	L	E	S	H	I	P	P	R	A	S	I
D	S	P	A	R	A	S	I	G	L	O	R	I	A	E

PARASITE

SEVEN SAMURAI

METROPOLIS

ARMY OF SHADOWS

TOKYO STORY

BATTLESHIP POTEMKIN

THE WAGES OF FEAR

OPEN CITY

THE UMBRELLAS OF CHERBOURG

LET THE RIGHT ONE IN

THE CONFORMIST

THINGS TO COME

ONLY YESTERDAY

GLORIA

EYES WITHOUT A FACE

Answer on page 310

C	I	N	D	E	R	E	L	L	A	A	C	S	D	H
O	C	I	I	N	D	R	E	I	L	L	L	A	L	O
M	C	S	A	K	E	N	D	G	M	E	E	N	T	L
M	V	E	M	G	E	A	N	H	C	E	O	A	A	I
A	D	I	O	M	O	N	D	T	S	A	P	C	T	D
N	T	E	N	R	E	S	T	S	R	I	A	L	T	A
D	F	I	D	U	E	L	E	R	W	H	T	M	R	Y
M	A	M	S	B	E	R	C	L	E	O	R	T	A	S
E	H	P	O	L	I	V	E	N	G	E	A	N	C	E
N	H	A	L	I	D	A	Y	D	I	M	O	N	T	S
T	E	R	R	E	S	T	R	I	A	L	P	A	I	T
S	P	A	R	D	E	K	L	I	M	G	H	T	O	S
C	I	D	E	R	E	L	L	A	B	F	I	D	N	R
C	L	E	O	F	I	D	D	L	E	R	P	A	T	R
A	M	B	R	C	O	M	M	A	R	N	W	H	O	M

CINDERELLA

CINERAMA HOLIDAY

CITY LIGHTS

CLEOPATRA

THE TEN COMMANDMENTS

DIAMONDS ARE FOREVER

DIE HARD WITH A VENGEANCE

DUEL IN THE SUN

E.T. THE EXTRA-TERRESTRIAL

EASTER PARADE

FATAL ATTRACTION

FIDDLER ON THE ROOF

FOR HEAVEN'S SAKE

FOR WHOM THE BELL TOLLS

FOREVER AMBER

Answer on page 310

```
W  K  K  O  R  N  G  O  L  D  N  M  S  H  R
E  R  W  E  B  E  R  R  N  E  N  O  I  O  O
B  N  M  O  R  R  I  C  O  N  E  R  L  R  T
B  G  H  W  A  R  D  H  O  W  W  I  V  N  A
E  L  B  B  A  R  R  Y  A  R  M  C  E  R  Y
R  D  S  I  L  V  S  T  R  I  A  C  S  E  A
C  C  K  M  A  B  H  O  H  W  N  O  T  H  A
Y  O  U  N  G  K  R  N  O  G  O  N  R  O  Z
C  N  S  O  R  Z  I  M  W  M  E  E  I  R  I
N  T  H  R  T  H  N  E  A  M  A  N  S  N  M
T  I  O  T  A  O  Y  O  R  N  G  Z  I  E  M
I  C  S  H  O  R  E  S  D  O  R  E  N  H  E
Z  N  R  O  A  N  N  R  T  H  W  E  B  Z  R
I  T  K  A  M  E  N  L  Z  I  M  M  R  I  E
M  I  E  L  E  R  M  O  R  I  I  C  O  M  E
```

ANDREW LLOYD WEBBER

VICTOR YOUNG

ERICH WOLFGANG KORNGOLD

BILL CONTI

ALEX NORTH

ENNIO MORRICONE

RANDY NEWMAN

ALAN SILVESTRI

HOWARD SHORE

JOHN BARRY

JAMES HORNER

HANS ZIMMER

NINO ROTA

MICHAEL KAMEN

JAMES NEWTON HOWARD

Answer on page 310

```
T  W  A  Y  W  O  O  D  S  W  A  R  D  A  J
O  M  P  P  E  T  T  O  A  M  M  Y  R  G  O
M  U  P  P  E  T  R  O  D  K  Y  R  O  C  N
M  G  R  S  E  S  F  R  D  E  R  O  U  G  E
Y  O  L  I  W  H  I  T  E  R  O  C  A  P  S
D  R  E  A  M  G  I  L  S  G  C  R  E  A  S
G  C  O  I  N  G  M  U  T  P  K  P  E  T  W
W  A  Y  W  R  D  G  G  I  G  Y  G  I  G  A
S  P  E  C  O  L  I  V  E  R  O  L  I  V  Y
G  E  I  N  G  R  E  E  S  S  E  W  A  Y  W
G  R  E  A  S  E  D  R  E  M  G  R  I  L  A
O  C  P  R  E  O  L  V  R  E  R  O  C  K  R
I  A  D  R  E  A  M  G  I  R  L  S  A  S  D
N  R  R  E  A  M  G  R  I  L  S  C  P  E  R
G  I  G  I  R  U  G  E  G  I  N  G  C  A  P
```

TOMMY

THE GREAT MUPPET CAPER

CARMEN JONES

THE WAYWARD CLOUD

THE MUPPET CHRISTMAS CAROL

INTO THE WOODS

THE SADDEST MUSIC IN THE WORLD

WHITE CHRISTMAS

GREASE

MOULIN ROUGE

THE ROCKY HORROR PICTURE SHOW

GOING MY WAY

GIGI

DREAMGIRLS

OLIVER

Answer on page 310

H	O	S	T	R	E	F	L	C	L	I	V	I	N	G
H	A	L	W	E	E	A	N	F	R	E	K	S	B	A
B	B	I	R	D	S	C	A	L	A	L	I	E	N	S
H	A	L	L	O	W	E	E	N	A	O	F	R	E	K
B	B	I	R	D	S	L	M	B	S	O	R	F	R	I
L	Y	L	A	B	R	I	N	H	T	K	E	R	E	N
R	E	P	P	U	U	L	L	S	I	N	K	E	P	V
L	A	B	Y	R	I	N	T	H	L	A	K	A	P	I
H	A	L	L	O	W	W	E	C	N	S	K	U	S	
L	I	V	V	I	N	N	G	L	A	M	B	S	L	I
R	B	I	R	D	S	P	U	L	B	S	I	O	L	B
R	E	L	L	I	C	R	E	L	I	C	I	N	S	L
I	N	N	V	I	S	S	I	B	N	L	L	E	I	E
R	E	O	P	P	L	S	I	U	N	R	E	L	O	C
R	E	P	U	L	S	I	O	N	C	B	A	N	N	I

FREAKS	HALLOWEEN	REPULSION	DON'T <u>LOOK</u> NOW
NIGHT OF THE <u>LIVING</u> DEAD	ROSEMARY'S <u>BABY</u>	THE <u>INVISIBLE</u> MAN	RELIC
ALIENS	EYES WITHOUT A <u>FACE</u>	HOST	THE <u>BIRDS</u>
THE SILENCE OF THE <u>LAMBS</u>	PAN'S <u>LABYRINTH</u>	THE <u>CABIN</u> IN THE WOODS	

Answer on page 310

```
T  E  E  B  R  I  D  E  S  M  A  I  D  S  S
W  M  E  B  R  I  D  D  E  S  M  M  A  I  D
I  M  M  T  W  I  L  I  G  H  T  E  Y  L  P
L  A  M  E  R  M  O  A  I  D  S  R  E  E  A
L  E  E  D  D  A  V  V  D  D  I  M  S  N  L
G  G  R  E  A  S  E  G  R  R  E  A  T  D  M
T  F  O  O  T  L  O  O  S  E  D  E  E  S
M  E  R  M  A  I  D  S  C  C  L  S  R  D  S
A  L  L  A  D  D  I  N  A  L  A  D  D  I  N
C  L  E  U  L  L  E  S  S  U  W  T  A  E  R
L  C  L  O  B  L  E  N  D  E  D  U  Y  D  W
O  F  O  T  T  L  O  S  S  L  O  O  S  E  A
U  M  O  N  M  O  N  S  T  E  R  S  S  A  T
D  M  R  E  M  M  A  I  D  S  C  L  O  U  E
S  A  F  O  O  T  L  O  O  S  E  S  C  D  R
```

EMMA

BRIDESMAIDS

TWILIGHT

YESTERDAY

ALADDIN

CLUELESS

LOVE STORY

GREASE

FOOTLOOSE

LOVE AND
MONSTERS

MERMAIDS

BLENDED

PALM SPRINGS

CLOUDS

THE SHAPE OF
WATER

Answer on page 310

```
B  R  O  D  Y  B  C  R  O  W  E  R  D  O  W
E  H  O  F  F  M  M  A  A  N  N  S  U  W  A
N  I  C  H  O  L  S  O  N  R  R  U  V  A  S
I  N  A  I  C  C  O  L  S  I  U  B  A  S  H
G  I  G  R  O  N  H  A  N  K  S  S  L  S  I
N  P  E  C  I  N  O  P  A  C  H  I  L  H  N
I  H  O  P  P  K  P  I  N  S  I  R  R  I  G
C  R  H  W  E  N  K  W  M  M  A  B  N  N  T
P  B  O  N  I  G  I  R  O  N  S  N  I  G  O
A  S  F  A  C  E  N  Y  D  E  O  U  G  T  N
C  A  F  R  R  S  S  H  W  W  A  S  I  T  O
I  H  M  N  K  S  P  A  C  M  I  N  R  O  R
N  B  A  R  D  O  U  G  L  A  S  O  O  N  O
O  H  N  P  K  I  N  S  A  N  B  R  N  D  W
W  A  S  S  H  I  N  N  G  T  T  O  S  N  E
```

ADRIEN BRODY

DENZEL WASHINGTON

RUSSELL CROWE

ROBERT DUVALL

ROBERTO BENIGNI

JACK NICHOLSON

GEOFFREY RUSH

NICOLAS CAGE

TOM HANKS

AL PACINO

ANTHONY HOPKINS

JEREMY IRONS

DUSTIN HOFFMAN

MICHAEL DOUGLAS

PAUL NEWMAN

Answer on page 311

```
R  M  H  W  O  C  N  E  Y  T  A  D  A  R  R
E  R  M  A  H  O  N  E  Y  I  E  E  R  E  D
I  T  R  N  T  O  N  O  C  O  A  P  P  E  P
C  T  Y  G  M  G  O  R  T  A  T  A  O  S  R
H  E  S  T  T  L  W  O  J  O  A  L  D  C  D
A  P  M  A  P  E  E  L  E  P  L  M  L  M  E
R  E  S  C  H  R  Z  H  N  O  E  A  A  M  A
D  T  R  C  N  T  I  N  K  T  A  Y  R  N  S
T  C  T  A  R  A  N  T  I  N  O  R  D  C  T
A  P  R  M  A  H  H  O  N  N  A  E  T  H  W
P  P  R  E  L  S  H  A  S  R  N  D  A  Y  O
Z  O  S  R  R  O  O  N  M  E  C  P  Y  O  O
H  L  C  O  P  P  O  L  A  C  H  O  M  P  D
A  L  R  N  I  C  H  H  R  D  E  T  O  L  E
O  A  R  C  O  O  F  I  N  C  H  E  R  G  L
```

RYAN COOGLER

JORDAN PEELE

VICTORIA MAHONEY

PATTY JENKINS

DEE REES

KELLY REICHARDT

JULIE TAYMOR

LULU WANG

CHLOÉ ZHAO

QUENTIN TARANTINO

JAMES CAMERON

CLINT EASTWOOD

DAVID FINCHER

FRANCIS FORD COPPOLA

BRIAN DE PALMA

Answer on page 311

Z	R	R	D	R	G	Z	Z	K	B	R	C	K	U	K
E	E	S	T	R	O	D	R	I	G	U	E	Z	O	U
M	T	S	S	F	L	L	N	N	I	F	L	I	N	B
E	E	K	T	U	I	N	I	L	L	E	F	R	O	R
C	S	K	O	R	A	W	A	S	O	R	U	K	S	I
K	S	Z	N	M	C	K	Z	H	A	N	G	R	E	C
I	A	N	E	K	R	C	H	V	G	H	N	T	N	K
S	L	Z	H	N	H	C	I	R	K	N	U	H	H	T
H	T	C	C	K	V	R	B	I	N	S	K	H	G	V
W	A	C	H	O	W	S	K	I	W	C	H	W	U	S
V	R	B	N	S	K	R	T	C	H	T	C	H	A	S
T	O	R	O	R	O	T	L	E	D	G	Z	H	V	D
R	T	C	H	H	I	T	C	H	C	O	C	K	S	D
V	B	R	I	T	C	H	I	E	Z	M	C	K	I	S
R	D	R	G	Z	Z	I	K	S	N	I	B	R	E	V

ROBERT ZEMECKIS	GUY RITCHIE	YIMOU ZHANG	MATTHEW VAUGHN
LANA WACHOWSKI	OLIVER STONE	LEE UNKRICH	ALFRED HITCHCOCK
GUILLERMO DEL TORO	ROBERT RODRIGUEZ	AKIRA KUROSAWA	JOHN LASSETER
	STANLEY KUBRICK	GORE VERBINSKI	FEDERICO FELLINI

Answer on page 311

A	G	I	N	N	O	C	E	N	T	S	L	L	R	N
L	D	F	R	A	N	K	E	N	S	T	E	I	N	A
L	Z	D	R	C	L	A	S	P	N	T	N	U	S	S
I	L	V	A	N	I	S	H	I	N	G	M	F	Y	F
Z	L	G	D	Z	L	L	A	V	N	H	D	R	D	R
D	V	A	N	O	R	O	L	L	M	S	N	A	N
O	N	N	C	N	T	S	A	S	E	M	K	E	K
G	S	F	R	N	K	S	T	N	N	N	M	S	R	S
D	H	E	I	R	R	A	C	S	G	O	R	Y	X	T
G	N	M	D	S	M	M	A	R	D	L	D	L	W	N
A	G	V	N	S	E	V	I	L	Z	A	R	F	D	A
R	C	S	P	N	T	N	S	M	L	D	C	S	R	X
D	R	A	C	U	L	A	D	R	L	L	L	M	G	A
S	S	P	O	N	T	A	N	E	O	U	S	R	L	W
A	M	I	D	S	O	M	M	A	R	W	X	R	D	Y

YOUNG FRANKENSTEIN

GODZILLA

THE VANISHING

READY OR NOT

LA LLORONA

DRAG ME TO HELL

A GIRL WALKS HOME ALONE AT NIGHT

HOUSE OF WAX

THE FLY

DRACULA

MIDSOMMAR

CARRIE

SPONTANEOUS

THE EVIL DEAD

THE INNOCENTS

Answer on page 311

A	H	T	D	K	A	B	R	A	H	A	M	V	G	H
O	R	I	N	E	D	C	H	L	S	D	R	Y	F	S
R	T	U	L	G	L	L	A	V	U	D	A	H	K	N
H	F	H	L	S	F	N	D	W	N	Y	D	K	I	C
M	N	A	T	H	G	I	O	V	R	H	R	M	N	H
A	D	N	O	F	F	N	D	A	N	C	E	N	G	L
F	N	C	H	A	E	N	Y	A	W	K	Y	D	S	S
A	K	H	O	F	F	M	A	N	D	M	F	R	L	N
R	K	N	G	S	L	Y	D	R	F	N	U	F	E	F
I	H	H	C	N	I	F	N	R	R	O	S	S	Y	N
N	C	R	N	T	L	M	H	A	N	K	S	S	D	C
C	L	E	M	M	O	N	N	H	U	N	K	A	D	H
R	H	A	B	R	H	M	N	C	Y	E	N	R	A	C
H	A	C	K	M	A	N	H	K	M	G	N	T	R	C
T	N	I	C	H	O	L	S	O	N	S	C	D	S	A

TOM HANKS

F. MURRAY ABRAHAM

ROBERT DUVALL

BEN KINGSLEY

HENRY FONDA

ROBERT DE NIRO

DUSTIN HOFFMAN

JON VOIGHT

RICHARD DREYFUSS

PETER FINCH

JACK NICHOLSON

ART CARNEY

JACK LEMMON

GENE HACKMAN

JOHN WAYNE

Answer on page 311

```
W  S  W  H  W  N  M  D  N  A  R  E  P  O  G
A  E  T  A  T  I  D  M  D  N  G  H  T  D  D
T  O  R  P  R  A  N  A  M  E  R  I  C  A  N
E  H  F  P  F  R  G  W  T  R  F  R  N  T  W
R  S  R  E  R  P  H  L  D  L  P  H  A  K  S
F  O  N  N  N  S  R  A  E  Y  N  M  S  C  N
R  P  T  E  T  H  P  P  N  D  S  H  S  I  M
O  R  S  D  S  D  E  M  A  N  S  H  S  S  E
N  P  H  L  D  L  P  H  P  H  L  D  L  P  W
T  R  Y  D  A  L  M  D  N  G  H  T  H  A  T
A  T  S  T  T  L  O  R  A  C  H  P  P  N  D
W  P  H  I  L  A  D  E  L  P  H  I  A  S  D
W  T  R  F  R  N  T  M  D  N  G  H  T  R  R
M  I  D  N  I  G  H  T  H  P  P  N  D  H  P
A  M  R  C  N  A  M  R  A  R  T  I  S  T  S
```

IT HAPPENED ONE NIGHT

A NIGHT AT THE OPERA

SINGIN' IN THE RAIN

AN AMERICAN IN PARIS

ON THE WATERFRONT

THE BIG SICK

THE BEST YEARS OF OUR LIVES

CALL ME BY YOUR NAME

TOP HAT

THE PHILADELPHIA STORY

THE LADY EVE

CAROL

BEFORE MIDNIGHT

THE RED SHOES

THE ARTIST

Answer on page 311

MUSICALS 55

P	S	E	I	N	N	E	P	F	V	C	E	V	B	P
P	N	N	S	V	G	S	F	M	E	H	M	G	L	L
B	E	A	U	T	Y	B	T	F	G	C	A	V	S	E
F	D	D	L	R	R	P	N	D	A	L	F	S	S	H
D	F	I	D	D	L	E	R	D	S	T	S	V	V	N
M	O	K	L	H	M	F	N	L	Y	J	Z	Z	A	J
E	S	P	H	A	N	T	O	M	V	Z	N	E	S	V
A	P	H	N	T	M	C	H	C	J	Z	S	V	N	S
N	M	N	N	G	G	S	N	E	V	E	S	B	L	E
I	C	H	C	C	L	T	T	E	S	N	S	H	N	U
N	H	C	H	O	C	O	L	A	T	E	J	J	Z	L
G	C	P	H	N	T	M	M	T	N	H	P	S	V	B
F	L	S	U	N	S	H	I	N	E	Y	N	N	F	F
N	T	R	L	D	D	F	O	K	L	Y	N	N	U	F
O	K	L	A	H	O	M	A	M	H	L	K	O	K	O

FAME

PENNIES FROM HEAVEN

BEAUTY AND THE BEAST

VIVA LAS VEGAS

FIDDLER ON THE ROOF

ALL THAT JAZZ

MONTY PYTHON'S THE MEANING OF LIFE

THE BLUES BROTHERS

PHANTOM OF THE PARADISE

SEVEN BRIDES FOR SEVEN BROTHERS

CHARLIE AND THE CHOCOLATE FACTORY

SUNSHINE ON LEITH

FUNNY FACE

HELP

OKLAHOMA

Answer on page 312

57

T	N	G	H	T	H	R	P	H	A	R	P	O	O	N
H	N	G	D	E	V	O	L	H	R	P	P	N	N	S
G	Z	M	B	L	N	D	N	V	S	N	S	S	P	R
I	F	T	S	O	H	L	I	N	V	A	S	I	O	N
N	N	G	H	T	M	R	S	S	P	R	A	S	H	N
D	S	U	S	P	I	R	I	A	F	B	R	C	C	M
W	Z	M	B	B	L	N	D	D	F	R	B	F	C	O
N	N	W	A	D	S	H	U	N	U	A	H	S	R	O
D	E	D	L	L	S	S	B	R	T	H	E	H	M	R
N	I	G	H	T	M	A	R	E	S	P	S	C	M	D
Z	M	B	L	N	D	F	B	R	C	D	W	I	O	C
Z	O	M	B	I	E	L	A	N	D	S	D	R	C	O
N	G	H	T	M	R	R	M	T	H	G	N	B	M	M
B	R	E	A	T	H	E	B	R	T	H	H	A	S	E
T	H	N	G	E	N	D	L	E	S	S	S	F	S	S

THE <u>LOVED</u> ONES

<u>INVASION</u> OF THE BODY SNATCHERS

DEAD OF <u>NIGHT</u>

HARPOON

<u>ROOM</u> 237

SUSPIRIA

<u>SHAUN</u> OF THE DEAD

A <u>NIGHTMARE</u> ON ELM STREET

THE <u>HOST</u>

<u>DAWN</u> OF THE DEAD

IT <u>COMES</u> AT NIGHT

ZOMBIELAND

IN <u>FABRIC</u>

DON'T <u>BREATHE</u>

THE <u>ENDLESS</u>

Answer on page 312

A	W	C	O	H	E	R	E	N	C	E	D	S	C	W
R	S	W	S	T	W	R	L	D	S	C	N	N	U	E
T	T	R	N	G	S	S	E	L	D	N	E	D	B	S
S	W	C	H	R	N	C	R	L	L	R	B	L	E	T
A	R	L	A	I	C	E	P	S	A	S	T	R	R	W
A	L	N	N	H	L	T	N	C	N	G	R	S	S	O
A	N	N	I	H	I	L	A	T	I	O	N	C	B	R
A	N	N	H	L	T	N	W	S	T	W	W	R	D	L
C	O	N	G	R	E	S	S	M	P	O	H	S	R	D
M	T	L	C	N	T	C	T	R	L	L	B	L	L	A
T	S	C	A	N	N	E	R	S	M	T	L	L	S	B
L	S	C	N	N	R	S	N	N	L	T	N	S	T	O
R	O	L	L	E	R	B	A	L	L	S	T	R	N	L
S	T	R	A	N	G	E	C	H	R	N	C	E	S	B
A	L	A	T	E	M	S	T	C	A	T	N	O	C	D

THE ENDLESS

AD ASTRA

WESTWORLD

COHERENCE

MIDNIGHT SPECIAL

ANNIHILATION

CONTACT

THE CONGRESS

LITTLE SHOP OF HORRORS

ROLLERBALL

THE BLOB

SCANNERS

CUBE

STRANGE DAYS

HEAVY METAL

Answer on page 312

F	D	H	M	A	C	L	A	I	N	E	F	N	N	D
L	L	P	M	C	L	N	H	P	B	R	N	N	I	D
F	E	B	H	J	E	P	E	E	R	T	S	K	L	N
I	I	R	E	C	H	P	B	R	N	K	T	T	T	W
D	F	N	P	K	N	K	E	C	A	P	S	N	A	Y
D	B	D	B	S	E	N	L	L	I	F	L	K	M	K
U	R	N	U	N	G	D	A	D	N	O	F	T	K	T
N	S	W	R	H	A	B	R	N	D	N	W	N	Y	N
A	T	Y	N	B	P	S	T	Y	N	O	T	A	E	K
W	Y	Y	M	C	L	N	E	F	L	T	C	H	R	R
A	N	J	A	C	K	S	O	N	P	R	E	H	C	S
Y	M	N	L	L	F	L	T	C	H	R	F	N	D	A
B	R	S	T	Y	N	N	F	L	E	T	C	H	E	R
B	U	R	S	T	Y	N	H	P	B	R	N	M	N	L
M	T	L	N	B	R	S	M	I	N	N	E	L	L	I

CHER SHIRLEY MACLAINE SISSY SPACEK LOUISE FLETCHER

MARLEE MATLIN MERYL STREEP JANE FONDA ELLEN BURSTYN

GERALDINE PAGE KATHARINE HEPBURN DIANE KEATON GLENDA JACKSON

SALLY FIELD FAYE DUNAWAY LIZA MINNELLI

Answer on page 312

M	A	G	M	M	U	S	K	E	T	E	E	R	S	R
S	P	R	M	S	K	T	T	R	S	S	F	R	N	C
K	O	D	G	S	S	G	O	D	S	G	G	D	H	F
T	C	N	G	R	D	N	S	S	T	R	N	G	C	R
T	A	S	G	U	A	R	D	I	A	N	S	S	N	N
R	L	F	P	R	N	C	S	S	F	R	N	T	E	C
S	Y	R	R	S	S	R	E	D	I	A	R	R	R	H
G	P	L	N	T	T	M	S	K	T	R	S	N	F	S
R	S	O	C	R	R	F	L	C	K	C	I	W	S	A
D	E	O	C	A	I	B	A	R	A	F	L	C	N	F
N	L	P	S	F	N	P	C	L	Y	P	S	Y	P	R
S	P	E	S	R	G	M	S	K	T	T	R	S	S	I
L	R	R	S	C	S	T	A	L	K	E	R	S	D	C
O	R	C	C	O	U	N	T	R	Y	F	R	N	C	A
P	R	I	N	C	E	S	S	A	F	A	L	C	O	N

APOCALYPSE NOW

THE THREE MUSKETEERS

THE FRENCH CONNECTION

ISLE OF DOGS

GUARDIANS OF THE GALAXY

RAIDERS OF THE LOST ARK

KUBO AND THE TWO STRINGS

LAWRENCE OF ARABIA

THE AFRICAN QUEEN

JOHN WICK

THE PRINCESS BRIDE

LOOPER

STALKER

THE PEANUT BUTTER FALCON

NO COUNTRY FOR OLD MEN

Answer on page 312

R	M	N	W	N	D	D	N	I	W	M	S	Y	B	S
C	N	A	M	O	R	M	R	C	L	R	T	S	E	E
D	P	R	N	C	S	S	A	F	R	C	H	T	A	I
P	U	R	E	S	T	R	M	N	L	L	G	R	U	N
Y	S	T	R	D	Y	R	N	M	N	E	I	D	T	N
A	B	T	Y	Y	Y	Y	L	E	N	O	L	Y	Y	A
F	R	D	P	R	I	N	C	E	S	S	S	D	W	S
R	L	W	E	E	K	E	N	D	W	K	N	D	M	M
I	L	Y	S	T	R	D	Y	Y	D	R	T	S	R	I
C	S	W	S	Y	E	S	T	E	R	D	A	Y	C	R
A	M	S	W	M	B	R	L	L	S	P	R	S	L	A
N	R	G	E	N	T	L	E	M	E	N	L	H	G	C
B	C	Y	S	T	R	D	Y	G	N	T	L	M	N	L
R	L	W	N	D	S	Y	A	W	E	D	I	S	T	E
L	U	M	B	R	E	L	L	A	S	F	T	I	L	N

THE UNDERLINE{UMBRELLAS} OF CHERBOURG

CITY UNDERLINE{LIGHTS}

GONE WITH THE UNDERLINE{WIND}

UNDERLINE{ROMAN} HOLIDAY

ASH IS UNDERLINE{PUREST} WHITE

THE UNDERLINE{AFRICAN} QUEEN

IN A UNDERLINE{LONELY} PLACE

UNDERLINE{ANNIE} HALL

THE LOST UNDERLINE{WEEKEND}

UNDERLINE{MIRACLE} ON 34TH STREET

ONLY UNDERLINE{YESTERDAY}

UNDERLINE{GENTLEMEN} PREFER BLONDES

SIDEWAYS

UNDERLINE{BEAUTY} AND THE BEAST

THE UNDERLINE{PRINCESS} BRIDE

Answer on page 312

L	L	I	K	K	L	D	R	A	W	N	O	K	L	L
G	H	S	T	B	S	T	R	S	C	T	C	H	W	D
S	R	G	H	O	S	T	B	U	S	T	E	R	S	W
E	G	L	D	T	R	G	L	T	H	L	W	D	W	L
A	H	F	U	G	I	T	I	V	E	R	L	H	D	B
R	G	L	D	T	R	N	W	R	D	D	T	C	W	U
C	H	A	B	R	L	A	H	T	E	L	H	T	B	L
H	S	T	L	Y	L	T	H	L	A	I	L	A	L	L
E	T	O	L	W	O	D	I	W	R	F	T	C	L	I
R	B	M	T	R	B	B	T	T	B	E	M	C	T	T
S	S	I	T	C	T	C	H	D	T	S	C	T	T	T
S	T	C	S	T	F	U	R	I	O	U	S	C	T	H
D	R	B	B	T	T	M	U	T	A	M	I	T	L	U
R	A	B	B	I	T	G	L	D	T	P	F	R	U	S
A	N	W	R	D	D	G	L	A	D	I	A	T	O	R

ONWARD

GHOSTBUSTERS

THE BOURNE
ULTIMATUM

KILL BILL

THE SEARCHERS

THE FUGITIVE

BULLITT

CATCH ME IF YOU
CAN

LETHAL WEAPON

ATOMIC BLONDE

WHO FRAMED
ROGER RABBIT?

GLADIATOR

LIFE OF PI

BLACK WIDOW

FAST AND FURIOUS

Answer on page 313

M	F	W	D	L	W	D	E	A	D	P	O	O	L	Z
R	U	T	E	E	L	S	B	R	K	B	L	R	W	L
V	T	C	D	V	V	P	N	E	M	H	C	T	A	W
L	U	H	P	R	E	D	N	O	W	R	N	H	L	K
H	R	M	L	A	N	R	L	G	N	N	K	N	U	G
L	E	N	L	M	E	R	H	L	L	B	L	B	N	R
K	C	T	W	M	N	A	G	O	L	A	U	R	B	D
D	D	R	K	M	N	G	R	D	N	S	H	K	R	N
A	R	G	U	A	R	D	I	A	N	S	M	B	E	N
R	K	W	Q	V	R	N	Y	H	L	L	B	L	A	A
K	S	W	O	L	V	E	R	I	N	E	S	D	K	M
M	P	H	L	L	B	Y	G	R	D	N	S	L	A	A
A	D	F	T	S	P	I	D	E	R	M	R	V	B	U
N	R	C	A	T	W	O	M	A	N	F	T	R	L	Q
W	M	N	S	T	Y	O	B	L	L	E	H	P	E	A

X-MEN: DAYS OF FUTURE PAST

CAPTAIN MARVEL

DEADPOOL

WATCHMEN

AQUAMAN

THE INCREDIBLE HULK

UNBREAKABLE

LOGAN

DARKMAN

GUARDIANS OF THE GALAXY

HELLBOY

THE WOLVERINE

SPIDER-MAN

CATWOMAN

Answer on page 313

E	L	D	T	D	N	E	D	L	O	G	C	S	N	T
C	C	A	M	L	G	L	D	N	S	P	C	T	R	I
N	N	Y	R	T	O	M	O	R	R	O	W	N	S	M
E	C	L	R	K	C	N	C	S	L	C	N	G	H	E
C	E	I	W	D	R	G	A	H	G	U	O	N	E	R
I	D	G	O	L	D	Y	L	G	H	T	S	B	S	D
L	Y	H	M	F	D	L	T	N	S	B	C	R	D	E
N	L	T	E	C	A	S	I	N	O	N	N	E	N	R
C	G	S	C	R	G	D	L	T	L	N	R	R	S	T
O	H	T	C	R	A	I	G	M	A	D	N	O	M	C
N	T	M	N	G	H	V	N	E	C	S	R	O	S	E
N	S	R	R	A	N	O	T	H	E	R	Y	M	T	P
E	C	R	S	P	C	T	R	C	N	N	R	Y	S	S
R	R	B	R	O	S	N	A	N	C	S	N	O	D	L
Y	G	W	W	R	R	M	T	T	D	A	L	T	O	N

THE LIVING DAYLIGHTS

LICENCE TO KILL

GOLDEN EYE

TOMORROW NEVER DIES

THE WORLD IS NOT ENOUGH

DIE ANOTHER DAY

CASINO ROYALE

QUANTUM OF SOLACE

SPECTRE

NO TIME TO DIE

SEAN CONNERY

ROGER MOORE

DANIEL CRAIG

PIERCE BROSNAN

TIMOTHY DALTON

Answer on page 313

```
S  F  F  R  A  N  K  E  N  W  E  E  N  I  E
H  R  W  N  N  F  R  N  K  N  W  N  N  E  E
R  N  M  M  O  G  N  A  R  R  G  N  P  S  H
E  K  I  L  S  H  R  K  W  N  N  I  C  P  C
K  W  S  L  S  E  S  I  R  R  S  R  H  A  A
L  N  S  N  S  M  P  S  N  S  O  Q  S  C  E
E  N  I  N  S  I  M  P  S  O  N  S  M  E  P
I  S  N  M  L  L  N  N  M  S  T  N  P  Y  L
N  H  G  S  H  R  K  S  S  T  U  N  A  E  P
N  R  G  N  L  L  S  N  S  T  P  N  D  D  P
I  K  P  M  I  L  L  E  N  N  I  U  M  R  A
W  S  R  F  R  N  K  W  W  N  N  E  I  D  D
M  I  L  L  U  S  I  O  N  I  S  T  D  W  N
L  L  S  N  S  T  N  P  N  T  S  R  N  G  A
M  A  R  N  I  E  S  B  E  A  U  T  Y  S  P
```

SHREK

FRANKENWEENIE

JAMES AND THE
GIANT PEACH

RANGO

MISSING LINK

THE WIND RISES

WINNIE THE POOH

THE SIMPSONS
MOVIE

THE PEANUTS MOVIE

MILLENNIUM
ACTRESS

WHEN MARNIE WAS
THERE

KUNG FU PANDA

SLEEPING BEAUTY

THE ILLUSIONIST

SPACE JAM

Answer on page 313

```
M  R  R  A  S  C  A  L  S  P  R  B  L  M  E
E  S  P  A  C  S  M  E  L  B  O  R  P  D  I
N  C  R  T  L  K  N  G  F  L  P  P  D  E  H
A  L  G  N  I  K  L  A  T  E  L  A  E  G  C
C  S  L  R  S  C  L  S  J  M  N  J  L  S  I
E  F  M  F  L  I  P  P  E  D  C  S  L  R  R
D  L  M  I  C  S  P  R  N  C  H  N  A  D  R
H  P  N  R  H  R  E  P  S  A  C  B  B  A  R
O  P  C  S  N  H  L  D  Y  B  N  N  Y  P  R
L  D  F  T  T  C  S  P  J  U  M  A  N  J  I
I  J  R  S  D  F  L  P  P  D  N  C  H  N  T
D  M  B  E  N  N  Y  R  B  A  B  E  R  S  D
A  N  S  C  N  D  R  L  L  H  L  D  Y  S  T
Y  J  E  N  C  H  A  N  T  E  D  F  L  P  D
C  I  N  D  R  C  I  N  D  E  R  E  L  L  A
```

FLIPPED

LOOK WHO'S TALKING

MR. BEAN'S HOLIDAY

DENNIS THE MENACE

RICHIE RICH

THE LITTLE RASCALS

PROBLEM CHILD

FIRST KID

JUMANJI

ENCHANTED

CASPER

BENNY & JOON

BABE

ELLA ENCHANTED

A CINDERELLA STORY

Answer on page 313

```
Y  T  R  A  M  S  P  A  R  A  D  I  S  E  C
P  R  D  S  E  H  S  T  L  R  E  B  B  Y  N
R  S  S  L  M  D  G  D  S  R  Y  T  H  F  C
D  E  F  S  U  N  R  I  S  E  R  N  U  C  O
S  C  S  M  L  G  D  G  S  L  M  D  S  G  U
S  N  P  R  D  S  E  E  K  A  T  H  T  S  N
B  A  B  Y  H  S  T  L  R  T  H  F  L  S  T
C  R  C  E  B  E  F  O  R  E  S  D  E  R  R
L  F  L  B  F  R  D  S  R  F  R  N  R  D  Y
D  C  N  F  S  L  U  M  D  O  G  D  G  P  R
D  L  A  F  R  N  C  S  S  L  M  D  G  T  H
L  D  M  S  N  R  S  N  M  E  R  I  S  E  D
O  N  E  L  R  T  H  I  E  F  T  H  F  T  H
C  M  H  M  F  H  S  T  L  R  S  N  R  S  S
S  L  M  G  O  H  D  N  U  O  R  G  T  R  Y
```

MARTY

CHILDREN OF PARADISE

GOD'S OWN COUNTRY

SAINT FRANCES

BRINGING UP BABY

GROUNDHOG DAY

SUNRISE

THE HUSTLER

YOU CAN'T TAKE IT WITH YOU

BEFORE SUNRISE

COLD WAR

YOUR NAME

SLUMDOG MILLIONAIRE

WINGS OF DESIRE

TO CATCH A THIEF

Answer on page 313

D	A	R	T	I	F	I	C	I	A	L	C	L	E	D
L	C	L	L	D	S	N	S	H	N	P	P	R	D	K
I	D	S	P	S	U	N	S	H	I	N	E	P	I	R
Q	K	E	R	T	F	C	L	V	N	D	T	T	L	R
U	L	R	Q	D	A	K	I	R	P	A	P	Q	L	D
I	L	E	L	Q	D	S	T	R	S	H	P	T	O	R
D	L	N	Q	U	P	G	R	A	D	E	T	R	C	B
S	R	I	N	D	P	T	Y	S	N	S	H	N	E	T
R	B	T	U	R	B	O	P	R	R	T	O	P	E	R
S	Q	Y	V	N	D	T	T	A	S	T	R	S	H	P
L	Q	D	C	L	V	E	N	D	E	T	T	A	D	T
S	T	A	R	S	H	I	P	P	H	S	R	T	S	E
S	R	N	T	Y	P	P	R	C	I	T	Y	K	L	I
K	C	O	L	B	S	T	R	S	H	P	L	M	N	U
V	N	D	T	T	D	E	L	E	M	E	N	T	D	Q

A.I. <u>ARTIFICIAL</u> INTELLIGENCE

WHEN WORLDS <u>COLLIDE</u>

SUNSHINE

<u>LIQUID</u> SKY

PAPRIKA

SERENITY

<u>TURBO</u> KID

ATTACK THE <u>BLOCK</u>

UPGRADE

A <u>QUIET</u> PLACE

<u>REPO</u> MAN

<u>STARSHIP</u> TROOPERS

THE FIFTH <u>ELEMENT</u>

V FOR <u>VENDETTA</u>

DARK <u>CITY</u>

Answer on page 314

P	D	N	G	T	E	T	I	H	W	P	Z	N	P	P
N	E	P	D	D	N	G	T	N	Z	T	O	P	S	I
C	D	S	P	A	D	D	I	N	G	T	O	N	D	N
C	I	S	T	R	N	G	S	T	R	N	T	G	S	C
H	S	P	D	D	N	G	T	N	Z	P	O	R	G	R
S	N	M	O	I	H	C	C	O	N	I	P	S	O	E
T	I	P	N	C	C	H	P	S	T	Q	I	R	D	D
R	S	T	R	Y	S	T	O	R	Y	Q	A	N	S	I
Y	P	D	N	G	T	N	P	N	C	C	H	S	R	B
F	I	N	D	I	N	G	N	M	N	E	M	O	M	L
P	D	D	N	G	T	N	P	N	C	C	H	N	M	E
M	O	A	N	A	S	T	R	S	T	R	I	N	G	S
D	R	G	N	N	C	R	D	B	L	S	S	H	P	D
D	R	A	G	O	N	L	S	H	E	E	P	N	G	R
S	T	R	Y	D	R	G	N	M	N	A	O	G	E	L

TOY <u>STORY</u>

<u>INSIDE</u> OUT

SNOW <u>WHITE</u> AND THE SEVEN DWARFS

PADDINGTON

INCREDIBLES

ZOOTOPIA

PINOCCHIO

<u>FINDING</u> DORY

FINDING <u>NEMO</u>

THE <u>LEGO</u> MOVIE

MOANA

ISLE OF <u>DOGS</u>

KUBO AND THE TWO STRINGS

HOW TO TRAIN YOUR DRAGON

SHAUN THE <u>SHEEP</u> MOVIE

Answer on page 314

B	I	R	D	I	E	T	T	S	Q	P	S	F	G	H
B	R	D	S	T	R	R	U	W	A	S	W	C	R	R
E	A	S	T	E	R	V	R	N	M	P	E	T	R	F
C	H	C	G	O	L	Y	V	Y	M	P	E	R	I	C
C	I	S	U	M	S	N	Y	D	A	H	N	Y	A	T
H	S	H	F	C	T	R	Y	M	M	R	E	A	H	R
I	C	O	C	H	C	G	O	S	P	H	Y	R	Q	Y
C	C	P	S	S	O	U	N	D	S	P	P	H	R	R
A	F	C	T	R	Y	S	W	N	Y	L	A	Y	O	R
G	G	S	A	P	P	H	I	R	E	S	C	H	G	O
O	S	W	N	Y	F	C	R	T	Y	M	S	C	T	R
C	H	C	G	O	F	C	F	A	C	T	O	R	Y	S
A	N	G	R	Y	A	N	G	R	K	Y	N	K	C	H
F	C	T	R	Y	Y	N	K	C	H	C	G	A	N	G
C	H	C	G	R	Y	A	N	K	E	E	R	D	K	L

HAIR

MAMMA MIA

BYE BYE BIRDIE

TOPSY-TURVY

SWEENEY TODD

EASTER PARADE

THE SOUND OF MUSIC

CHICAGO

LITTLE SHOP OF HORRORS

THE MUSIC MAN

ROYAL WEDDING

THE SAPPHIRES

WILLY WONKA AND THE CHOCOLATE FACTORY

HEDWIG AND THE ANGRY INCH

YANKEE DOODLE DANDY

Answer on page 314

```
P  J  F  I  S  L  A  N  D  C  L  R  F  L  F
H  A  L  N  D  M  M  O  T  N  A  H  P  C  L
M  N  W  P  H  N  T  M  C  L  R  S  R  H  O
T  E  D  M  O  R  T  U  A  R  Y  T  G  N  W
M  G  R  D  M  R  T  R  Y  P  H  N  T  M  M
D  R  O  L  O  C  W  K  E  D  A  R  G  P  U
D  D  R  C  L  P  H  N  T  M  M  R  T  R  Y
E  R  A  S  E  R  H  E  A  D  W  K  F  C  H
K  F  R  N  Z  Y  E  M  R  T  R  Y  R  H  L
C  D  R  C  L  D  R  A  C  U  L  A  N  A  L
I  P  H  N  T  M  E  H  L  L  W  N  Z  I  W
W  C  H  N  S  W  P  G  R  D  F  R  Y  N  N
M  M  H  A  L  L  O  W  E  E  N  Z  H  S  N
F  R  N  Z  Y  P  H  N  T  M  C  H  T  A  F
F  R  E  N  Z  Y  Z  Y  M  M  U  M  R  W  R
```

WHAT EVER HAPPENED TO BABY JANE?

THE MORTUARY COLLECTION

PHANTOM OF THE OPERA

THE WOLF MAN

UPGRADE

ERASERHEAD

THE TEXAS CHAINSAW MASSACRE

WE ARE STILL HERE

THE DARK AND THE WICKED

HORROR OF DRACULA

HALLOWEEN

THE MUMMY

ISLAND OF LOST SOULS

FRENZY

COLOR OUT OF SPACE

Answer on page 314

R	A	T	A	T	O	U	I	L	L	E	D	M	B	I
N	G	H	T	M	R	R	T	T	L	L	Z	C	H	N
G	I	M	M	O	N	S	T	E	R	S	D	M	B	I
F	N	D	L	M	T	N	O	B	M	U	D	M	S	H
I	C	C	D	L	M	T	N	S	C	H	C	K	N	C
R	R	H	Y	E	S	T	E	R	D	A	Y	C	Z	C
E	E	C	H	C	K	N	M	N	S	T	R	S	S	U
F	D	K	D	A	L	M	A	T	I	A	N	S	F	Z
L	I	N	F	F	A	N	T	A	S	I	A	S	P	R
I	B	F	N	G	H	T	M	R	E	T	S	A	E	B
E	L	N	A	N	O	M	A	L	I	S	A	Z	C	H
S	E	T	M	N	S	T	R	N	G	H	T	M	R	Z
N	S	S	N	I	G	H	T	M	A	R	E	C	H	B
W	R	A	G	T	G	S	P	I	R	I	T	E	D	N
C	H	I	C	K	E	N	W	R	D	R	A	W	N	O

DUMBO

RATATOUILLE

MY LIFE AS A ZUCCHINI

THE INCREDIBLES

ONLY YESTERDAY

101 DALMATIANS

BEAUTY AND THE BEAST

CHICKEN RUN

THE NIGHTMARE BEFORE CHRISTMAS

ONWARD

ANOMALISA

MONSTERS, INC.

GRAVE OF THE FIREFLIES

FANTASIA

SPIRITED AWAY

Answer on page 314

```
F   S   D   O   Z   E   N   W   Y   L   L   I   W   F   E
R   C   B   T   H   V   N   D   V   N   T   R   S   R   M
I   R   B   E   E   T   H   O   V   E   N   W   L   D   P
D   T   F   R   D   Y   W   L   D   D   Z   N   W   Y   O
A   D   S   A   D   V   E   N   T   U   R   E   S   S   R
Y   V   S   C   B   B   Y   P   R   N   C   S   S   T   I
S   N   C   B   B   Y   X   I   R   E   T   S   A   R   U
E   T   D   L   I   W   P   R   N   C   S   S   D   X   M
M   R   F   L   P   P   R   S   T   E   I   N   N   A   L
I   S   F   L   I   P   P   E   R   S   C   B   B   Y   D
T   F   C   D   T   M   B   D   T   M   S   C   R   T   N
D   L   S   C   O   O   B   Y   B   T   H   V   N   N   A
E   P   P   T   N   C   S   S   S   C   R   T   D   S   L
B   P   S   E   C   R   E   T   F   R   D   Y   S   S   S
S   R   T   R   P   P   R   I   N   C   E   S   S   D   I
```

FREAKY FRIDAY

BEDTIME STORIES

MR. MAGORIUM'S
WONDER EMPORIUM

NIM'S ISLAND

FREE WILLY

BEETHOVEN

THE ADVENTURES OF
HUCK FINN

ASTERIX AND OBELIX
VS. CAESAR

FLIPPER

ANNIE

SCOOBY-DOO

WHERE THE WILD
THINGS ARE

CHEAPER BY THE
DOZEN

THE SECRET GARDEN

A LITTLE PRINCESS

Answer on page 314

U	B	H	P	G	U	I	T	A	R	G	R	T	R	T
N	N	C	R	P	R	S	P	C	T	G	A	M	U	Y
C	C	N	S	C	U	T	O	F	F	M	L	L	E	R
H	H	U	P	L	O	N	E	D	T	I	R	G	R	S
A	G	B	T	C	S	S	D	Y	T	M	H	W	K	E
I	T	S	C	A	S	S	I	D	Y	D	T	O	M	L
N	R	D	S	L	C	K	R	S	S	P	M	U	L	D
E	C	D	T	O	M	A	H	A	W	K	H	T	L	D
D	T	L	T	M	H	W	K	M	L	L	W	L	T	A
G	F	S	S	L	C	K	R	S	C	S	K	A	C	S
T	P	R	O	S	P	E	C	T	D	L	M	W	S	B
F	D	B	N	C	H	S	T	S	L	C	L	K	S	N
B	U	R	I	A	L	S	K	M	I	L	L	E	R	C
P	R	S	P	C	T	S	L	C	K	R	S	D	L	H
S	L	C	K	R	S	S	S	R	E	K	C	I	L	S

DJANGO UNCHAINED

THE WILD BUNCH

JOHNNY GUITAR

3:10 TO YUMA

LONE STAR

TRUE GRIT

BUTCH CASSIDY AND THE SUNDANCE KID

BLAZING SADDLES

BONE TOMAHAWK

THE OUTLAW JOSEY WALES

CITY SLICKERS

MCCABE & MRS. MILLER

THE THREE BURIALS OF MELQUIADES ESTRADA

MEEK'S CUTOFF

PROSPECT

Answer on page 315

```
F  E  R  R  I  S  S  E  S  R  R  Y  S  B  S
F  R  R  S  P  T  M  T  T  D  I  R  U  C  I
R  D  G  M  N  T  M  A  R  G  D  L  P  H  S
E  G  D  I  R  B  R  R  H  M  G  N  E  L  T
S  M  M  R  P  T  B  A  D  N  E  G  R  R  E
S  T  E  O  P  T  R  K  S  T  M  S  B  B  R
R  B  L  D  N  D  D  R  P  R  O  T  A  R  H
S  U  M  M  E  R  G  R  T  B  N  R  D  D  O
F  R  R  S  S  P  P  R  B  L  T  H  E  B  O
L  E  B  E  R  N  E  D  E  N  N  D  S  A  D
R  D  G  M  N  T  B  C  H  L  R  F  R  R  S
B  A  C  H  E  L  O  R  D  N  D  M  E  A  N
G  R  P  S  G  R  D  G  R  A  P  E  S  N  G
G  A  R  D  E  N  B  C  H  L  R  G  R  P  S
F  R  R  S  C  S  R  G  N  I  L  R  A  E  Y
```

SUMMER OF '42

DEAD POETS SOCIETY

THE KARATE KID

FAST TIMES AT RIDGEMONT HIGH

FERRIS BUELLER'S DAY OFF

BRIDGE TO TERABITHIA

SUPERBAD

THE SISTERHOOD OF THE TRAVELING PANTS

REBEL WITHOUT A CAUSE

EAST OF EDEN

MEAN GIRLS

THE YEARLING

THE BACHELOR AND THE BOBBY-SOXER

THE SECRET GARDEN

OUR VINES HAVE TENDER GRAPES

Answer on page 315

T	C	H	T	H	H	C	U	O	T	H	N	H	N	N
T	N	G	H	T	C	R	W	L	R	T	H	U	G	I
H	V	V	E	R	T	I	G	O	W	G	S	N	H	G
I	V	R	T	G	W	N	D	W	D	R	V	T	T	H
N	P	L	H	M	S	S	E	G	A	W	H	E	C	T
S	T	P	E	L	H	A	M	R	N	I	N	R	R	C
G	R	S	T	R	N	G	R	S	L	N	T	R	W	R
P	E	E	L	S	S	T	R	N	G	D	R	S	L	A
D	V	S	T	R	N	G	R	S	V	O	T	G	R	W
N	I	B	Y	L	E	N	O	L	R	W	T	H	T	L
P	R	S	T	R	N	G	R	S	P	S	T	O	C	E
S	D	N	G	H	T	C	R	W	L	R	R	U	H	R
T	D	R	V	S	R	E	G	N	A	R	T	S	P	S
S	V	R	T	G	S	T	R	N	G	R	S	E	T	A
A	N	A	T	O	M	Y	T	P	O	S	T	D	S	R

THE THIN MAN

TOUCH OF EVIL

TAXI DRIVER

VERTIGO

THE WAGES OF FEAR

NIGHTCRAWLER

REAR WINDOW

THE BIG SLEEP

ANATOMY OF A MURDER

THE POST

STRANGERS ON A TRAIN

THE NIGHT OF THE HUNTER

IN A LONELY PLACE

HIS HOUSE

THE TAKING OF PELHAM ONE TWO THREE

Answer on page 315

```
D D I C T A T O R S L P W S T
T D C T T R W S E L U T S E W
A R U T N E V N T P K N G P N
M D N G H T S L U V P M N Y Y
L K N G P N W N R N D S L A P
A S K I N G P I N T V N T R K
Y C K N G P N M N R S C R T R
O R S V N T R H H O L I D A Y
R T E N M I D N I G H T W L D
W W C T K N G P N N Y E N O M
S R R R H E A V E N W R L D W
T L E W M D N G H T D V N T R
D D T N W A N D A Y D L R O W
V W N D K N G P N D C T T R W
A D V E N T U R E W D R L S D
```

SLAP SHOT

THE RETURN OF THE PINK PANTHER

THE GREAT DICTATOR

ACE VENTURA, PET DETECTIVE

THE ROYAL TENENBAUMS

KINGPIN

WAY OUT WEST

MR. HULOT'S HOLIDAY

TOP SECRET

TAKE THE MONEY AND RUN

PEE-WEE'S BIG ADVENTURE

HEAVEN CAN WAIT

WAYNE'S WORLD

A FISH CALLED WANDA

MIDNIGHT RUN

Answer on page 315

L	W	R	C	W	B	C	S	S	R	E	T	N	I	W
E	N	Y	O	N	E	L	T	S	T	L	L	R	M	R
R	T	D	N	T	N	S	L	K	E	S	E	E	L	C
U	R	N	W	R	N	S	L	N	K	N	T	T	S	D
A	S	A	A	S	Y	K	M	Y	E	R	S	R	T	L
L	C	C	Y	B	D	N	G	R	F	L	D	B	R	L
S	T	L	L	R	S	K	L	E	L	R	E	B	T	O
S	K	E	L	T	O	N	K	N	T	T	S	T	K	Y
D	N	G	R	F	L	D	S	K	L	T	N	K	N	D
A	T	K	I	N	S	O	N	S	T	L	L	R	B	N
W	N	T	R	D	S	H	T	S	T	I	L	L	E	R
C	N	W	Y	D	N	G	R	F	L	D	W	N	T	R
D	A	N	G	E	R	F	I	E	L	D	B	N	N	Y
B	N	N	Y	S	K	L	T	N	C	N	D	Y	R	S
R	T	R	O	H	S	S	H	S	T	T	O	N	K	D

JOHN CANDY

JONATHAN WINTERS

JOHN CLEESE

STAN LAUREL

JACK BENNY

MIKE MYERS

HAROLD LLOYD

MILTON BERLE

RED SKELTON

ROWAN ATKINSON

RODNEY DANGERFIELD

DON KNOTTS

MARTIN SHORT

BEN STILLER

TIM CONWAY

Answer on page 315

```
G  I  A  C  C  H  I  N  O  G  L  D  M  N  K
L  G  C  C  H  N  S  L  T  R  C  I  R  U  A
A  H  M  L  S  C  H  D  S  P  L  T  L  G  R
S  G  L  H  A  M  L  I  S  C  H  G  L  S  S
S  H  M  L  S  C  H  M  N  K  N  D  S  P  L
T  T  A  L  P  S  E  D  U  N  E  K  N  E  M
G  G  D  N  T  H  L  S  H  R  M  N  S  L  T
G  O  L  D  E  N  T  H  A  L  G  L  D  S  D
G  L  D  N  T  H  L  S  H  R  M  N  R  S  K
L  E  G  R  A  N  D  L  G  H  E  L  Y  O  D
L  G  R  N  D  D  S  G  O  M  S  L  T  R  S
R  A  K  S  I  N  G  R  L  L  R  E  P  A  K
G  C  C  H  N  J  L  N  D  S  G  L  S  S  S
S  A  L  T  E  R  D  D  H  C  S  H  R  M  N
B  U  R  W  E  L  L  S  S  H  E  R  M  A  N
```

PATRICK DOYLE	PHILIP GLASS	RICHARD M. SHERMAN	ERNEST GOLD
MICHEL LEGRAND	MICHAEL GIACCHINO	DAVID RAKSIN	GEORGES AURIC
ELLIOT GOLDENTHAL	ALEXANDRE DESPLAT	BRONISLAU KAPER	HANS J. SALTER
ALAN MENKEN			
MARVIN HAMLISCH	CARTER BURWELL		

Answer on page 315

```
H  H  O  O  L  I  G  A  N  S  V  S  N  C  H
G  H  L  G  N  S  D  C  K  S  D  U  C  K  S
S  P  I  H  C  B  S  R  U  N  N  I  N  G  S
V  S  N  L  S  V  V  X  P  R  S  S  D  L  S
C  H  P  N  O  I  S  I  V  T  H  N  D  R  S
Y  R  P  L  C  M  N  T  S  D  L  L  A  S  O
A  A  D  O  D  G  E  B  A  L  L  G  L  T  M
D  D  G  B  L  L  R  D  N  H  T  L  I  H  E
N  C  H  P  S  R  E  D  N  U  H  T  T  N  T
U  R  N  N  G  S  D  G  B  L  L  C  H  D  H
S  R  B  E  C  K  H  A  M  V  H  D  N  R  I
C  H  P  S  S  N  S  S  E  R  P  X  E  X  N
D  A  L  L  A  S  S  M  T  H  N  G  G  P  G
H  L  L  G  N  S  S  A  B  O  V  E  S  R  D
R  E  P  L  A  C  E  M  E  N  T  S  T  S  R
```

GREEN STREET HOOLIGANS	ANY GIVEN SUNDAY	DAYS OF THUNDER	THE EXPRESS
COOL RUNNINGS	SOMETHING FOR JOEY	THE REPLACEMENTS	NORTH DALLAS FORTY
BLUE CHIPS	VISION QUEST	BEND IT LIKE BECKHAM	ABOVE THE RIM
MIGHTY DUCKS	DODGEBALL: A TRUE UNDERDOG STORY	ALI	

Answer on page 316

```
B  R  G  H  T  X  T  A  X  I  M  T  I  M  E
T  H  G  I  R  B  M  D  N  M  R  R  D  R  B
M  R  D  R  B  L  L  N  V  N  E  D  I  A  M
M  U  R  D  E  R  B  A  L  L  P  C  T  R  E
S  H  R  K  R  S  D  M  C  R  C  Y  P  R  I
A  S  H  S  N  S  H  I  R  K  E  R  S  D  N
N  D  M  C  R  C  Y  P  C  T  R  S  H  S  S
V  T  D  E  M  O  C  R  A  C  Y  T  W  R  I
I  S  H  R  K  R  S  P  C  T  R  T  W  R  D
L  S  S  E  Y  M  O  U  R  M  R  D  R  B  E
S  H  R  K  R  P  C  T  R  T  W  R  S  R  R
P  I  C  T  U  R  E  P  R  J  D  M  B  E  T
S  H  R  K  R  S  P  P  A  R  I  S  R  W  S
N  A  T  I  O  N  N  T  N  P  R  S  D  O  D
B  R  G  H  T  D  S  I  H  S  U  S  C  T  M
```

TAXI TO THE DARK SIDE	TOWER	ALL IN: THE FIGHT FOR DEMOCRACY	THE MISSING PICTURE
TIME	SHIRKERS	JIRO DREAMS OF SUSHI	PARIS IS BURNING
MAIDEN	ANVIL! THE STORY OF ANVIL	SEYMOUR: AN INTRODUCTION	ONE CHILD NATION
MURDERBALL	INSIDE JOB		BRIGHT LIGHTS

Answer on page 316

I	N	D	E	P	E	N	D	E	N	C	E	D	K	O
C	L	V	R	F	L	D	B	R	B	L	L	A	Q	K
C	F	B	A	R	B	A	R	E	L	L	A	Q	B	R
L	H	F	H	R	N	H	T	D	C	R	C	R	Y	A
O	R	P	A	C	I	F	I	C	B	L	C	K	S	D
V	N	D	R	K	S	K	N	S	H	T	R	A	E	W
E	H	I	D	I	O	C	R	A	C	Y	B	L	C	K
R	T	C	L	V	R	F	F	L	D	D	B	B	L	C
F	S	D	E	E	B	E	L	B	M	U	B	D	T	R
I	C	S	C	N	N	R	S	K	N	S	S	Y	B	A
E	N	S	C	A	N	N	E	R	D	R	K	O	C	L
L	C	L	V	R	F	L	D	B	S	B	L	A	C	K
D	E	M	O	L	I	T	I	O	N	S	B	Y	S	S
S	R	C	B	L	C	K	K	S	O	U	R	C	E	D
F	A	H	R	E	N	H	E	I	T	Q	S	K	I	N

UNDER THE <u>SKIN</u>

THE MAN WHO FELL TO <u>EARTH</u>

CLOVERFIELD

MEN IN <u>BLACK</u>

BUMBLEBEE

<u>INDEPENDENCE</u> DAY

BARBARELLA

DONNIE <u>DARKO</u>

<u>PACIFIC</u> RIM

IDIOCRACY

<u>FAHRENHEIT</u> 451

<u>DEMOLITION</u> MAN

A <u>SCANNER</u> DARKLY

<u>SOURCE</u> CODE

THE <u>ABYSS</u>

K	I	N	G	D	O	M	K	N	G	D	M	G	L	R
W	T	R	L	G	L	S	W	A	T	E	R	L	O	O
G	Y	R	O	L	G	W	S	T	R	N	W	S	T	R
W	D	N	K	R	K	G	E	A	G	L	E	S	R	W
O	B	S	T	R	S	B	R	D	G	H	N	T	R	N
R	W	D	U	N	K	I	R	K	G	L	R	Y	G	W
G	S	L	L	S	N	B	S	T	R	S	D	Q	L	E
Q	T	N	D	N	O	I	S	U	L	L	I	U	R	S
H	R	A	Q	G	L	R	Y	F	R	F	L	S	Y	T
U	N	Y	S	B	O	O	T	Q	L	I	S	T	S	E
N	M	R	K	N	G	D	M	B	S	T	R	S	S	R
T	H	N	T	R	Q	A	E	G	D	I	R	B	D	N
E	G	B	U	S	T	E	R	S	W	S	T	R	N	D
R	L	K	N	G	D	M	K	N	G	D	M	Q	R	A
Y	R	F	I	R	E	F	L	I	E	S	G	R	L	Q

KINGDOM OF HEAVEN

WATERLOO

PATHS OF GLORY

ALL QUIET ON THE WESTERN FRONT

THEY SHALL NOT GROW OLD

DUNKIRK

GRAND ILLUSION

THE DEER HUNTER

SAVING PRIVATE RYAN

DAS BOOT

SCHINDLER'S LIST

THE BRIDGE ON THE RIVER KWAI

THE DAM BUSTERS

WHERE EAGLES DARE

GRAVE OF THE FIREFLIES

Answer on page 316

H	V	Y	J	S	T	R	C	B	R	N	W	O	T	T
A	C	N	N	G	N	I	K	M	P	P	T	S	H	Q
I	T	N	C	F	N	N	Y	M	P	P	T	S	R	S
R	R	U	N	E	N	C	H	A	N	T	E	D	S	J
S	C	F	C	W	S	T	C	B	R	T	K	N	P	E
P	B	G	V	I	C	T	O	R	I	A	W	S	R	S
R	R	S	C	N	C	N	M	P	P	T	S	D	Y	T
A	T	T	F	N	N	T	E	R	A	B	A	C	V	E
Y	M	R	H	R	S	P	R	Y	J	S	T	R	C	R
Q	P	E	W	M	U	P	P	E	T	S	W	S	T	Q
L	P	E	H	R	S	P	P	R	Y	R	C	H	R	T
A	T	T	S	R	O	C	H	E	F	O	R	T	N	T
D	S	C	B	R	T	C	N	C	N	W	S	T	P	S
Y	C	C	A	N	C	A	N	Q	O	N	C	E	Q	E
R	N	C	H	F	R	T	R	C	H	F	R	T	P	W

ON THE TOWN

FUNNY GIRL

HAIRSPRAY

THE KING AND I

ENCHANTED

THE COURT JESTER

VICTOR VICTORIA

CABARET

42ND STREET

MY FAIR LADY

WEST SIDE STORY

THE MUPPETS

ONCE

THE YOUNG GIRLS
OF ROCHEFORT

FRENCH CANCAN

Answer on page 316

```
G  G  R  R  T  T  O  W  E  R  D  L  I  O  N
N  I  B  G  W  F  N  T  S  T  C  N  R  T  H
T  A  B  N  R  T  I  B  B  A  R  G  F  B  N
S  N  T  O  L  R  B  B  T  N  R  E  R  A  T
N  T  G  S  N  N  O  R  T  H  S  R  Z  S  R
G  B  S  H  R  F  N  T  S  T  C  N  N  H  N
S  U  B  M  A  R  I  N  E  F  N  E  T  I  T
P  R  S  P  L  S  F  N  T  S  T  S  R  R  W
C  I  T  S  A  T  N  A  F  F  R  T  T  P  N
F  R  Z  N  T  R  T  L  N  T  R  N  L  R  I
P  E  R  S  E  P  O  L  I  S  S  D  S  S  D
B  S  H  R  R  B  B  T  F  N  T  S  B  P  D
T  U  R  T  L  E  K  N  E  Z  O  R  F  L  A
F  N  T  S  T  C  L  D  D  N  M  R  N  S  L
I  N  T  E  R  N  E  T  N  T  R  N  T  D  A
```

THE IRON GIANT

SONG OF THE SEA

TOWER

THE LION KING

WHO FRAMED
ROGER RABBIT?

WALTZ WITH BASHIR

PERSEPOLIS

YELLOW SUBMARINE

FANTASTIC MR. FOX

ERNEST & CÉLESTINE

ALADDIN

FROZEN

RALPH BREAKS THE
INTERNET

THE RED TURTLE

LONG WAY NORTH

Answer on page 316

S	R	G	T	C	C	O	M	P	T	O	N	D	M	W
H	E	R	R	L	M	D	W	Y	F	G	R	S	I	W
R	V	Y	O	G	G	S	H	R	T	K	N	G	D	A
T	E	H	H	L	R	G	T	G	N	I	K	M	W	T
R	N	N	S	R	E	R	K	S	H	R	T	D	A	E
V	A	D	H	V	Y	Y	E	V	A	L	S	W	Y	R
N	N	C	Q	N	H	H	C	M	P	T	N	Y	R	S
N	T	M	U	N	O	N	F	I	G	U	R	E	S	G
T	R	T	E	T	U	D	C	L	G	L	S	H	R	T
C	S	N	E	G	N	S	A	L	U	G	I	L	A	C
M	D	Q	N	R	D	T	G	R	Y	H	N	D	S	T
P	Q	N	R	Y	Y	F	A	V	O	U	R	I	T	E
F	L	O	W	E	R	R	V	N	N	Q	N	S	H	T
M	D	W	Y	Q	N	N	O	U	T	P	O	S	T	R
G	R	Y	H	N	I	M	P	O	S	S	I	B	L	E

THE REVENANT

THE BIG SHORT

STRAIGHT OUTTA COMPTON

MIDWAY

GREYHOUND

THE KING

HIDDEN FIGURES

CALIGULA

KILLERS OF THE FLOWER MOON

THE IMPOSSIBLE

12 YEARS A SLAVE

THE FAVOURITE

MARY QUEEN OF SCOTS

THE OUTPOST

DARK WATERS

Answer on page 317

S	I	L	A	S	T	O	R	N	A	T	O	R	E	D
G	R	N	G	R	S	S	T	R	N	T	R	L	C	S
M	N	N	A	M	P	N	K	W	S	T	S	L	C	P
N	M	G	N	L	L	E	A	N	M	N	A	G	A	I
H	T	I	M	S	S	M	T	H	T	D	C	R	M	N
G	R	N	G	G	R	S	S	D	H	R	U	N	P	K
L	S	C	D	O	N	N	E	R	D	S	L	G	B	A
N	S	C	T	T	S	C	T	T	N	N	M	R	E	E
G	R	E	E	N	G	R	A	S	S	F	N	S	L	W
T	R	N	T	R	S	C	T	T	B	N	D	S	L	S
S	D	F	E	N	G	N	D	R	S	G	S	M	N	D
C	S	G	R	S	G	R	N	S	M	E	N	D	E	S
O	L	A	N	D	E	R	S	O	N	M	N	D	S	S
T	T	C	M	P	B	L	L	C	M	P	L	L	B	D
T	N	A	C	I	S	E	D	T	N	O	S	S	E	B

VITTORIO DE SICA

GIUSEPPE TORNATORE

MARTIN CAMPBELL

GEORGE LUCAS

MICHAEL MANN

KEVIN SMITH

RICHARD DONNER

PAUL GREENGRASS

LUC BESSON

TONY SCOTT

SAM MENDES

PAUL THOMAS ANDERSON

DAVID LEAN

XIAOGANG FENG

PRACHYA PINKAEW

Answer on page 317

```
B  R  B  R  I  G  H  T  S  S  T  O  R  Y  H
L  H  R  D  Y  B  R  G  H  T  S  T  R  Y  D
E  R  H  U  N  T  E  R  H  R  O  A  D  N  R
G  D  H  N  T  R  H  R  S  S  H  P  S  D  S
N  Y  T  E  V  L  E  V  V  H  O  R  S  E  S
A  V  L  V  T  B  R  G  H  T  B  R  K  L  H
S  L  B  R  O  O  K  L  Y  N  J  N  G  L  I
T  V  J  N  G  L  P  R  N  C  S  S  D  W  P
R  T  J  N  G  H  L  E  L  G  N  U  J  J  S
P  R  I  N  C  E  S  S  T  R  Y  D  N  V
J  N  G  L  S  I  H  R  P  D  R  E  W  G  L
N  P  R  N  C  D  S  S  R  V  L  V  T  L  V
G  B  R  K  L  I  N  H  N  Y  D  R  A  H  Y
L  J  N  G  B  R  K  L  C  L  Y  N  J  N  D
S  A  D  V  E  N  T  U  R  E  S  V  L  T  V
```

TENTH AVENUE ANGEL

BRIGHT EYES

WEST SIDE STORY

THE NIGHT OF THE HUNTER

NATIONAL VELVET

WILD BOYS OF THE ROAD

MY BROTHER TALKS TO HORSES

DOWN TO THE SEA IN SHIPS

A TREE GROWS IN BROOKLYN

THE JUNGLE BOOK

THE LITTLE PRINCESS

HEIDI

LOVE FINDS ANDY HARDY

THE ADVENTURES OF TOM SAWYER

NANCY DREW: DETECTIVE

Answer on page 317

C	C	A	T	C	H	F	P	R	O	M	I	S	E	S
T	C	H	B	L	S	P	R	M	S	S	B	N	N	S
C	R	P	E	R	D	I	T	I	O	N	B	R	S	C
H	B	M	T	C	H	S	T	C	K	T	R	F	F	C
B	O	N	N	I	E	D	E	N	E	M	I	E	S	T
P	R	M	S	S	C	T	C	H	R	M	N	C	D	R
N	M	T	G	N	I	T	S	T	R	F	F	C	D	F
W	N	C	B	R	S	C	N	T	C	H	B	W	L	F
O	C	T	M	E	N	A	C	E	R	M	N	O	C	B
R	D	S	T	R	F	F	C	P	R	D	T	L	N	L
B	S	T	R	O	M	A	N	C	E	B	R	F	P	O
T	M	A	T	C	H	S	T	I	C	K	B	L	R	W
T	R	F	F	C	P	R	D	T	N	B	N	N	D	B
R	U	N	T	O	U	C	H	A	B	L	E	S	T	L
C	I	F	F	A	R	T	B	B	R	A	S	C	O	W

TRAFFIC

BLOW

MENACE II SOCIETY

PUBLIC ENEMIES

DONNIE BRASCO

JACKIE BROWN

THE STING

THE UNTOUCHABLES

MATCHSTICK MEN

CATCH ME IF YOU CAN

BONNIE AND CLYDE

THE WOLF OF WALL STREET

EASTERN PROMISES

TRUE ROMANCE

ROAD TO PERDITION

Answer on page 317

G	D	R	K	M	N	D	A	R	K	M	A	N	C	N
H	G	D	R	A	G	O	N	H	E	A	R	T	H	V
O	S	D	R	K	M	N	D	R	G	N	H	R	T	R
S	T	G	B	N	E	V	E	R	E	N	D	I	N	G
T	A	G	H	S	T	B	S	T	R	S	F	S	H	D
B	I	S	T	R	D	R	E	B	M	A	H	C	D	H
U	R	S	T	R	D	S	T	H	G	H	L	N	H	O
S	W	B	S	T	A	R	D	U	S	T	S	G	S	L
T	A	J	H	G	H	L	N	D	R	G	B	B	I	L
E	Y	U	L	F	A	U	S	T	H	G	H	L	F	O
R	J	M	L	N	V	R	N	D	N	G	S	T	R	W
S	M	A	W	H	I	G	H	L	A	N	D	E	R	G
F	N	N	F	M	U	M	M	Y	G	B	L	T	F	S
S	J	J	S	T	R	W	A	T	T	E	L	B	O	G
H	S	I	H	P	R	E	S	T	I	G	E	F	S	H

GHOSTBUSTERS

DRAGONHEART

THE NEVERENDING STORY

BIG FISH

HARRY POTTER AND THE CHAMBER OF SECRETS

SLEEPY HOLLOW

STARDUST

HARRY POTTER AND THE GOBLET OF FIRE

JUMANJI

FAUST

HIGHLANDER

THE PRESTIGE

DARKMAN

STAIRWAY TO HEAVEN

THE MUMMY

Answer on page 317

```
S A D V E N T U R E S M R Y W
S D L M T N S H V N L Y W L Y
A S L T Y Y T U A E B G L L L
L P N G N S N P L N S H L I L
T Y D A L M A T I O N S Y W R
Y K Y N N A P O L E O N V P D
B H O M E W A R D J R S N N P
E D L M T N S D L M N T V G E
B L W G H E A V E N L Y T N N
A M I H V N L Y J R N N Y S G
B T L T S L T T E V L E V D U
S N L Y M I G H T Y J R R W I
L S A W L L Y K N S Y U K O N
T J R L W L L R D L M T N S S
Y R D L S L T J O U R N E Y S
```

THE INCREDIBLE JOURNEY

THE ADVENTURES OF RIN TIN-TIN

FREE WILLY

BLACK BEAUTY

SALTY

101 DALMATIONS

MARCH OF THE PENGUINS

HOMEWARD BOUND: THE INCREDIBLE JOURNEY

OH HEAVENLY DOG

BABE: PIG IN THE CITY

INTERNATIONAL VELVET

WILLARD

CALL OF THE WILD, DOG OF THE YUKON

MIGHTY JOE YOUNG

NAPOLEON AND SAMANTHA

Answer on page 317

T	G	C	H	S	E	S	A	H	C	B	L	L	B	B
M	Y	B	M	C	C	R	T	H	Y	W	S	T	A	R
T	L	E	C	R	N	E	W	H	A	R	T	Y	L	N
O	L	N	R	B	R	N	T	T	B	N	G	T	L	T
M	N	I	T	K	A	H	N	K	H	N	W	S	T	T
L	H	G	H	S	T	N	D	T	T	E	N	R	U	B
I	L	N	Y	N	W	A	H	P	R	K	R	H	W	N
N	L	I	W	S	E	G	L	D	B	R	G	D	Z	G
T	M	L	S	T	S	L	M	C	C	A	R	T	H	Y
N	L	M	T	N	T	D	Z	P	R	K	R	T	L	M
N	W	H	H	D	Y	B	G	O	L	D	B	E	R	G
N	O	T	S	U	H	R	B	R	N	T	T	G	L	D
N	W	H	R	T	T	G	T	P	A	R	K	E	R	H
G	Y	L	L	E	N	H	A	A	L	H	S	T	N	S
G	Y	L	L	N	H	L	L	D	Z	D	I	A	Z	Y

ROBERTO BENIGNI
CHEVY CHASE
BOB NEWHART
LUCILLE BALL
CAROL BURNETT
MADELINE KAHN
LILY TOMLIN
GOLDIE HAWN
MAE WEST
MELISSA MCCARTHY
WHOOPIE GOLDBERG
ANJELICA HUSTON
MAGGIE GYLLENHAAL
CAMERON DIAZ
SARAH JESSICA PARKER

Answer on page 318

M	A	R	L	O	W	E	M	R	L	W	G	M	P	P
S	L	K	W	W	D	D	N	A	V	I	L	L	U	S
P	R	E	J	E	A	N	S	L	L	V	N	H	B	B
M	C	C	L	A	N	E	D	G	U	M	P	R	S	C
C	H	F	L	G	N	S	L	K	W	D	D	N	K	G
H	I	L	S	I	L	K	W	O	O	D	Y	R	Y	B
P	P	G	N	D	R	S	N	S	R	P	L	U	W	R
S	S	N	S	O	C	I	P	R	E	S	M	B	L	N
D	G	N	D	R	S	N	C	S	T	G	R	G	K	H
O	B	G	U	N	D	E	R	S	O	N	L	O	R	B
Y	S	K	Y	W	L	K	R	C	G	B	W	C	S	H
L	B	C	O	S	T	I	G	A	N	Q	N	G	R	O
E	N	V	L	L	S	C	G	B	R	R	V	M	P	B
C	H	P	S	S	K	Y	W	A	L	K	E	R	C	B
J	F	L	A	N	A	G	A	N	F	L	L	P	D	S

JOHN MCCLANE

ANNIE SULLIVAN

PHILIP MARLOWE

REUBEN J. "ROOSTER" COGBURN

FATHER EDWARD J. FLANAGAN

MR. CHIPS

KAREN SILKWOOD

FRANK SERPICO

JIMMY "POPEYE" DOYLE

MARGE GUNDERSON

BILLY COSTIGAN

ROY HOBBS

SISTER HELEN PREJEAN

LUKE SKYWALKER

FORREST GUMP

Answer on page 318

```
D  A  R  K  D  V  E  R  T  I  G  O  D  R  K
C  V  R  F  G  H  R  O  D  I  R  R  O  C  F
T  H  E  R  E  P  R  S  N  R  S  W  N  D  G
G  S  L  G  H  T  C  C  I  L  B  U  P  C  H
S  H  A  L  L  O  W  M  N  M  N  T  C  V  T
W  D  F  C  R  R  D  R  R  R  E  V  O  C  S
W  W  T  S  H  L  L  W  G  S  L  G  H  T  T
O  N  E  G  G  A  S  L  I  G  H  T  T  F  H
D  D  R  V  R  T  G  P  B  L  C  M  N  G  G
N  W  N  R  N  O  R  T  H  W  E  S  T  H  I
I  S  O  T  N  R  T  H  W  S  T  P  B  T  F
W  L  O  G  S  I  L  E  N  C  E  P  B  S  P
P  N  N  C  P  R  S  N  R  S  S  L  N  L  Q
B  C  R  V  G  S  L  G  O  T  N  E  M  E  M
P  R  I  S  O  N  E  R  S  N  R  T  W  N  R
```

DARK CITY	SHALLOW GRAVE	GASLIGHT	MEMENTO
SHOCK CORRIDOR	DEEP COVER	REAR WINDOW	PRISONERS
THE MAN WHO WASN'T THERE	DOG DAY AFTERNOON	NORTH BY NORTHWEST	VERTIGO
THE PUBLIC EYE	FIGHT CLUB	THE SILENCE OF THE LAMBS	

Answer on page 318

```
D  W  E  E  K  E  N  D  S  H  N  G  S  H  D
S  C  C  S  S  R  F  F  R  S  S  E  C  A  F
S  U  C  C  E  S  S  S  I  H  D  H  L  L  D
S  C  R  L  T  T  B  C  F  D  L  N  L  D  Y
D  T  H  G  I  N  Q  R  I  W  W  G  S  A  N
S  S  C  R  L  T  D  L  F  D  I  H  H  H  G
H  N  G  H  T  M  R  T  I  N  N  T  D  L  H
A  S  P  H  A  L  T  T  N  D  D  M  W  I  T
D  S  C  R  L  T  G  D  D  H  O  R  S  A  M
O  H  L  O  N  E  L  Y  R  L  W  D  H  D  R
W  N  G  H  T  M  R  B  T  S  H  S  N  S  B
R  G  S  H  A  N  G  H  A  I  D  Q  G  R  D
S  H  N  G  S  C  R  L  T  E  L  R  A  C  S
D  B  D  E  A  T  H  S  H  D  W  S  C  Q  Y
N  I  G  H  T  M  A  R  E  R  B  O  D  Y  S
```

THE LOST <u>WEEKEND</u>

ANGELS WITH DIRTY <u>FACES</u>

RIFIFI

SWEET SMELL OF <u>SUCCESS</u>

THE BLUE <u>DAHLIA</u>

<u>NIGHT</u> AND THE CITY

<u>SHADOW</u> OF A DOUBT

THE <u>ASPHALT</u> JUNGLE

<u>NIGHTMARE</u> ALLEY

<u>BODY</u> AND SOUL

IN A <u>LONELY</u> PLACE

THE LADY FROM <u>SHANGHAI</u>

THE WOMAN IN THE <u>WINDOW</u>

<u>SCARLET</u> STREET

KISS OF <u>DEATH</u>

Answer on page 318

W	G	G	E	S	T	E	G	S	T	C	R	C	S	D
I	R	S	N	R	S	H	K	S	U	C	R	I	C	S
N	D	C	M	M	N	D	M	N	T	S	S	H	K	T
D	B	S	U	N	R	I	S	E	W	K	I	E	H	S
S	D	T	R	B	C	C	C	M	M	N	D	M	N	T
D	C	O	W	M	N	S	O	R	P	H	A	N	S	C
E	R	R	R	B	C	C	R	P	H	N	S	C	H	R
E	C	M	N	W	O	M	A	N	G	S	T	W	O	C
R	S	N	R	S	S	T	R	M	G	R	H	C	W	S
G	G	R	R	E	B	E	C	C	A	C	T	R	R	S
N	C	M	M	N	D	M	N	T	S	R	R	C	B	A
N	R	B	C	C	S	H	K	W	N	C	A	S	C	N
K	N	A	N	O	O	K	S	N	D	S	E	C	C	D
C	M	M	N	D	M	N	T	T	S	S	L	R	R	S
C	O	M	M	A	N	D	M	E	N	T	S	C	B	N

THE WIND

GREED

BEAU GESTE

THE CIRCUS

SUNRISE

ORPHANS OF THE STORM

SHOW PEOPLE

TESS OF THE STORM COUNTRY

THE SHEIK

BLOOD AND SAND

JOAN THE WOMAN

REBECCA OF SUNNYBROOK FARM

EARTH

NANOOK OF THE NORTH

THE TEN COMMANDMENTS

Answer on page 318

```
C  B  H  N  E  A  L  H  P  B  R  N  S  M  T
H  N  S  H  B  N  C  R  F  T  S  L  D  L  S
R  C  W  P  R  D  B  A  N  C  R  O  F  T  T
I  R  E  B  N  S  T  R  S  N  D  R  M  R  R
S  F  R  R  P  S  I  G  N  O  R  E  T  N  S
T  T  D  N  H  B  R  G  M  N  S  N  T  L  N
I  J  N  H  H  A  Y  W  A  R  D  S  Y  R  D
E  C  A  W  M  A  G  N  A  N  I  M  L  N  S
J  K  S  N  S  M  T  H  Q  S  M  I  T  H  T
J  A  C  K  S  O  N  J  C  K  S  T  R  L  R
H  P  B  R  N  T  Y  L  N  R  U  B  P  E  H
S  T  R  E  I  S  A  N  D  B  R  S  T  R  S
B  R  G  M  N  J  C  K  S  N  D  M  Y  N  N
W  O  O  D  W  A  R  D  R  T  A  Y  L  O  R
B  E  R  G  M  A  N  C  H  R  S  T  R  Q  D
```

GLENDA JACKSON	ELIZABETH TAYLOR	ANNE BANCROFT	JOANNE WOODWARD
MAGGIE SMITH	JULIE CHRISTIE	SOPHIA LOREN	INGRID BERGMAN
KATHARINE HEPBURN	JULIE ANDREWS	SIMONE SIGNORET	ANNA MAGNANI
BARBRA STREISAND	PATRICIA NEAL	SUSAN HAYWARD	

Answer on page 318

S	A	L	T	E	R	E	D	P	P	S	A	V	V	T
C	S	C	N	D	S	L	P	H	R	C	L	D	O	R
S	D	N	O	C	E	S	Q	R	E	N	P	R	Y	O
V	D	R	M	L	P	H	S	D	D	D	H	D	A	P
A	P	S	E	M	A	G	T	S	E	S	A	R	G	E
V	R	P	R	D	T	R	G	T	S	P	V	M	E	R
A	D	Q	U	E	S	T	L	N	T	H	I	R	G	C
T	T	W	R	L	D	S	X	T	I	V	L	P	P	T
A	R	W	O	R	L	D	S	N	N	L	L	R	R	E
R	P	R	P	R	T	E	S	C	A	P	E	T	D	N
P	R	D	S	T	N	G	R	T	S	C	P	S	A
P	R	E	D	A	T	O	R	P	P	I	S	C	P	T	L
J	D	V	I	D	E	O	D	R	O	M	E	V	N	P
D	T	V	D	R	M	R	Q	P	N	Q	S	S	T	D
I	N	V	A	S	I	O	N	R	D	T	R	N	N	S

ALTERED STATES

PREDESTINATION

SECONDS

THE HUNGER GAMES

AVATAR

MINORITY REPORT

ALPHAVILLE

VIDEODROME

INVASION OF THE BODY SNATCHERS

PREDATOR

PLANET OF THE APES

ESCAPE FROM NEW YORK

THE WAR OF THE WORLDS

GALAXY QUEST

FANTASTIC VOYAGE

Answer on page 319

S	E	V	E	N	T	H	Z	R	R	D	O	O	H	C
H	S	H	L	D	R	E	J	K	Y	L	L	H	R	T
O	Z	C	D	E	S	R	O	H	F	L	S	H	Z	S
U	R	O	S	H	L	D	R	S	V	N	T	H	S	U
L	R	M	C	R	W	S	E	L	A	M	E	F	M	A
D	C	M	S	V	N	T	H	S	H	L	D	R	S	F
E	M	A	P	C	R	O	W	D	P	R	T	J	K	L
R	N	N	J	K	Y	L	L	Q	L	L	Y	K	E	J
J	D	D	D	F	L	E	S	H	J	K	Y	L	S	S
S	V	N	T	H	C	M	R	N	M	S	K	D	V	H
C	A	M	E	R	A	M	A	N	R	R	O	Z	N	D
F	M	L	S	H	L	D	R	S	V	O	R	R	O	Z
W	O	R	L	D	S	M	A	S	K	Q	Z	Q	H	R
S	V	N	T	H	S	H	L	D	R	R	R	T	J	S
F	L	S	H	P	I	R	A	T	E	K	S	R	D	J

SEVENTH HEAVEN

SHOULDER ARMS

ROBIN HOOD

FAUST

THE IRON HORSE

THE LAST COMMAND

MALE AND FEMALE

THE CROWD

DR. JEKYLL AND MR. HYDE

FLESH AND THE DEVIL

THE CAMERAMAN

THE MARK OF ZORRO

THE LOST WORLD

THE IRON MASK

THE BLACK PIRATE

Answer on page 319

B	L	N	C	S	T	R	B	L	N	C	H	G	T	K
L	A	N	C	A	S	T	E	R	M	R	N	I	D	E
E	W	S	H	N	G	T	N	B	L	N	C	A	H	A
T	K	G	R	A	D	N	A	R	I	M	K	N	R	T
H	B	A	B	L	N	C	H	T	T	C	R	N	D	O
Y	L	B	L	A	N	C	H	E	T	T	H	I	N	N
N	T	L	M	R	N	D	G	B	L	N	C	N	V	G
S	H	E	A	S	T	W	O	O	D	K	H	I	C	R
G	Y	L	N	C	S	T	R	C	R	D	T	L	L	N
R	N	K	R	R	C	A	R	D	I	N	A	L	E	T
A	K	R	R	E	K	C	H	P	L	N	C	H	B	G
N	R	C	H	P	L	N	S	N	I	L	P	A	H	C
T	K	W	A	S	H	I	N	G	T	O	N	K	R	R
W	S	H	N	G	T	N	C	H	P	L	N	T	T	N
D	E	N	E	U	V	E	J	C	O	L	B	E	R	T

BRENDA BLETHYN	CARY GRANT	CLARK GABLE	DEBORAH KERR
BURT LANCASTER	CATE BLANCHETT	CLAUDETTE COLBERT	DENZEL WASHINGTON
GIANCARLO GIANNINI	CATHERINE DENEUVE	CLAUDIA CARDINALE	DIANE KEATON
CARMEN MIRANDA	CHARLIE CHAPLIN	CLINT EASTWOOD	

Answer on page 319

```
C  C  Y  S  S  I  S  R  R  E  I  D  L  O  S
H  H  T  R  S  R  S  S  F  N  T  L  R  Y  A
A  M  T  R  E  A  S  U  R  E  S  T  R  N  L
M  S  K  P  P  Y  C  P  P  R  F  O  L  D  O
P  B  B  O  W  E  R  Y  B  W  R  W  Y  L  N
T  H  R  G  H  B  R  D  S  S  K  N  P  P  D
F  A  U  N  T  L  E  R  O  Y  S  N  N  Y  O
C  R  G  S  F  L  C  S  K  I  P  P  Y  J  N
Y  F  L  C  K  T  R  S  R  F  N  T  L  R  Y
N  G  C  O  U  R  A  G  E  O  U  S  B  L  S
N  T  R  S  R  C  P  P  R  F  L  D  G  B  L
U  T  C  O  P  P  E  R  F  I  E  L  D  J  D
S  C  P  P  R  F  L  D  T  H  R  G  H  B  R
R  T  H  O  R  O  U  G  H  B  R  E  D  S  J
G  A  B  L  E  S  F  L  C  A  K  C  I  L  F
```

ANNE OF GREEN GABLES

MY FRIEND FLICKA

ON THE SUNNY SIDE

DAVID COPPERFIELD

CAPTAINS COURAGEOUS

PROFESSIONAL SOLDIER

LITTLE LORD FAUNTLEROY

LLOYDS OF LONDON

THE DEVIL IS A SISSY

SKIPPY

THE CHAMP

THE BOWERY BOYS

TREASURE ISLAND

THOROUGHBREDS DON'T CRY

BOYS TOWN

Answer on page 319

```
E   C   M   E   R   R   Y   B   T   R   E   T   T   E   B
K   N   V   G   T   R   F   R   S   H   M   N   S   C   R
A   R   C   A   N   A   R   Y   S   D   C   B   N   M   T
S   Y   M   Y   S   T   R   S   S   A   D   I   E   Y   E
C   N   I   B   A   C   N   V   G   T   R   F   D   S   L
C   O   V   E   R   E   D   S   P   R   S   D   F   T   R
N   V   G   T   R   M   Y   S   T   R   O   S   R   R   A
P   R   V   P   R   I   C   E   C   S   M   F   E   S   C
N   V   G   T   R   S   P   R   R   M   E   R   S   M   S
N   A   V   I   G   A   T   O   R   T   T   S   H   Y   S
S   P   R   R   W   S   C   B   N   H   H   H   M   S   Y
S   P   A   R   R   O   W   S   J   N   I   M   A   T   R
M   Y   S   T   R   S   N   V   G   G   N   N   N   T   A
N   V   G   T   R   M   Y   S   T   D   G   R   D   R   I
M   Y   S   T   E   R   I   O   U   S   J   S   D   S   D
```

FOR HEAVEN'S <u>SAKE</u>

THE <u>MERRY</u> WIDOW

FOR <u>BETTER</u>, FOR WORSE

THE <u>SCARLET</u> LETTER

THE CAT AND THE <u>CANARY</u>

THE <u>COVERED</u> WAGON

THE <u>MYSTERIOUS</u> LADY

<u>SADIE</u> THOMPSON

UNCLE TOM'S <u>CABIN</u>

WHAT <u>PRICE</u> GLORY?

THE <u>NAVIGATOR</u>

SPARROWS

THE <u>DIARY</u> OF A LOST GIRL

<u>SOMETHING</u> TO THINK ABOUT

THE <u>FRESHMAN</u>

Answer on page 319

B	D	D	I	L	L	E	R	D	L	L	R	C	B	S
U	B	L	L	C	K	R	D	N	A	C	O	C	L	I
L	L	R	A	D	N	E	R	R	D	N	R	L	L	V
L	L	I	R	V	R	S	R	V	R	S	F	D	C	A
O	C	V	B	R	M	O	O	R	E	B	I	R	K	D
C	K	E	M	R	R	N	D	V	S	F	E	L	B	D
K	G	R	R	A	B	N	S	T	N	F	L	D	L	M
T	R	S	P	R	Y	R	D	L	L	R	D	D	L	I
R	G	R	A	N	I	S	T	O	N	F	X	X	C	R
R	R	C	K	R	C	K	P	R	Y	R	D	V	K	R
O	Y	G	R	E	G	O	R	Y	X	R	D	N	F	E
C	F	B	L	L	V	K	D	L	L	R	P	R	X	N
K	X	R	V	R	S	D	X	X	O	F	V	S	X	J
R	X	D	R	D	R	B	L	L	C	K	P	R	P	S
T	P	P	R	Y	O	R	D	L	L	R	B	L	R	K

SANDRA BULLOCK

GEENA DAVIS

PHYLLIS DILLER

GILDA RADNER

IMOGENE COCA

JOAN RIVERS

ROSEANNE BARR

MARY TYLER MOORE

SALLY FIELD

HELEN MIRREN

JENNIFER ANISTON

CHRIS ROCK

DICK GREGORY

REDD FOXX

RICHARD PRYOR

Answer on page 319

```
D  D  A  L  L  H  O  F  F  M  A  N  V  N  S
D  N  W  Y  D  P  R  D  S  T  N  C  R  S  P
P  F  T  A  Y  L  O  R  D  S  S  N  A  V  E
S  R  T  H  M  P  S  N  T  H  M  P  S  N  J
I  D  S  T  O  N  E  R  G  R  S  K  L  L  Y
R  K  H  C  K  M  N  T  H  O  M  P  S  O  N
C  T  H  F  F  M  N  H  C  K  M  N  D  N  W
K  D  U  N  A  W  A  Y  C  D  R  F  K  R  H
T  L  R  R  D  N  W  Y  R  G  R  S  E  C  A
D  E  P  A  R  D  I  E  U  F  R  D  L  S  C
R  G  R  S  K  T  N  F  R  D  V  P  L  P  K
K  E  A  T  O  N  R  F  O  R  D  G  Y  R  M
H  F  F  M  N  T  Y  L  R  R  G  R  S  J  A
R  O  G  E  R  S  H  C  K  M  N  H  F  F  N
H  F  F  M  N  K  T  N  R  E  P  O  O  C  S
```

DIANE LADD	ELIZABETH TAYLOR	GARY COOPER	GINGER ROGERS
DONALD CRISP	EMMA STONE	GENE HACKMAN	GLENN FORD
DUSTIN HOFFMAN	EMMA THOMPSON	GÉRARD DEPARDIEU	GRACE KELLY
EDITH EVANS	FAYE DUNAWAY	BUSTER KEATON	

Answer on page 320

H	E	P	B	U	R	N	K	L	Y	Y	L	L	E	K
O	H	P	B	R	N	L	G	H	B	T	H	W	Y	M
L	P	G	N	U	O	Y	R	H	G	I	E	L	D	H
L	B	H	L	D	Y	K	L	L	Y	G	R	S	N	T
I	R	D	E	H	A	V	I	L	L	A	N	D	H	O
D	N	C	R	W	F	R	D	G	R	S	N	B	V	O
A	C	C	R	A	W	F	O	R	D	E	S	E	L	B
Y	R	H	V	L	L	N	D	F	N	T	G	T	L	D
G	W	G	A	R	S	O	N	W	Y	M	R	S	N	H
S	F	K	L	L	Y	H	L	D	Y	R	W	K	R	L
E	R	F	O	N	T	A	I	N	E	D	Y	L	O	D
N	D	S	T	R	P	J	N	S	D	V	M	L	G	Y
O	S	S	T	R	E	E	P	S	T	S	A	Y	E	F
J	T	C	R	W	F	R	D	S	T	D	N	R	R	N
S	R	P	D	V	D	A	V	I	S	V	N	G	S	T

GRACE KELLY

AUDREY HEPBURN

SHIRLEY BOOTH

VIVIEN LEIGH

JUDY HOLLIDAY

OLIVIA DE HAVILLAND

JANE WYMAN

LORETTA YOUNG

JOAN CRAWFORD

JENNIFER JONES

GREER GARSON

JOAN FONTAINE

GINGER ROGERS

MERYL STREEP

BETTE DAVIS

Answer on page 320

L	L	Y	D	G	L	R	N	O	S	R	A	G	S	N
P	E	C	K	P	L	G	R	B	G	R	T	J	C	B
F	N	D	H	P	O	P	R	T	G	O	B	R	A	G
C	A	H	B	B	Y	G	R	S	N	B	R	G	M	N
G	D	P	O	R	D	B	G	R	T	C	G	N	Y	B
N	N	P	C	G	B	B	E	R	G	M	A	N	S	O
Y	O	R	A	M	B	R	G	M	N	C	G	N	T	G
L	F	T	J	N	H	U	P	P	E	R	T	N	W	A
L	F	W	N	C	H	L	S	N	N	C	H	L	R	R
E	N	N	I	C	H	O	L	S	O	N	C	N	T	T
M	D	C	G	N	Y	S	T	W	R	T	B	R	C	L
M	C	C	A	G	N	E	Y	B	R	G	M	N	G	M
O	G	L	L	Y	D	G	R	S	W	O	O	D	S	M
N	N	S	T	E	W	A	R	T	L	L	Y	D	N	N
N	Y	B	G	R	T	B	G	R	T	D	N	A	A	C

GREER GARSON	HENRY FONDA	ISABELLE HUPPERT	JAMES CAGNEY
GREGORY PECK	HUMPHREY BOGART	JACK LEMMON	JAMES STEWART
GRETA GARBO	INGRID BERGMAN	JACK NICHOLSON	JAMES WOODS
HAROLD LLOYD	IRÈNE JACOB	JAMES CAAN	

Answer on page 320

```
F  W  N  M  M  A  N  S  F  I  E  L  D  D  N
O  Y  A  N  B  L  M  N  D  L  G  H  D  N  C
N  M  M  S  R  B  R  T  S  G  N  I  B  A  G
D  N  Y  F  C  R  W  F  R  D  R  B  R  T  S
A  F  W  L  B  E  L  M  O  N  D  O  W  Y  N
C  N  F  D  L  N  G  L  G  H  D  N  C  H  D
M  O  R  E  A  U  G  R  L  N  H  G  I  E  L
R  B  R  T  S  C  R  W  F  R  D  N  C  H  J
C  R  A  W  F  O  R  D  R  B  R  T  S  C  E
G  R  L  N  D  F  S  T  D  E  N  C  H  R  G
R  O  B  E  R  T  S  F  S  T  R  G  R  L  N
A  N  D  E  R  S  O  N  R  B  R  T  S  L  A
F  S  T  R  J  G  A  R  L  A  N  D  N  R  L
G  R  L  N  D  N  C  H  M  N  S  F  Y  L  T
F  O  S  T  E  R  L  N  G  E  N  Y  A  W  S
```

JANE FONDA	JEAN-PAUL BELMONDO	JESSICA LANGE	JUDI DENCH
JANE WYMAN	JEANNE MOREAU	JOAN CRAWFORD	JUDITH ANDERSON
JAYNE MANSFIELD		JODIE FOSTER	JUDY GARLAND
JEAN GABIN	JENNIFER JASON LEIGH	JOHN WAYNE	JULIA ROBERTS

Answer on page 320

```
H  E  P  B  U  R  N  H  P  B  R  N  S  H  D
D  R  S  S  L  R  M  C  D  R  M  N  E  D  R
M  O  N  R  O  E  M  N  R  G  Y  N  Y  R  E
S  H  R  P  C  K  F  R  D  Z  L  L  A  W  S
R  N  R  G  S  H  E  A  R  E  R  Y  H  N  S
Z  L  L  W  G  R  P  C  K  F  R  D  Y  N  L
P  I  C  K  F  O  R  D  G  D  A  Y  N  R  E
M  L  L  G  N  K  R  B  Y  M  C  D  R  M  R
M  C  D  O  R  M  A  N  D  C  L  B  R  T  S
K  R  B  Y  D  V  S  G  Y  R  O  N  Y  A  G
Z  E  L  L  W  E  G  E  R  Z  L  L  W  G  R
R  A  I  N  E  R  D  D  A  V  I  S  D  V  S
M  L  L  G  N  M  C  D  R  M  N  D  K  R  B
K  R  B  Y  M  L  L  G  T  R  E  B  L  O  C
Y  B  R  I  K  T  M  U  L  L  I  G  A  N  N
```

LUISE RAINER

MARILYN MONROE

CLAUDETTE
COLBERT

KATHARINE
HEPBURN

HELEN HAYES

MARIE DRESSLER

NORMA SHEARER

MARY PICKFORD

JANET GAYNOR

VIOLA DAVIS

ANDRA DAY

VANESSA KIRBY

FRANCES
MCDORMAND

CAREY MULLIGAN

RENÉE ZELLWEGER

Answer on page 320

```
E  N  O  U  G  H  G  H  S  T  O  R  Y  R  Y
D  R  H  M  P  R  A  P  A  R  T  M  E  N  T
M  A  H  R  U  D  D  R  G  N  B  R  D  T  L
S  T  R  Y  B  R  D  D  R  A  G  O  N  G  H
R  E  D  R  O  B  T  N  C  T  R  N  S  L  T
L  N  C  H  B  X  A  T  L  A  N  T  I  C  S
C  T  R  N  S  L  T  N  L  N  C  H  B  X  H
I  J  T  R  A  N  S  L  A  T  I  O  N  S  A
N  S  N  S  B  L  T  Y  G  L  L  W  S  N  N
A  L  G  A  L  L  O  W  S  T  R  N  H  S  Y
T  N  L  N  C  H  B  X  M  N  V  R  A  B  T
I  C  L  U  N  C  H  B  O  X  H  L  L  L  H
T  H  M  I  N  I  V  E  R  M  N  V  F  T  I
M  B  S  N  S  B  L  T  Y  T  R  N  S  Y  N
S  E  N  S  I  B  I  L  I  T  Y  H  L  N  G
```

ENOUGH SAID

THE APARTMENT

BULL DURHAM

CROUCHING TIGER,
HIDDEN DRAGON

ATLANTICS

BORDER

TITANIC

LOST IN
TRANSLATION

SAY ANYTHING

ELEVATOR TO THE
GALLOWS

THE LUNCHBOX

SENSE AND
SENSIBILITY

MRS. MINIVER

THE HALF OF IT

WEST SIDE STORY

Answer on page 320

R	O	N	I	N	D	G	D	O	G	S	D	G	S	T
T	X	B	L	W	C	L	L	T	R	L	D	R	V	R
R	T	C	H	J	I	X	A	T	S	L	W	O	L	B
E	C	H	N	T	W	N	W	T	R	F	R	N	T	P
V	H	C	O	L	L	A	T	E	R	A	L	F	F	S
I	N	W	T	R	F	R	N	T	F	L	C	L	R	L
R	T	W	A	T	E	R	F	R	O	N	T	C	G	E
D	W	F	R	G	N	D	M	N	T	Y	F	T	S	E
J	I	N	D	E	M	N	I	T	Y	F	R	O	L	P
O	D	R	V	R	C	L	L	T	R	L	G	U	P	D
G	R	C	H	I	N	A	T	O	W	N	G	C	T	T
R	V	C	L	L	T	R	A	L	F	C	N	H	C	H
A	R	G	F	A	L	C	O	N	G	N	G	R	H	I
F	J	G	N	G	S	T	C	H	W	T	S	S	T	E
J	S	G	N	A	G	W	T	R	F	R	D	T	H	F

RONIN

RESERVOIR DOGS

BLOW OUT

TAXI DRIVER

BABY DRIVER

COLLATERAL

THE BAD SLEEP WELL

ON THE WATERFRONT

GANGS OF NEW YORK

THIEF

FARGO

DOUBLE INDEMNITY

CHINATOWN

TOUCH OF EVIL

THE MALTESE FALCON

Answer on page 321

```
C   A   R   I   B   B   E   A   N   R   G   N   E   T   G
O   C   H   R   N   C   L   S   P   R   N   C   G   N   R
N   M   A   R   G   O   N   A   U   T   S   N   D   T   I
A   P   F   N   T   N   H   L   L   W   S   H   I   N   M
N   S   H   A   L   L   O   W   S   T   N   L   R   S   M
D   S   B   L   D   R   G   N   B   G   D   L   B   G   B
R   J   C   O   M   P   A   S   S   C   M   W   B   R   R
P   R   I   N   C   E   P   R   N   S   N   A   T   I   T
C   M   P   S   S   C   H   R   N   C   L   S   G   M   G
R   R   B   A   G   D   A   D   C   M   Y   M   M   U   M
E   G   P   R   N   C   B   G   D   H   L   B   D   G   B
I   N   F   O   U   N   T   A   I   N   L   G   R   R   R
G   F   H   L   L   W   S   C   R   B   B   D   G   M   D
N   N   C   H   R   O   N   I   C   L   E   S   H   M   G
B   T   B   G   D   T   N   S   B   L   E   D   A   L   B
```

HARRY POTTER AND
THE HALF-BLOOD
PRINCE

CLASH OF THE
TITANS

CONAN THE
BARBARIAN

PIRATES OF THE
CARIBBEAN

JASON AND THE
ARGONAUTS

BRIDGE TO
TERABITHIA

HARRY POTTER
AND THE DEATHLY
HALLOWS

REIGN OF FIRE

THE MUMMY
RETURNS

THE THIEF OF
BAGDAD

BLADE

THE BROTHERS
GRIMM

THE FOUNTAIN

THE CHRONICLES
OF NARNIA: PRINCE
CASPIAN

THE GOLDEN
COMPASS

Answer on page 321

B	N	B	I	N	O	C	H	E	C	C	O	B	B	D
C	W	N	S	L	T	T	H	P	B	R	N	G	S	H
H	D	G	L	S	S	D	C	T	E	L	S	N	I	W
R	L	H	E	P	B	U	R	N	P	L	M	R	G	S
I	L	C	H	R	T	D	G	L	S	G	S	H	L	M
S	M	D	G	L	S	G	S	S	A	L	G	U	O	D
T	N	B	A	C	A	L	L	B	C	L	L	B	C	L
I	D	H	W	R	D	S	M	O	L	I	V	I	E	R
E	C	H	W	R	D	P	L	M	R	H	W	R	D	J
J	D	I	C	A	P	R	I	O	M	G	I	S	H	N
E	P	B	N	C	H	P	L	M	R	H	W	R	D	G
R	R	H	O	W	A	R	D	P	L	M	R	S	M	T
O	H	W	R	D	P	L	M	N	N	A	M	L	L	U
O	W	P	A	L	M	E	R	S	M	T	H	S	M	T
M	R	W	N	S	L	T	T	S	M	I	T	H	H	P

JULIANNE MOORE

JULIE CHRISTIE

JULIETTE BINOCHE

KATE WINSLET

KATHARINE HEPBURN

KIRK DOUGLAS

LAUREN BACALL

LAURENCE OLIVIER

LEE J. COBB

LEONARDO DICAPRIO

LESLIE HOWARD

LILLI PALMER

LILLIAN GISH

LIV ULLMANN

MAGGIE SMITH

Answer on page 321

M	A	S	T	R	O	I	A	N	N	I	P	N	S	H
D	T	R	C	H	M	N	T	Z	B	R	N	D	H	A
M	O	N	T	E	Z	P	N	S	S	N	O	P	R	R
S	C	H	L	L	B	L	S	M	P	C	K	F	R	D
L	B	M	A	D	O	N	N	A	B	L	S	S	M	E
L	S	S	Y	D	W	B	O	D	N	A	R	B	T	N
E	P	S	Y	D	O	W	P	C	K	F	R	D	M	K
H	S	T	P	L	T	N	D	T	M	A	S	L	A	B
C	L	L	A	N	D	A	U	S	T	P	L	T	N	K
S	P	C	K	F	R	D	K	M	K	U	M	A	R	I
P	P	I	C	K	F	O	R	D	S	T	P	L	T	N
M	C	C	N	G	H	Y	S	C	H	L	L	B	R	N
M	C	C	O	N	A	U	G	H	E	Y	D	T	R	C
S	T	A	P	L	E	T	O	N	S	T	P	L	T	N
M	S	T	R	N	N	H	H	C	I	R	T	E	I	D

MARCELLO MASTROIANNI

MARCIA GAY HARDEN

MARÍA ANTONIETA PONS

MARIA MONTEZ

MARIA SCHELL

MADONNA

MARLENE DIETRICH

MARLON BRANDO

MARTIN BALSAM

MARTIN LANDAU

MARY PICKFORD

MATTHEW MCCONAUGHEY

MAUREEN STAPLETON

MAX VON SYDOW

MEENA KUMARI

Answer on page 321

S	S	T	N	A	I	G	M	N	M	O	O	N	G	Z
O	L	G	F	G	O	D	Z	I	L	L	A	R	C	L
L	R	N	N	J	F	A	N	T	A	S	T	I	C	D
A	S	T	T	F	N	T	S	T	C	S	L	R	S	L
R	M	M	A	R	T	I	A	N	W	L	L	F	R	L
I	R	F	R	B	D	D	N	M	C	H	N	N	S	A
S	T	W	A	L	L	W	R	E	P	O	O	L	L	C
T	R	R	S	T	R	L	M	C	H	N	M	N	K	E
I	N	T	E	R	S	T	E	L	L	A	R	S	R	R
M	C	H	N	M	M	O	N	K	E	Y	S	M	N	K
T	E	R	R	E	S	T	R	I	A	L	T	R	S	T
S	T	L	L	R	F	R	B	D	D	N	M	N	K	Y
F	O	R	B	I	D	D	E	N	M	C	H	N	C	R
R	C	L	L	F	R	B	D	A	N	I	H	C	A	M
E	N	C	O	U	N	T	E	R	S	W	L	L	M	R

SOLARIS

THE IRON GIANT

FANTASTIC PLANET

TOTAL RECALL

MOON

THE MARTIAN

INTERSTELLAR

LOOPER

CLOSE ENCOUNTERS OF THE THIRD KIND

EX MACHINA

WALL-E

E.T.: THE EXTRA-TERRESTRIAL

GODZILLA

FORBIDDEN PLANET

TWELVE MONKEYS

Answer on page 321

R	R	H	A	R	A	D	A	V	I	T	T	I	V	C
E	D	F	R	M	N	H	V	T	H	V	L	L	N	N
D	G	W	L	L	S	F	N	T	S	L	R	W	D	C
G	R	F	R	E	E	M	A	N	W	A	L	E	S	A
R	V	F	R	M	N	S	H	R	R	U	S	L	L	I
A	F	S	H	E	A	R	E	R	P	R	T	L	L	N
V	R	S	L	L	R	S	S	P	N	I	R	E	R	E
E	M	S	P	E	N	C	E	R	J	E	D	S	S	D
Y	N	N	W	M	N	S	L	L	R	S	G	L	H	R
H	S	D	E	H	A	V	I	L	L	A	N	D	V	P
O	P	R	H	R	D	N	W	M	N	S	V	L	L	E
E	N	I	N	F	A	N	T	E	N	M	R	L	L	E
Y	C	V	T	T	F	R	M	N	N	W	D	R	N	R
S	S	E	L	L	E	R	S	S	L	L	G	S	D	T
L	R	S	L	L	R	S	N	A	M	W	E	N	D	S

MERYL STREEP	MIEKO HARADA	OCTAVIA SPENCER	PAUL NEWMAN
MICHAEL CAINE	MONICA VITTI	OLIVIA DE HAVILLAND	PEDRO INFANTE
MICHAEL REDGRAVE	MORGAN FREEMAN	ORSON WELLES	PETER SELLERS
MICHELLE YEOH	NORMA SHEARER		PIPER LAURIE

Answer on page 321

W	E	L	C	H	B	R	T	N	L	L	O	R	E	N
W	D	M	R	K	B	U	R	T	O	N	N	R	M	T
M	T	C	H	M	J	H	N	S	O	R	I	N	E	D
W	I	D	M	A	R	K	W	D	M	R	K	G	R	D
M	T	C	H	M	G	R	D	M	U	H	C	T	I	M
J	G	O	R	D	O	N	S	P	C	K	D	V	L	L
A	V	L	N	T	N	J	H	N	S	S	N	S	D	D
R	C	J	O	H	A	N	S	S	O	N	J	P	V	U
A	C	N	N	R	Y	M	C	L	N	P	T	A	L	V
M	V	C	O	N	N	E	R	Y	P	T	R	C	L	A
W	D	M	R	K	M	T	C	H	M	P	R	E	P	L
M	A	C	L	A	I	N	E	M	C	L	N	K	T	L
B	R	T	N	W	D	M	R	K	M	C	L	V	R	L
M	C	L	N	V	L	N	T	R	E	I	T	I	O	P
V	A	L	E	N	T	I	N	O	V	L	N	T	N	J

RAQUEL WELCH	ROBERT DUVALL	RUTH GORDON	SHIRLEY MACLAINE
RICHARD BURTON	ROBERT MITCHUM	SCARLETT JOHANSSON	SIDNEY POITIER
RICHARD WIDMARK	ROONEY MARA		SISSY SPACEK
ROBERT DE NIRO	RUDOLPH VALENTINO	SEAN CONNERY	SOPHIA LOREN

Answer on page 322

```
T  R  A  C  Y  T  R  C  Y  G  G  H  R  H  P
P  D  G  N  S  R  N  D  N  O  L  O  E  L  I
H  A  Y  D  E  N  H  Y  D  L  D  L  L  D  D
R  B  B  N  S  H  N  K  S  D  B  D  L  N  G
S  A  R  A  N  D  O  N  D  B  R  E  I  H  E
H  R  R  L  S  N  M  T  R  E  G  N  H  L  O
R  S  N  I  B  B  O  R  B  R  N  S  B  L  N
H  N  K  S  H  R  R  L  S  G  M  T  R  R  D
S  K  N  A  H  G  S  S  M  N  S  G  N  R  T
M  F  N  B  R  D  H  A  R  R  E  L  S  O  N
M  I  F  U  N  E  G  R  G  S  S  M  N  B  R
B  R  D  T  S  G  S  I  G  N  O  R  E  T  B
M  A  T  U  R  E  H  N  K  S  G  L  D  B  R
H  L  D  N  P  D  G  N  T  O  D  R  A  B  D
G  A  S  S  M  A  N  H  R  R  L  S  N  G  T
```

SPENCER TRACY	TOM HANKS	WALTER PIDGEON	WOODY HARRELSON
STERLING HAYDEN	TOSHIRO MIFUNE	WENDY HILLER	SIMONE SIGNORET
SUSAN SARANDON	VICTOR MATURE	WHOOPI GOLDBERG	BRIGITTE BARDOT
TIM ROBBINS	VITTORIO GASSMAN	WILLIAM HOLDEN	

Answer on page 322

```
B  E  A  U  T  I  F  U  L  B  T  M  F  L  L
S  H  K  S  P  R  M  N  H  T  T  A  W  D  S
F  P  R  S  I  R  A  P  G  L  R  N  W  D  G
O  W  D  D  N  G  S  S  N  S  H  H  N  T  N
R  G  L  R  D  V  G  L  O  R  I  A  M  N  I
E  F  D  A  V  E  F  R  G  N  T  T  W  N  D
I  T  R  N  T  Y  S  N  S  H  N  T  T  L  D
G  J  R  I  C  H  T  R  N  T  Y  A  T  L  E
N  N  C  H  N  S  U  N  S  H  I  N  E  D  W
S  H  K  S  S  P  R  R  T  R  N  T  T  Y  L
E  N  C  H  A  N  T  E  D  T  L  T  A  L  E
M  N  H  T  T  N  G  L  D  T  R  N  T  Y  S
S  H  A  K  E  S  P  E  A  R  E  G  A  I  R
L  G  L  D  M  N  H  T  T  N  W  D  D  N  G
A  D  L  I  G  S  D  Y  T  I  N  R  E  T  E
```

MY BEAUTIFUL LAUNDRETTE

FROM HERE TO ETERNITY

FOREIGN CORRESPONDENT

FOUR WEDDINGS AND A FUNERAL

SHAKESPEARE IN LOVE

MIDNIGHT IN PARIS

MANHATTAN

UP IN THE AIR

GLORIA BELL

DAVE

GILDA

ENCHANTED

ETERNAL SUNSHINE OF THE SPOTLESS MIND

CRAZY RICH ASIANS

A SUMMER'S TALE

Answer on page 322

```
F   R   A   N   K   E   N   S   T   E   I   N   F   A   R
G   F   R   N   K   S   T   N   G   H   S   T   R   I   S
F   U   N   N   Y   G   N   E   Z   O   R   F   Z   S   S
G   R   S   G   L   D   F   N   G   R   G   H   N   S   W
G   O   L   D   F   I   N   G   E   R   S   T   W   U   S
H   G   B   L   T   F   R   N   K   S   T   N   S   R   T
O   G   G   O   B   L   E   T   G   B   L   T   T   R   L
S   G   L   D   F   N   G   R   W   S   S   T   O   N   E
T   R   H   A   W   A   I   I   F   R   Z   N   H   L   L
J   S   G   L   D   F   N   G   R   F   R   N   K   S   T
G   E   G   R   M   O   M   W   S   W   E   S   T   S   T
N   H   H   L   L   W   S   F   R   N   K   S   T   N   W
I   L   H   A   L   L   O   W   S   F   R   Z   N   W   N
O   L   W   N   D   G   R   S   H   L   L   W   S   S   T
G   W   D   N   I   W   N   G   R   E   A   S   E   J   R
```

FRANKENSTEIN

FROM RUSSIA WITH LOVE

FROZEN

FUNNY GIRL

GHOST

GOING MY WAY

GOLDFINGER

GONE WITH THE WIND

GREASE

HARRY POTTER AND THE GOBLET OF FIRE

HARRY POTTER AND THE SORCERER'S STONE

HARRY POTTER AND THE DEATHLY HALLOWS – PART 2

HAWAII

HI, MOM

HOW THE WEST WAS WON

Answer on page 322

```
R  S  S  C  O  F  I  E  L  D  S  C  M  R  S
O  C  L  N  C  S  T  R  M  R  V  N  A  B  T
B  F  H  A  R  R  I  S  O  N  P  S  R  R  E
E  L  B  R  Y  N  N  R  B  R  T  C  V  T  I
R  D  R  R  E  I  T  I  O  P  R  H  I  S  G
T  R  B  R  B  R  Y  N  N  R  S  L  N  T  E
S  B  L  N  C  S  L  L  E  H  C  S  S  G  R
O  R  B  O  R  G  N  I  N  E  H  S  T  R  L
N  T  L  A  N  C  A  S  T  E  R  B  R  B  O
J  S  P  C  K  H  R  R  S  N  G  N  S  R  D
P  N  N  I  V  E  N  B  R  H  E  S  T  O  N
E  B  S  C  F  L  D  G  N  N  S  S  H  Q  A
C  R  G  U  I  N  N  E  S  S  B  R  N  S  R
K  G  R  B  R  T  S  N  S  C  H  L  L  T  B
D  B  R  Y  N  N  E  R  B  R  Y  N  N  G  N
```

CLIFF ROBERTSON	LEE MARVIN	MAXIMILIAN SCHELL	ALEC GUINNESS
MARLON BRANDO	REX HARRISON	BURT LANCASTER	YUL BRYNNER
ROD STEIGER	SIDNEY POITIER	CHARLTON HESTON	ERNEST BORGNINE
PAUL SCOFIELD	GREGORY PECK	DAVID NIVEN	

Answer on page 322

A	M	J	U	R	A	S	S	I	C	J	W	S	D	S
N	N	M	N	J	R	S	S	C	M	C	K	Y	T	W
G	S	M	I	N	E	S	T	G	N	O	K	T	R	A
E	P	C	R	S	D	T	R	M	P	T	R	M	P	J
L	N	L	A	W	R	E	N	C	E	H	L	P	P	N
J	S	J	R	S	S	C	K	N	G	L	O	M	C	T
P	O	P	P	I	N	S	T	L	R	N	V	C	M	R
J	R	S	S	C	H	P	M	I	C	K	E	Y	N	A
H	A	P	P	E	N	E	D	M	C	K	Y	M	C	M
M	C	K	Y	T	M	P	L	C	R	S	D	T	R	P
I	N	T	O	L	E	R	A	N	C	E	J	J	W	S
J	W	S	T	M	P	L	C	R	S	D	N	D	P	N
T	E	M	P	L	E	D	N	E	D	A	S	U	R	C
L	W	R	N	C	H	P	P	N	D	C	R	S	D	J
I	N	D	E	P	E	N	D	E	N	C	E	J	W	S

INDEPENDENCE DAY

INDIANA JONES AND THE LAST CRUSADE

INDIANA JONES AND THE TEMPLE OF DOOM

INTOLERANCE

IT HAPPENED ONE NIGHT

JAWS

I'M NO ANGEL

JURASSIC PARK

KING KONG

KING SOLOMON'S MINES

LADY AND THE TRAMP

LAWRENCE OF ARABIA

LOVE STORY

MARY POPPINS

MICKEY

Answer on page 322

M	I	S	S	I	O	N	M	S	S	N	L	D	Y	N
R	B	R	T	S	L	D	R	O	B	E	R	T	S	U
D	L	M	T	N	S	M	N	R	K	R	M	N	V	M
M	O	O	N	R	A	K	E	R	R	D	R	S	V	O
I	V	D	S	P	N	C	C	H	Y	D	A	L	P	M
N	D	R	A	I	D	E	R	S	P	S	C	H	N	M
I	S	D	A	L	M	A	T	I	A	N	S	S	C	H
V	C	R	B	B	N	P	N	C	C	H	B	V	C	L
E	R	P	I	N	O	C	C	H	I	O	B	A	H	Y
R	B	C	R	B	B	N	P	N	C	C	N	D	M	N
P	B	P	N	C	C	H	P	S	Y	C	P	I	T	I
C.	A	R	I	B	B	E	A	N	P	R	T	S	N	T
J	Q	M	N	R	K	R	R	B	R	T	R	S	Y	U
D	R	M	N	V	R	J	P	S	Y	C	H	O	Q	M
P	I	R	A	T	E	S	P	S	R	E	T	E	P	J

MISSION IMPOSSIBLE 2

MISTER ROBERTS

MOM AND DAD

MOONRAKER

MRS. MINIVER

MUTINY ON THE BOUNTY

MY FAIR LADY

ONE HUNDRED AND ONE DALMATIANS

PETER PAN

PINOCCHIO

PIRATES OF THE CARIBBEAN: AT WORLD'S END

PIRATES OF THE CARIBBEAN: DEAD MAN'S CHEST

PSYCHO

QUO VADIS

RAIDERS OF THE LOST ARK

Answer on page 323

P	K	K	A	E	P	D	D	E	L	U	G	E	D	T
T	G	S	T	R	M	H	T	W	V	H	R	R	L	O
C	S	E	A	R	T	H	Q	U	A	K	E	T	G	M
A	H	R	R	C	N	T	W	S	T	R	S	D	T	O
P	R	G	E	O	S	T	O	R	M	S	T	R	M	R
M	R	K	R	K	T	S	T	R	M	H	R	C	R	R
I	C	H	E	A	T	W	A	V	E	M	T	R	R	O
D	N	T	W	I	S	T	E	R	S	F	L	D	W	W
H	U	R	R	I	C	A	N	E	S	T	R	M	S	M
D	L	G	T	M	R	R	W	K	R	M	R	O	T	S
I	M	P	O	S	S	I	B	L	E	L	S	T	R	M
G	S	T	R	M	T	M	R	R	W	F	L	D	M	D
K	R	A	K	A	T	O	A	S	M	E	T	E	O	R
T	W	S	T	R	S	H	R	R	C	N	L	F	S	D
R	A	I	N	H	T	W	V	D	L	D	O	O	L	F

DANTE'S <u>PEAK</u>

THE DAY AFTER
<u>TOMORROW</u>

DEEP <u>IMPACT</u>

DELUGE

EARTHQUAKE

FLOOD

GEOSTORM

HARD <u>RAIN</u>

HEATWAVE

HURRICANE

THE <u>IMPOSSIBLE</u>

INTO THE <u>STORM</u>

<u>KRAKATOA</u>, EAST OF
JAVA

<u>METEOR</u>

NIGHT OF THE
<u>TWISTERS</u>

Answer on page 323

```
S  I  D  E  W  A  L  K  N  N  A  K  E  D  K
P  S  G  N  K  D  S  D  W  L  K  P  S  T  M
P  A  S  S  A  G  E  P  N  A  M  T  S  O  P
C  N  F  D  N  T  L  S  C  N  N  D  C  F  R
F  S  C  O  N  F  I  D  E  N  T  I  A  L  D
Y  T  R  S  T  R  N  G  R  S  C  N  N  L  F
R  R  O  C  N  F  D  N  T  L  W  R  D  G  O
U  N  S  T  R  A  N  G  E  R  H  S  A  R  R
F  G  S  T  R  N  G  R  W  R  N  G  L  Q  C
S  R  F  M  R  D  G  N  O  R  W  M  R  D  E
D  T  I  S  D  D  N  C  N  F  D  N  T  L  R
D  M  R  D  T  O  M  O  R  R  O  W  R  X  R
N  R  E  D  C  N  F  D  N  T  L  W  R  N  Y
K  W  R  N  S  D  H  O  U  S  E  W  L  K  F
R  E  D  R  U  M  G  S  U  D  D  E  N  S  G
```

WHERE THE SIDEWALK ENDS

THE NAKED CITY

MURDER, MY SWEET

SUDDEN FEAR

DARK PASSAGE

THE POSTMAN ALWAYS RINGS TWICE

FURY

KANSAS CITY CONFIDENTIAL

FORCE OF EVIL

CROSSFIRE

HOUSE OF STRANGERS

SCANDAL SHEET

THE WRONG MAN

ODDS AGAINST TOMORROW

THE STRANGER

Answer on page 323

```
D  D  E  L  I  V  E  R  A  N  C  E  R  P  E
E  D  N  N  R  D  L  V  R  N  C  G  L  V  L
D  O  N  N  E  R  D  N  C  S  V  R  S  T  G
G  L  C  T  R  Z  B  E  L  O  W  D  N  C  A
E  C  R  W  L  W  L  D  P  H  N  X  W  L  E
B  L  A  L  C  A  T  R  A  Z  C  R  W  L  K
D  L  V  R  N  C  P  H  N  X  T  M  R  R  W
C  R  W  L  B  C  K  D  E  V  E  R  E  S  T
S  E  C  N  A  D  B  L  D  T  M  E  R  R  W
D  N  N  R  P  H  P  H  O  E  N  I  X  Q  R
B  A  C  K  D  N  N  R  P  H  N  X  L  L  T
C  R  W  L  L  D  T  O  M  O  R  R  O  W  S
B  L  O  O  D  L  W  L  D  C  R  W  L  A  G
L  C  T  R  Z  C  L  D  L  I  W  R  D  R  T
D  E  E  P  D  N  C  S  V  R  S  C  C  C  Q
```

CRAWL	THE DEEP	EIGHT BELOW	FIVE CAME BACK
A CRY IN THE WILD	DELIVERANCE	ESCAPE FROM ALCATRAZ	THE FLIGHT OF THE PHOENIX
DANCES WITH WOLVES	THE DONNER PARTY	EVEREST	
THE DAY AFTER TOMORROW	THE EAGLE	FIRST BLOOD	
	THE EDGE		

Answer on page 323

M	A	N	T	I	S	M	R	C	G	N	I	S	I	R
B	N	T	H	G	L	N	S	L	A	N	V	S	N	E
D	O	O	F	C	L	T	N	C	L	A	W	C	G	D
G	L	X	Y	M	G	S	G	H	A	T	M	S	L	I
A	L	I	G	M	N	S	T	R	X	R	S	L	X	P
G	S	B	M	P	S	B	N	T	Y	G	S	A	Y	S
B	E	N	E	A	T	H	S	H	R	K	S	Y	H	R
M	N	T	S	M	N	S	T	R	M	G	H	E	T	R
M	I	G	H	T	Y	G	R	G	N	T	S	R	M	N
S	H	R	K	M	O	N	S	T	E	R	S	H	R	K
G	O	O	S	E	B	U	M	P	S	G	L	X	Y	R
M	G	H	T	Y	S	H	R	K	M	N	S	T	R	S
S	H	A	R	K	G	I	N	V	A	S	I	O	N	F
G	R	G	B	T	N	V	S	N	G	L	S	P	D	R
G	A	R	G	A	N	T	U	A	S	P	D	R	M	G

THE DEADLY <u>MANTIS</u>

DEEP <u>RISING</u>

EARTH VS. THE <u>SPIDER</u>

THE <u>FOOD</u> OF THE GODS

<u>GALAXY</u> QUEST

<u>GARGANTUA</u>

THE GIANT <u>CLAW</u>

THE GIANT <u>GILA</u> MONSTER

THE GIANT SPIDER <u>INVASION</u>

GOOSEBUMPS

IT CAME FROM <u>BENEATH</u> THE SEA

JACK THE GIANT <u>SLAYER</u>

MEGA <u>SHARK</u> VERSUS MECHA SHARK

<u>MIGHTY</u> JOE YOUNG

<u>MONSTER</u> HUNTER

Answer on page 323

```
L  E  O  P  A  R  D  L  P  R  D  P  P  L  T
M  T  M  O  T  H  E  R  M  T  H  R  L  F  R
C  N  E  S  I  D  A  R  A  P  H  R  A  N  E
P  R  D  S  C  N  T  R  Y  P  T  R  Y  T  K
C  O  U  N  T  R  Y  L  V  L  S  S  T  S  L
R  D  M  N  P  O  E  T  R  Y  T  G  I  T  A
F  A  N  T  A  S  T  I  C  L  V  L  M  C  T
I  L  P  R  D  M  T  H  R  P  L  S  E  P  S
R  L  S  S  E  L  E  V  O  L  T  M  B  L  T
E  S  T  L  K  R  P  L  Y  T  M  T  M  Y  M
F  T  D  A  O  R  G  E  R  D  M  A  N  N  B
L  L  T  M  B  K  T  F  N  T  S  T  C  T  K
I  K  T  I  M  B  U  K  T  U  C  N  T  G  T
E  R  D  S  R  T  G  R  R  D  M  N  N  R  D
S  J  D  E  S  I  R  E  Q  T  I  G  E  R  R
```

THE LEOPARD

PLAYTIME

WINGS OF DESIRE

CROUCHING TIGER, HIDDEN DRAGON

A FANTASTIC WOMAN

GOD'S OWN COUNTRY

TONI ERDMANN

ALL ABOUT MY MOTHER

STALKER

THE ROAD

GRAVE OF THE FIREFLIES

CHILDREN OF PARADISE

TIMBUKTU

POETRY

LOVELESS

Answer on page 323

```
L  O  O  N  E  Y  S  M  P  S  N  S  L  R  Y
F  L  N  T  S  T  N  S  N  O  S  P  M  I  S
Y  B  L  L  W  N  K  L  S  C  B  Y  J  R  Y
R  J  F  L  I  N  T  S  T  O  N  E  S  V  P
R  B  L  W  N  K  L  S  M  P  S  N  S  D  A
E  B  B  U  L  L  W  I  N  K  L  E  V  S  R
J  B  V  S  P  N  T  S  S  Q  R  P  N  T  K
B  B  E  A  V  I  S  P  S  C  O  O  B  Y  P
V  S  Q  R  P  N  T  R  J  T  S  N  S  D  P
P  E  A  N  U  T  S  S  M  P  O  O  B  B  O
S  T  M  P  Y  S  Q  R  P  N  T  S  J  T  P
S  Q  U  A  R  E  P  A  N  T  S  S  M  P  E
F  L  N  T  S  T  N  S  S  Q  R  P  N  T  Y
A  N  I  M  A  T  E  D  S  M  P  S  N  S  E
J  E  T  S  O  N  S  D  Y  P  M  I  T  S  D
```

LOONEY TUNES

THE SIMPSONS

TOM AND JERRY

THE FLINTSTONES

SOUTH PARK

POPEYE

ROCKY AND
BULLWINKLE

THE REN AND
STIMPY SHOW

BATMAN: THE
ANIMATED SERIES

SPONGE BOB
SQUAREPANTS

PEANUTS

BETTY BOOP

BEAVIS AND
BUTT-HEAD

SCOOBY-DOO

THE JETSONS

Answer on page 324

```
H  C  C  I  T  I  Z  E  N  F  O  U  R  J  E
O  T  W  S  T  F  G  H  T  D  R  G  N  S  T
O  Z  S  T  R  N  G  N  O  G  A  R  D  D  S
P  N  I  R  I  S  B  S  H  R  B  S  H  R  A
J  F  C  T  Z  N  F  R  S  T  R  N  G  S  W
R  R  I  N  T  E  R  R  U  P  T  E  R  S  S
I  S  R  W  N  D  S  C  R  T  F  G  H  T  R
H  T  S  T  R  O  N  G  F  G  H  N  Q  S  E
S  R  P  R  J  C  T  S  C  R  T  F  G  H  C
A  N  R  E  W  I  N  D  F  G  H  N  D  M  O
B  G  S  C  R  T  P  R  J  C  T  F  G  H  R
J  D  A  M  E  S  R  C  R  D  R  C  R  D  D
S  E  C  R  E  T  P  R  J  T  H  G  I  F  Q
P  R  J  C  T  S  T  R  N  G  B  S  H  R  R
A  F  G  H  A  N  S  P  R  O  J  E  C  T  D
```

HOOP DREAMS

WALTZ WITH BASHIR

WASTE LAND

CITIZENFOUR

ON THE RECORD

THE INTERRUPTERS

SLAY THE DRAGON

AFGHAN STAR

PROJECT NIM

STRONG ISLAND

IRIS

THE FIGHT

REWIND

TEA WITH THE DAMES

A SECRET LOVE

Answer on page 324

```
G   R   A   V   I   T   Y   M   M   A   R   T   I   A   N
M   R   T   N   G   R   V   T   Y   L   E   G   E   N   D
H   I   J   A   C   K   I   N   G   H   J   C   K   N   G
D   S   C   N   T   H   J   C   K   N   G   M   R   T   N
G   R   V   T   Y   E   L   B   I   S   S   O   P   M   I
I   R   O   N   D   S   C   N   T   W   L   D   R   N   S
L   F   B   T   D   S   C   N   T   M   R   N   F   H   R
O   S   D   E   S   C   E   N   T   M   N   R   L   J   H
N   R   W   L   D   N   R   N   S   S   M   R   I   C   E
R   V   M   A   R   O   O   N   E   D   N   G   E   K   A
E   R   J   W   I   L   D   E   R   N   E   S   S   N   R
F   W   M   R   T   N   W   L   D   R   N   S   S   G   T
N   L   S   U   R   V   I   V   O   R   W   L   D   S   D
I   D   L   F   B   T   S   R   V   R   N   F   R   N   S
R   J   L   I   F   E   B   O   A   T   D   D   L   I   W
```

GRAVITY

A HIJACKING

I AM LEGEND

THE IMPOSSIBLE

IN THE HEART OF THE SEA

INFERNO

INTO THE WILD

IRON WILL

THE LAST DESCENT

LIFEBOAT

LONE SURVIVOR

LORD OF THE FLIES

MAROONED

THE MARTIAN

MAN IN THE WILDERNESS

Answer on page 324

L	S	E	A	L	N	G	R	I	H	S	A	B	V	V
S	R	P	N	T	S	T	R	M	L	N	D	D	S	I
D	S	S	E	R	P	E	N	T	S	T	R	M	T	S
N	W	D	N	S	D	Y	W	D	N	S	T	R	S	I
A	V	N	S	H	N	G	S	M	R	O	T	S	T	T
L	L	Z	H	R	G	L	L	W	S	C	L	S	R	Q
J	V	A	N	I	S	H	I	N	G	I	W	V	M	T
A	S	V	N	S	H	N	G	L	L	W	D	N	T	R
M	R	G	A	L	L	O	W	S	C	L	N	S	R	A
O	P	S	R	P	N	T	S	T	R	M	S	H	N	N
U	N	W	E	D	N	E	S	D	A	Y	D	N	S	S
R	T	B	S	H	R	T	R	N	S	T	Y	G	T	I
D	C	L	A	S	S	Q	H	O	M	E	C	L	L	T
J	T	R	N	S	T	V	N	S	H	N	L	Z	M	R
L	A	Z	H	A	R	B	R	Q	Y	L	L	E	D	S

THE BAND'S <u>VISIT</u>

WALTZ WITH <u>BASHIR</u>

THE SEVENTH <u>SEAL</u>

WASTE <u>LAND</u>

AMOUR

EMBRACE OF THE <u>SERPENT</u>

AFTER THE <u>STORM</u>

THE <u>VANISHING</u>

TRANSIT

ELEVATOR TO THE <u>GALLOWS</u>

MONSIEUR <u>LAZHAR</u>

ABOUT <u>ELLY</u>

FIREWORKS <u>WEDNESDAY</u>

THE <u>CLASS</u>

LAST TRAIN <u>HOME</u>

Answer on page 324

```
W  O  N  D  E  R  F  U  L  A  Y  R  O  T  S
M  R  C  L  S  C  R  G  W  N  D  R  F  L  L
S  C  R  O  O  G  E  Q  E  L  C  A  R  I  M
C  N  N  C  T  C  T  H  L  D  Y  W  H  T  R
E  R  D  L  P  H  H  H  C  N  I  R  G  G  H
T  R  D  L  P  H  T  M  R  R  W  C  L  R  O
I  B  R  U  D  O  L  P  H  S  T  R  M  N  L
H  C  C  N  N  C  T  C  T  M  P  P  U  C  I
W  R  T  O  M  O  R  R  O  W  C  H  P  H  D
J  L  R  L  C  A  R  O  L  G  R  N  P  W  A
W  T  C  H  R  L  C  H  R  S  T  M  E  H  Y
I  M  C  O  N  N  E  C  T  I  C  U  T  T  R
F  R  C  H  R  S  T  M  S  G  R  N  C  R  C
E  W  C  H  R  L  C  H  R  I  S  T  M  A  S
D  C  H  A  R  L  I  E  W  N  D  R  F  L  L
```

IT'S A <u>WONDERFUL</u> LIFE

<u>MIRACLE</u> ON 34TH STREET

SCROOGE

<u>HOLIDAY</u> INN

A CHRISTMAS <u>CAROL</u>

<u>WHITE</u> CHRISTMAS

HOW THE <u>GRINCH</u> STOLE CHRISTMAS

<u>RUDOLPH</u> THE RED-NOSED REINDEER

A CHRISTMAS <u>STORY</u>

THE BISHOP'S <u>WIFE</u>

A <u>CHARLIE</u> BROWN CHRISTMAS

BEYOND <u>TOMORROW</u>

THE <u>MUPPET</u> CHRISTMAS CAROL

CHRISTMAS IN <u>CONNECTICUT</u>

THE <u>CHRISTMAS</u> WIFE

```
M  A  R  I  A  J  S  I  L  E  N  C  E  D  T
T  H  R  N  S  L  N  C  M  R  R  M  Z  R  O
N  B  T  H  R  O  N  E  R  N  T  H  L  S  O
O  N  S  T  L  G  C  L  L  E  S  M  F  S  F
S  O  L  A  R  I  S  P  S  S  N  B  R  T  H
T  N  J  S  T  L  G  U  A  T  P  S  S  T  P
A  B  R  T  H  L  S  S  P  S  S  N  N  R  R
L  P  B  R  E  A  T  H  L  E  S  S  M  A  P
G  C  L  L  S  M  Z  R  T  M  F  S  Z  Z  H
I  L  P  A  S  S  I  O  N  P  H  R  R  O  T
A  S  C  H  L  P  C  A  L  L  A  S  T  M  B
P  R  P  H  T  N  S  T  L  G  Y  A  C  L  K
M  A  F  I  O  S  O  R  T  E  H  P  O  R  P
B  R  T  H  L  Y  S  S  P  R  Y  P  H  T  S
B  E  A  U  T  I  F  U  L  J  D  E  K  I  B
```

MARIA FULL OF GRACE

THE LOOK OF SILENCE

MY LEFT FOOT

NOSTALGIA FOR THE LIGHT

THRONE OF BLOOD

A PROPHET

MAFIOSO

FOR EVER MOZART

SOLARIS

ERNEST & CÉLESTINE

THE KID WITH A BIKE

MY BEAUTIFUL LAUNDRETTE

BREATHLESS

PASSION

CALLAS FOREVER

Answer on page 324

```
W  O  O  D  P  E  C  K  E  R  F  Y  L  R  X
T  R  N  S  F  R  M  R  S  P  X  I  L  E  F
D  R  A  G  O  N  B  A  L  L  Y  G  M  B  Y
W  D  P  C  K  R  C  H  P  M  N  K  S  P  N
G  U  M  B  Y  R  G  R  T  Y  L  I  M  A  F
P  N  T  H  R  C  H  Y  P  M  N  K  O  S  T
Y  C  H  I  P  M  U  N  K  S  F  T  U  F  Y
N  T  R  N  S  F  R  M  R  S  R  G  S  Y  O
T  P  A  N  T  H  E  R  P  W  N  T  E  L  G
T  F  M  Y  T  N  T  H  L  L  R  G  R  X  I
N  T  T  R  A  N  S  F  O  R  M  E  R  S  Q
A  R  A  N  I  M  A  N  I  A  C  S  R  W  L
T  M  F  U  T  U  R  A  M  A  C  H  M  D  L
U  Y  M  T  N  T  F  T  R  M  T  R  N  P  I
M  R  R  U  G  R  A  T  S  F  L  D  X  K  H
```

WOODY WOODPECKER

FELIX THE CAT

DRAGONBALL Z

ANIMANIACS

FAMILY GUY

GUMBY

TEENAGE MUTANT NINJA TURTLES

THE YOGI BEAR SHOW

ALVIN AND THE CHIPMUNKS

KING OF THE HILL

THE PINK PANTHER

TRANSFORMERS

FUTURAMA

RUGRATS

MIGHTY MOUSE

Answer on page 325

```
N  S  C  R  G  H  D  D  E  G  O  O  R  C  S
I  N  C  C  H  R  I  S  T  M  A  S  L  N  N
G  O  N  G  H  T  M  R  V  C  E  N  O  L  A
H  I  P  R  N  C  R  S  N  W  M  N  F  R  T
T  T  F  R  P  R  A  N  C  E  R  P  F  C  Q
M  A  N  G  H  C  H  R  S  N  E  R  O  H  S
A  C  K  L  S  U  A  L  K  G  M  N  U  R  A
R  A  F  R  S  T  N  G  L  H  E  C  R  S  N
E  V  V  R  T  S  O  R  F  T  M  R  T  T  T
S  N  W  M  N  V  R  G  N  M  B  S  H  M  A
M  O  M  M  Y  V  R  N  M  R  E  N  W  S  T
C  H  R  T  S  M  S  M  N  S  R  W  M  N  D
S  N  O  W  M  A  N  S  C  N  F  M  R  S  T
S  C  R  Y  G  D  L  N  N  W  Y  N  G  L  L
V  I  R  G  I  N  I  A  P  A  N  G  E  L  T
```

THE NIGHTMARE BEFORE CHRISTMAS

SCROOGED

CHRISTMAS VACATION

A CHRISTMAS WITHOUT SNOW

HOME ALONE

PRANCER

SANTA CLAUS

THE FOURTH WISE MAN

KLAUS

JACK FROST

A CHRISTMAS TO REMEMBER

I SAW MOMMY KISSING SANTA CLAUS

THE ANGEL DOLL

YES VIRGINIA, THERE IS A SANTA CLAUS

FROSTY THE SNOWMAN

Answer on page 325

M	A	G	N	O	L	I	A	S	Y	W	S	Y	A	W
B	R	K	F	S	T	T	N	T	C	N	C	T	R	S
B	R	D	G	T	B	E	N	C	O	U	N	T	E	R
M	G	N	L	Y	S	B	R	K	F	Y	S	T	B	C
B	E	A	C	H	E	S	S	C	I	N	A	T	I	T
R	T	M	T	S	V	Y	G	R	B	R	K	F	S	U
E	B	V	O	Y	A	G	E	R	R	W	B	L	M	O
A	R	B	R	D	G	T	S	T	K	O	R	O	G	B
K	D	S	T	E	L	L	A	D	F	M	K	U	N	A
F	G	M	G	N	L	Y	S	R	S	E	F	I	L	D
A	T	B	R	I	D	G	E	T	T	N	S	S	Y	C
S	C	P	N	K	C	H	S	L	T	M	T	E	S	R
T	H	T	O	M	A	T	O	E	S	B	C	H	D	G
T	D	M	T	S	S	T	L	L	Y	L	S	P	N	O
E	C	I	O	H	C	B	C	H	S	O	N	A	I	P

STEEL <u>MAGNOLIAS</u>

BRIEF <u>ENCOUNTER</u>

<u>BREAKFAST</u> AT TIFFANY'S

BEACHES

THE <u>WAY</u> WE WERE

TITANIC

NOW, <u>VOYAGER</u>

ALL <u>ABOUT</u> EVE

THELMA & <u>LOUISE</u>

THE <u>PIANO</u>

<u>STELLA</u> DALLAS

<u>BRIDGET</u> JONES'S DIARY

SOPHIE'S <u>CHOICE</u>

FRIED GREEN <u>TOMATOES</u>

LITTLE <u>WOMEN</u>

Answer on page 325

```
Q  T  S  S  U  P  E  R  F  R  I  E  N  D  S
Y  S  M  G  R  L  D  P  W  R  P  F  F  R  C
S  E  Y  P  O  W  E  R  P  U  F  F  G  D  G
T  U  R  S  Y  P  R  F  R  W  N  D  S  G  D
G  Q  F  S  F  R  U  M  S  N  R  E  C  A  R
R  G  S  G  D  G  T  S  T  R  D  G  G  M  T
G  E  R  A  L  D  J  G  A  D  G  E  T  D  A
R  M  S  T  R  S  G  R  L  D  G  R  M  T  V
O  S  Q  S  T  M  S  T  R  S  O  R  T  S  A
M  T  M  A  S  T  E  R  S  G  R  G  D  R  T
I  R  S  P  R  F  R  R  N  D  S  D  D  G  A
T  S  U  N  D  E  R  D  O  G  L  Q  O  R  R
M  D  P  W  R  P  W  F  F  D  R  W  U  G  D
T  G  D  G  T  N  D  R  D  W  G  S  G  Y  D
G  E  O  R  G  E  J  D  O  R  A  T  D  D  G
```

SUPERFRIENDS

JOHNNY QUEST

THE POWERPUFF GIRLS

SPEED RACER

AVATAR: THE LAST AIRBENDER

THE SMURFS

GERALD MCBOING-BOING

INSPECTOR GADGET

ASTRO BOY

WALLACE AND GROMIT

HE-MAN AND THE MASTERS OF THE UNIVERSE

DOUG

GEORGE OF THE JUNGLE

DORA THE EXPLORER

UNDERDOG

Answer on page 325

M	N	C	N	O	B	O	D	Y	B	C	B	R	P	Y
O	B	T	P	R	F	C	T	R	V	N	E	F	F	Y
U	D	F	D	A	G	E	M	O	G	P	A	A	N	N	E
N	Y	F	P	R	D	T	R	P	N	R	C	C	C	R
T	M	N	E	P	O	P	N	C	R	F	H	H	C	P
A	G	M	N	T	N	P	A	N	I	C	T	F	T	S
I	B	R	V	N	W	N	T	P	R	F	C	E	F	F
N	C	P	E	R	F	E	C	T	D	F	R	N	F	F
J	H	R	W	V	N	Y	N	T	P	N	S	C	C	O
B	P	P	R	E	D	A	T	O	R	R	C	E	T	T
L	N	P	R	F	C	T	P	R	D	T	M	R	F	U
A	C	R	E	V	E	N	A	N	T	D	N	S	F	C
D	R	B	L	D	B	C	H	M	N	T	T	C	D	S
E	S	R	E	S	C	U	E	P	R	T	N	W	W	N
D	C	B	L	D	R	S	C	D	W	N	N	W	A	D

MEEK'S <u>CUTOFF</u>

MY SIDE OF THE <u>MOUNTAIN</u>

THE NAKED <u>PREY</u>

NO <u>BLADE</u> OF GRASS

<u>NOBODY</u> WANTS THE NIGHT

THE <u>OMEGA</u> MAN

ON THE <u>BEACH</u>

<u>OPEN</u> WATER

<u>PANIC</u> IN YEAR ZERO

THE <u>PERFECT</u> STORM

PREDATOR

RABBIT-PROOF <u>FENCE</u>

RED <u>DAWN</u>

<u>RESCUE</u> DAWN

THE <u>REVENANT</u>

```
y  O  W  A  L  S  K  Y  K  W  L  S  K  Y  R
D  N  B  R  H  N  T  D  D  U  N  B  A  R  G
H  A  W  K  E  Y  E  H  W  K  Y  B  L  K  G
M  L  L  R  T  R  V  N  N  R  E  L  L  I  M
K  O  O  B  H  H  U  N  T  C  R  W  L  D  S
H  S  K  N  S  B  K  L  D  R  G  K  H  C  G
H  O  S  E  N  F  E  L  D  C  A  W  S  R  R
H  W  K  Y  K  M  B  L  L  K  R  L  N  O  S
D  G  T  R  A  V  E  N  W  T  R  S  F  C  S
O  N  H  S  N  F  L  D  G  T  I  K  L  K  S
K  D  K  I  M  B  E  L  N  G  S  Y  D  E  N
I  H  H  S  K  N  S  K  D  R  O  D  T  T  C
B  S  W  I  G  A  N  D  K  R  N  N  R  T  R
S  K  D  N  B  R  K  W  R  S  T  B  V  N  C
H  A  S  K  I  N  S  L  K  K  R  I  K  D  K
```

STANLEY KOWALSKY

LT. JOHN W. DUNBAR

JOE MILLER

WILM HOSENFELD

STEVE BIKO

HAWKEYE

JOHN BOOK

ETHAN HUNT

DAVY CROCKETT

COACH DON HASKINS

CAPTAIN JAMES T. KIRK

JACK TRAVEN

DR. RICHARD KIMBEL

JEFFREY WIGAND

JIM GARRISON

Answer on page 325

```
S  E  C  N  E  L  I  S  R  S  W  R  R  B  S
S  T  A  L  K  E  R  L  P  T  I  P  U  R  A
S  L  K  R  S  T  L  K  R  L  T  L  O  N  L
N  O  T  O  R  I  O  U  S  K  H  S  T  G  E
M  N  C  H  R  N  B  R  N  R  O  N  E  S  S
L  B  R  N  G  T  S  O  L  C  U  T  D  L  M
O  B  D  L  N  D  S  C  B  B  T  Y  S  S  A
O  J  G  N  I  L  L  I  K  N  T  R  T  M  N
P  D  B  U  R  N  I  N  G  C  L  S  L  N  T
E  M  N  C  H  R  N  L  P  N  B  D  K  L  N
R  N  M  A  N  C  H  U  R  I  A  N  R  M  D
M  C  H  R  Y  N  C  A  B  I  N  L  X  S  R
R  E  P  U  L  S  I  O  N  D  S  S  R  X  Q
S  H  Y  L  N  C  B  S  N  Y  L  D  A  E  D
B  A  D  L  A  N  D  S  S  T  L  K  R  T  S
```

NOTORIOUS

THE SALESMAN

THE SILENCE OF THE LAMBS

DETOUR

EYES WITHOUT A FACE

ALL IS LOST

BADLANDS

REPULSION

KISS ME DEADLY

LOOPER

THE KILLING

STALKER

THE MANCHURIAN CANDIDATE

THE CABIN IN THE WOODS

BURNING

Answer on page 326

```
L  O  V  E  G  S  O  M  E  W  H  E  R  E  R
B  R  D  G  S  G  R  K  W  V  S  S  T  V  S
E  N  G  L  I  S  H  S  K  E  E  R  G  N  E
W  D  D  N  G  S  T  B  R  D  G  S  T  G  I
B  R  I  D  G  E  S  T  S  E  V  I  W  B  R
B  R  D  G  S  L  C  S  B  L  C  K  M  R  A
S  E  A  T  T  L  E  C  R  K  C  U  L  D  I
G  S  W  D  D  N  G  S  D  G  R  K  K  G  D
W  E  D  D  I  N  G  S  G  R  O  O  M  S  B
G  W  D  D  N  G  S  H  S  G  H  S  T  R  R
G  H  O  S  T  B  R  D  G  S  G  H  S  T  D
T  S  C  N  M  I  M  I  T  A  T  I  O  N  G
G  H  S  T  T  B  R  D  G  S  J  L  D  L  S
J  U  L  I  A  T  S  W  D  D  N  G  S  C  N
B  R  D  G  S  D  T  U  S  C  A  N  T  S  C
```

LOVE STORY

SOMEWHERE IN TIME

THE PRINCESS
DIARIES

MY BIG FAT GREEK
WEDDING

THE ENGLISH
PATIENT

THE FIRST WIVES
CLUB

THE BRIDGES OF
MADISON COUNTY

SLEEPLESS IN
SEATTLE

THE JOY LUCK CLUB

FOUR WEDDINGS
AND A FUNERAL

A ROOM WITH A
VIEW

GHOST

IMITATION OF LIFE

JULIA

UNDER THE TUSCAN
SUN

Answer on page 326

```
T  T  R  N  D  M  E  T  I  M  E  P  R  S  V
O  W  S  V  I  I  E  P  M  O  P  T  R  T  O
R  S  U  T  P  R  F  C  T  V  L  N  R  W  L
N  T  C  W  V  P  E  R  F  E  C  T  X  S  C
A  R  Y  S  L  T  R  P  R  F  C  T  A  T  A
D  G  T  T  C  D  N  U  O  R  G  X  N  R  N
O  R  T  R  N  X  P  L  P  R  F  C  D  G  O
J  N  P  E  X  P  L  O  D  E  D  A  R  R  D
T  D  S  D  P  S  D  N  F  R  N  C  E  N  E
W  L  T  P  O  S  E  I  D  O  N  S  A  D  V
I  G  W  S  T  P  R  F  C  T  S  T  S  M  A
S  R  S  F  R  A  N  C  I  S  C  O  R  S  W
T  N  T  S  T  R  M  T  D  L  S  T  R  M  W
E  D  R  R  L  A  D  I  T  D  M  R  O  T  S
R  S  T  R  M  G  R  P  R  F  C  T  G  N  D
```

THE NIGHT THE WORLD EXPLODED	POMPEII	STORM	TYCUS
	POSEIDON	TIDAL WAVE	VOLCANO
ON HOSTILE GROUND	SAN ANDREAS	TORNADO	THE WAVE
THE PERFECT STORM	SAN FRANCISCO	TWISTER	WHEN TIME RAN OUT

Answer on page 326

P	P	R	E	T	T	Y	P	R	T	Y	L	I	A	M
R	S	N	S	B	L	T	Y	P	R	T	T	Y	W	R
T	E	D	U	C	A	T	I	N	G	W	R	F	R	T
T	N	T	T	N	S	N	S	B	L	T	Y	U	K	R
S	E	N	S	I	B	I	L	I	T	Y	D	N	N	A
P	R	T	T	Y	W	R	K	N	G	S	Q	N	G	E
B	A	R	E	F	O	O	T	B	R	F	T	Y	Q	H
S	N	S	B	L	T	Y	E	P	R	T	T	Y	R	S
S	G	N	I	K	R	O	W	L	Y	N	A	M	O	W
P	R	T	T	Y	T	R	S	N	S	B	L	T	Y	S
W	E	D	D	I	N	G	C	N	O	T	T	I	N	G
S	N	S	B	L	T	Y	R	B	P	R	T	T	Y	C
G	O	O	D	B	A	R	T	T	R	U	L	Y	S	R
P	R	T	T	Y	N	D	S	N	S	B	L	T	Y	T
S	E	C	R	E	T	S	L	S	D	N	E	G	E	L

PRETTY WOMAN

EDUCATING RITA

YOU'VE GOT MAIL

CRIMES OF THE HEART

SENSE AND SENSIBILITY

BAREFOOT IN THE PARK

AN UNMARRIED WOMAN

WORKING GIRL

LEGENDS OF THE FALL

DIVINE SECRETS OF THE YA-YA SISTERHOOD

LOOKING FOR MR. GOODBAR

TRULY, MADLY, DEEPLY

MURIEL'S WEDDING

FUNNY GIRL

NOTTING HILL

Answer on page 326

U	A	L	B	R	A	B	R	A	M	S	B	R	M	D
S	L	C	K	W	R	G	H	T	L	P	S	N	Q	R
S	G	K	O	N	Q	B	A	Y	P	I	N	N	B	I
E	W	R	G	H	T	B	R	D	S	L	C	K	R	B
L	S	L	E	T	E	R	R	I	E	R	F	V	R	D
I	G	B	S	N	S	D	W	R	G	H	T	S	D	S
C	S	L	C	K	S	D	R	B	R	G	M	A	K	D
K	R	F	A	V	R	E	A	U	B	G	B	S	N	R
W	R	G	H	T	D	R	S	L	C	K	D	R	B	B
S	O	D	E	R	B	E	R	G	H	D	R	B	N	R
G	B	S	N	J	W	R	G	H	T	I	I	H	S	O
S	L	C	K	S	D	R	B	R	H	G	B	S	N	H
D	A	R	A	B	O	N	T	L	L	U	P	I	N	O
W	R	G	H	T	D	R	S	L	C	K	G	B	S	N
C	O	E	N	B	N	T	H	G	I	R	W	D	R	B

JOEL COEN	MAMORU OSHII	J.J. ABRAMS	MICHAEL BAY
EDGAR WRIGHT	STEVEN SODERBERGH	BRAD BIRD	LOUIS LETERRIER
FRANK DARABONT		HENRY SELICK	ALAN MAK
IDA LUPINO	ANDREW LAU	SATOSHI KON	JON FAVREAU

Answer on page 326

```
A  R  M  A  G  E  D  D  O  N  J  D  E  A  D
C  G  H  T  D  K  N  O  W  I  N  G  D  C  S
W  C  C  A  U  G  H  T  D  R  K  N  S  G  R
O  G  D  R  K  N  S  S  P  R  P  H  C  H  E
R  H  D  A  R  K  N  E  S  S  G  R  N  T  T
L  T  P  R  P  H  C  Y  G  R  N  L  N  D  F
D  E  L  U  G  E  R  T  C  A  P  M  I  D  A
P  R  P  H  C  Y  T  R  H  D  R  K  N  S  S
P  R  O  P  H  E  C  Y  D  Y  S  R  U  O  H
S  C  W  D  R  K  N  S  S  C  L  L  S  N  C
D  G  G  O  O  D  B  Y  E  C  L  L  S  N  G
A  H  P  R  P  H  C  Y  G  R  N  L  N  D  H
Y  T  G  R  E  E  N  L  A  N  D  D  F  T  T
S  P  R  P  H  C  Y  T  R  D  R  K  N  S  S
J  C  O  L  L  I  S  I  O  N  D  L  G  F  T
```

ALIEN ARMAGEDDON

ASH VS EVIL DEAD

CRACK IN THE WORLD

THE DAY AFTER

THE DAY THE EARTH CAUGHT FIRE

DAYS OF DARKNESS

DEEP IMPACT

DELUGE

DOOMSDAY PROPHECY

EARTH'S FINAL HOURS

END OF DAYS

GOODBYE WORLD

GREENLAND

ICE AGE: COLLISION COURSE

KNOWING

Answer on page 326

```
N  T  L  E  G  N  A  N  S  L  E  E  P  S  R
A  H  P  T  F  L  L  M  N  M  T  H  L  T  H
M  L  P  H  A  N  T  O  M  T  H  L  M  H  S
E  M  M  P  T  F  L  L  Y  S  L  T  H  L  A
N  R  E  C  K  O  N  I  N  G  M  H  L  M  L
P  T  F  L  M  Y  S  T  R  Y  E  M  H  C
M  Y  S  T  E  R  Y  R  C  K  D  L  R  N  T
R  C  K  N  M  Y  S  T  R  Y  N  M  T  A  H
N  I  A  G  A  R  A  N  G  D  G  A  H  M  L
N  G  R  P  T  F  L  L  R  N  R  D  L  U  M
P  O  S  S  E  S  S  E  D  G  S  N  M  H  L
M  Y  S  T  R  Y  P  M  C  R  S  G  S  R  J
D  A  N  G  E  R  O  U  S  S  C  I  N  A  P
D  P  T  F  L  L  D  N  G  R  S  D  T  R  S
P  I  T  F  A  L  L  J  D  R  U  O  T  E  D
```

PITFALL	POSSESSED	PHANTOM LADY	MYSTERY STREET
DETOUR	HUMAN DESIRE	DEAD RECKONING	NIAGARA
ON DANGEROUS GROUND	THE STREET WITH NO NAME	THE FILE ON THELMA JORDON	WHILE THE CITY SLEEPS
PANIC IN THE STREETS	FALLEN ANGEL	CLASH BY NIGHT	

Answer on page 327

```
U  C  S  E  D  I  L  L  O  C  N  C  O  R  W
N  S  C  N  T  G  N  N  G  H  G  S  U  S  M
I  S  C  A  S  S  A  N  D  R  A  S  T  C  N
C  N  C  N  T  G  N  N  Z  D  R  N  B  S  V
O  D  C  O  N  T  A  G  I  O  N  D  R  S  N
R  R  M  N  S  T  R  S  G  C  D  R  E  N  A
N  G  P  L  A  G  U  E  S  S  V  V  A  D  M
C  N  T  G  N  S  T  N  D  S  I  C  K  R  O
N  G  B  M  N  S  Q  R  S  N  R  S  C  W  W
I  R  W  A  R  N  I  N  G  D  U  S  A  R  D
G  S  T  R  N  S  T  N  D  R  S  N  L  N  R
H  M  N  S  T  R  S  C  R  N  Y  D  O  G  A
T  T  M  O  N  S  T  E  R  S  D  R  N  S  W
C  N  T  G  N  M  N  S  T  R  S  S  E  T  R
D  N  A  T  S  R  N  I  A  R  T  S  W  R  W
```

THE LAST <u>UNICORN</u>

LAST <u>NIGHT</u>

THE LAST <u>WAR</u>

LAST <u>WOMAN</u> ON EARTH

WHEN WORLDS <u>COLLIDE</u>

THE ANDROMEDA <u>STRAIN</u>

THE <u>CASSANDRA</u> CROSSING

CONTAGION

OUTBREAK

PLAGUE

THE <u>STAND</u>

<u>VIRUS</u>

<u>WARNING</u> SIGN

ALONE

LOVE AND <u>MONSTERS</u>

Answer on page 327

```
M  I  C  K  E  Y  V  E  C  V  Y  F  O  O  G
H  N  G  R  S  N  L  L  S  L  H  N  G  R  N
D  O  N  A  L  D  T  M  P  T  Y  N  N  U  B
D  V  H  N  G  R  R  E  R  R  H  N  G  R  R
Z  L  C  A  R  E  N  R  D  N  T  R  F  F  D
R  T  H  N  G  R  N  D  E  G  O  O  R  C  S
E  R  R  E  P  S  A  C  T  R  F  F  V  C  D
G  N  T  R  F  F  C  D  C  K  T  L  L  M  T
N  B  N  N  Y  V  O  L  T  R  O  N  T  O  E
U  D  N  L  D  H  N  G  R  D  Z  D  R  D  R
H  M  D  U  C  K  T  A  L  E  S  C  N  E  R
T  R  F  F  C  B  N  H  N  G  R  K  D  R  I
S  C  H  O  O  L  H  O  U  S  E  T  C  N  F
H  N  G  R  T  R  F  F  C  S  H  L  K  L  I
A  D  V  E  N  T  U  R  E  S  S  S  T  S  C
```

MICKEY MOUSE

GOOFY

DONALD DUCK

BUGS BUNNY

ELMER FUDD

UNCLE SCROOGE

AQUA TEEN HUNGER FORCE

TOM TERRIFIC

CASPER THE FRIENDLY GHOST

VOLTRON: DEFENDER OF THE UNIVERSE

CARE BEARS

DUCKTALES

TINY TOON ADVENTURES

ROCKO'S MODERN LIFE

SCHOOLHOUSE ROCK

Answer on page 327

```
M  N  S  T  L  Y  A  D  I  L  O  H  L  L  N
I  T  S  T  L  L  N  G  H  T  R  N  G  D  Z
R  C  N  U  T  C  R  A  C  K  E  R  H  L  Y
A  R  G  H  T  R  N  G  M  R  S  T  L  L  N
C  K  R  L  E  M  O  N  R  B  D  E  X  I  M
L  R  S  T  L  L  N  M  R  C  L  H  L  N  D
E  G  S  T  A  L  L  I  O  N  D  N  O  T  R
J  N  G  H  T  R  S  T  L  L  N  T  F  C  H
E  T  G  A  T  H  E  R  I  N  G  C  F  R  O
L  C  G  H  T  R  N  G  J  N  G  R  I  K  L
G  R  T  O  Y  L  A  N  D  J  N  K  C  R  L
N  K  S  T  L  L  N  J  N  G  L  R  E  S  Y
I  R  C  O  M  I  N  G  J  N  S  T  L  L  N
J  R  S  T  L  L  N  O  J  U  G  G  L  E  R
S  G  I  F  T  N  R  E  D  N  U  D  Z  S  R
```

THE MIRACLE OF THE BELLS

THE HOLLY AND THE IVY

THE CHRISTMAS STALLION

BABES IN TOYLAND

JINGLE ALL THE WAY

MIRACLE DOWN UNDER

THE LEMON DROP KID

GUESS WHO'S COMING FOR CHRISTMAS?

HOLIDAY AFFAIR

THE GIFT OF LOVE: A CHRISTMAS STORY

OFFICE CHRISTMAS PARTY

THE JUGGLER OF NOTRE DAME

THE NUTCRACKER

MIXED NUTS

THE GATHERING

Answer on page 327

```
C  O  M  E  C  G  C  H  I  M  E  S  S  S  C
I  N  G  L  O  U  R  I  O  U  S  D  T  T  O
G  L  L  P  L  P  T  T  N  L  C  K  R  R  U
A  P  O  C  A  L  Y  P  S  E  R  G  N  A  R
L  O  C  K  E  R  G  L  L  P  L  N  G  N  A
G  L  L  P  L  N  O  O  T  A  L  P  L  G  G
P  T  T  N  I  N  G  G  L  L  P  L  V  E  E
N  J  T  O  M  O  R  R  O  W  T  C  N  L  S
O  G  L  L  P  L  P  T  T  N  T  L  S  O  T
T  S  O  V  E  R  L  O  R  D  N  N  T  V  R
T  P  T  T  N  C  R  G  J  C  K  L  R  E  N
A  D  G  A  L  L  I  P  O  L  I  S  N  R  G
P  Z  J  C  K  G  L  L  P  L  D  N  G  D  L
T  N  C  O  L  O  N  E  L  J  C  K  L  Z  V
D  O  Z  E  N  D  J  A  C  K  E  T  V  N  M
```

INGLOURIOUS BASTERDS

DR. STRANGELOVE

APOCALYPSE NOW

PLATOON

PATTON

THE DIRTY DOZEN

FULL METAL JACKET

EDGE OF TOMORROW

COURAGE UNDER FIRE

OVERLORD

GALLIPOLI

THE LIFE AND DEATH OF COLONEL BLIMP

COME AND SEE

THE HURT LOCKER

THE CHIMES AT MIDNIGHT

Answer on page 327

D	S	H	A	L	L	O	W	S	Z	N	D	A	O	R
R	O	B	I	N	S	O	N	S	H	C	K	L	T	N
S	H	C	K	L	T	N	S	M	U	T	C	N	A	S
K	A	L	A	H	A	R	I	S	N	C	T	M	D	Z
S	N	C	T	M	W	L	K	N	E	V	E	S	R	S
T	R	M	R	S	V	L	S	H	C	K	L	T	N	E
S	H	A	C	K	L	E	T	O	N	R	V	V	W	C
S	H	C	K	L	T	N	R	B	S	B	H	O	L	R
S	O	U	T	H	E	R	N	S	D	N	L	I	K	E
J	S	N	C	T	M	W	L	K	R	S	L	D	R	T
T	R	E	M	O	R	S	S	H	C	K	L	T	N	D
S	N	C	T	M	D	Z	V	A	L	H	A	L	L	A
V	E	R	T	I	C	A	L	S	N	C	T	M	S	R
V	S	H	C	K	L	T	N	R	S	N	C	T	M	D
C	R	U	S	O	E	W	L	K	R	E	K	L	A	W

THE ROAD

ROBINSON CRUSOE

SANCTUM

SANDS OF THE KALAHARI

THE SECRET LAND

SEVEN WAVES AWAY

SHACKLETON

THE SHALLOWS

THE SNOW WALKER

SOUTHERN COMFORT

SWISS FAMILY ROBINSON

TOUCHING THE VOID

TREMORS

VALHALLA RISING

VERTICAL LIMIT

Answer on page 327

S	G	I	R	L	F	I	G	H	T	M	Y	S	T	R
V	S	B	S	C	T	M	Y	S	T	R	Y	S	D	R
I	D	N	O	S	Y	T	R	E	R	O	M	L	I	G
C	M	Y	S	T	R	Y	F	D	Z	S	B	S	C	T
T	R	H	E	A	V	E	N	C	R	V	B	C	D	O
O	S	B	S	C	T	C	R	T	R	C	A	V	C	I
R	S	M	Y	S	T	E	R	Y	D	T	S	C	R	D
Y	N	C	R	D	S	B	S	C	T	R	K	T	D	A
P	N	R	C	R	E	E	D	S	G	Y	E	R	D	R
S	E	A	B	I	S	C	U	I	T	S	T	Y	S	V
S	B	S	C	T	M	Y	S	T	R	Y	B	S	U	C
P	E	R	S	O	N	A	L	T	Y	P	A	G	G	T
C	S	B	S	C	T	T	Y	S	N	C	L	R	A	R
R	T	S	E	N	N	A	T	Y	S	N	L	S	R	Y
R	E	T	R	A	C	M	C	U	P	S	D	G	R	T

GIRLFIGHT	RADIO	COACH CARTER	PERSONAL BEST
HAPPY GILMORE	HEAVEN CAN WAIT	TIN CUP	SENNA
VICTORY	MYSTERY, ALASKA	SEABISCUIT	CREED
TYSON	LOVE & BASKETBALL	SUGAR	

Answer on page 328

P	R	J	C	T	B	D	D	Y	G	N	I	V	I	L
B	E	E	T	H	O	V	E	N	B	D	D	Y	F	D
P	N	D	L	R	P	R	J	C	T	S	H	L	L	L
B	D	O	L	I	T	T	L	E	S	L	S	F	P	A
P	R	J	C	T	G	L	D	F	N	F	H	L	P	E
P	R	O	J	E	C	T	C	L	S	L	I	P	R	S
P	R	J	P	R	J	C	T	P	P	P	L	P	S	T
A	B	B	U	D	D	Y	R	P	A	P	O	R	F	F
D	B	T	H	V	N	Q	S	R	C	R	H	R	N	L
N	T	L	A	R	G	E	R	S	E	F	N	G	G	P
A	P	R	J	C	T	R	D	H	B	D	D	Y	G	P
P	B	D	D	Y	R	D	Z	P	A	U	L	I	E	R
Z	F	L	I	P	P	E	R	P	R	J	C	T	R	D
P	R	J	C	T	B	T	H	V	N	N	G	N	A	F
G	O	L	D	E	N	J	A	W	A	Y	B	D	D	Y

BEETHOVEN

LIVING FREE

SAMMY THE WAY OUT SEAL

DR. DOLITTLE

SHILOH

AIR BUD: GOLDEN RECEIVER

WHITE FANG

PAULIE

PROJECT X

THE AMAZING PANDA ADVENTURE

BUDDY

THE CAT FROM OUTER SPACE

FLY AWAY HOME

LARGER THAN LIFE

FLIPPER

Answer on page 328

```
H  K  H  O  L  D  E  N  L  C  O  O  P  E  R
D  H  L  D  N  C  R  W  F  R  D  C  R  W  R
F  E  R  R  E  R  M  R  C  T  R  A  G  O  B
C  R  W  F  R  D  M  R  C  H  S  H  L  D  N
C  R  A  W  F  O  R  D  C  R  W  F  R  D  K
H  L  D  N  M  R  C  H  R  E  I  V  I  L  O
C  D  M  A  R  C  H  M  R  C  H  H  L  D  N
O  C  R  W  F  R  D  M  L  L  L  U  K  A  S
L  R  M  I  L  L  A  N  D  C  R  S  B  Y  D
M  H  L  D  N  M  R  C  H  Y  B  S  O  R  C
A  C  C  A  G  N  E  Y  S  T  W  H  L  D  N
N  C  R  W  F  R  D  M  R  C  H  S  T  W  R
D  S  T  E  W  A  R  T  C  R  W  F  R  D  D
H  L  D  N  M  R  C  H  Z  D  O  N  A  T  S
C  O  O  P  E  R  M  R  C  H  D  H  L  D  N
```

WILLIAM HOLDEN	BRODERICK CRAWFORD	FREDRIC MARCH	JAMES CAGNEY
GARY COOPER		RAY MILLAND	GARY COOPER
HUMPHREY BOGART	LAURENCE OLIVIER	BING CROSBY	JAMES STEWART
JOSE FERRER	RONALD COLMAN	PAUL LUKAS	ROBERT DONAT

Answer on page 328

```
D  C  I  N  E  S  R  A  B  B  R  A  I  N  S
B  D  Z  Z  L  D  D  B  T  F  R  B  R  N  S
D  O  U  B  T  F  I  R  E  D  Y  N  M  D  T
D  Z  B  D  Z  Z  L  D  S  Y  G  C  D  Y  R
D  E  L  Z  Z  A  D  E  B  N  B  L  Y  N  E
E  D  B  T  F  R  R  Z  N  M  R  U  N  A  L
S  Z  A  R  I  Z  O  N  A  T  T  E  M  M  P
E  B  D  Z  Z  L  D  C  M  D  H  L  T  I  U
R  J  C  O  M  E  D  Y  D  S  R  E  G  T  O
T  D  D  B  T  F  R  B  R  T  S  S  P  E  C
B  R  D  W  B  R  O  T  H  E  R  S  R  D  S
L  O  O  P  B  D  Z  Z  L  D  P  R  D  C  R
P  R  D  C  R  S  B  R  O  A  D  W  A  Y  S
P  O  W  E  R  S  B  D  Z  Z  L  D  D  Z  D
D  B  T  F  R  Z  P  R  O  D  U  C  E  R  S
```

CLUELESS	BEDAZZLED	IN THE LOOP	BROADWAY DANNY ROSE
ARSENIC AND OLD LACE	THE ODD COUPLE	THE KING OF COMEDY	BLUES BROTHERS
MRS. DOUBTFIRE	SONS OF THE DESERT	AUSTIN POWERS	NAPOLEON DYNAMITE
THE MAN WITH TWO BRAINS	RAISING ARIZONA	THE PRODUCERS	

Answer on page 328

```
M  T  T  H  U  N  D  E  R  C  A  T  S  D  Z
A  H  H  C  K  L  B  R  R  Y  D  R  G  N  S
G  N  H  U  C  K  L  E  B  E  R  R  Y  B  P
O  D  R  G  N  S  G  R  G  Y  L  S  B  B  P
O  R  P  O  B  E  B  D  Z  D  L  O  N  R  A
H  C  K  L  B  R  R  Y  D  R  G  N  S  N  D
M  O  U  S  E  S  G  A  R  G  O  Y  L  E  S
D  R  G  N  S  G  R  G  Y  L  S  D  N  L  H
C  A  T  D  R  E  C  E  S  S  R  H  T  R  R
H  C  K  L  B  R  R  Y  R  N  L  D  R  H  U
D  R  A  G  O  N  S  G  R  G  Q  L  S  C  H
D  R  G  N  S  N  D  S  B  R  A  V  O  D  T
N  D  R  O  B  O  T  D  R  G  N  S  N  S  R
H  C  K  L  B  R  R  Y  G  R  G  Y  L  S  A
G  A  R  F  I  E  L  D  N  Y  K  N  I  P  L
```

MR. <u>MAGOO</u>

THUNDERCATS

<u>HUCKLEBERRY</u> HOUND

ARNOLD

ARTHUR

COWBOY <u>BEBOP</u>

DANGER <u>MOUSE</u>

GARGOYLES

TOP <u>CAT</u>

RECESS

<u>PINKY</u> AND THE BRAIN

<u>GARFIELD</u> AND FRIENDS

DUNGEONS AND <u>DRAGONS</u>

<u>ROBOT</u> CHICKEN

JOHNNY <u>BRAVO</u>

Answer on page 328

S	M	A	R	T	E	S	T	S	M	R	T	K	S	S
I	N	V	I	S	I	B	L	E	S	L	N	I	N	U
C	N	N	G	H	M	S	T	R	C	H	T	L	S	N
S	I	L	E	N	C	E	S	P	L	L	B	L	H	S
S	T	R	C	H	T	S	H	E	R	E	B	I	N	H
B	Y	E	N	O	H	N	S	T	L	G	S	N	Z	I
S	B	N	C	N	N	G	H	M	F	R	N	G	C	N
N	O	S	T	A	L	G	I	A	F	R	N	C	H	E
S	M	R	T	S	P	E	L	L	B	O	U	N	D	D
C	U	N	N	I	N	G	H	A	M	S	N	S	S	N
S	T	R	C	H	T	C	N	N	G	H	M	T	N	I
F	R	E	N	C	H	S	T	R	C	H	T	R	S	A
S	T	R	T	C	L	A	U	G	H	I	N	G	H	R
H	C	T	I	R	T	S	F	R	N	C	H	D	N	T
C	N	N	G	H	M	M	N	D	D	N	U	O	S	S

THE INVISIBLE WAR

SOUND CITY

ELAINE STRITCH: SHOOT ME

MY JOURNEY THROUGH FRENCH CINEMA

LAST TRAIN HOME

THE ACT OF KILLING

THE LOOK OF SILENCE

MORE THAN HONEY

NOSTALGIA FOR THE LIGHT

EVERYDAY SUNSHINE: THE STORY OF FISHBONE

BILL CUNNINGHAM

WE WERE HERE

SPELLBOUND

ENRON: THE SMARTEST GUYS IN THE ROOM

SHOLEM ALEICHEM: LAUGHING IN THE DARKNESS

Answer on page 328

B	E	C	N	E	F	P	R	S	N	L	N	M	W	N
M	P	R	S	N	L	C	F	L	L	F	N	C	D	E
O	F	P	O	S	T	C	A	R	D	S	F	N	C	M
O	C	H	L	L	G	D	B	P	R	S	N	L	S	O
N	D	A	D	A	R	P	Y	L	L	I	H	C	R	W
P	R	S	N	L	C	H	L	L	V	L	V	R	D	Z
P	R	I	N	C	E	B	B	O	Y	S	V	L	V	R
V	L	V	R	P	R	Y	S	L	P	R	S	N	L	D
V	O	L	V	E	R	C	H	L	L	A	D	I	R	F
N	P	R	S	N	L	V	L	V	R	G	D	B	Y	V
G	O	O	D	B	Y	E	D	Z	S	Y	L	L	A	S
V	L	V	R	B	R	D	H	P	R	S	N	L	W	R
B	R	I	D	E	B	R	H	O	W	A	R	D	S	D
P	R	S	N	L	C	H	L	L	B	R	D	P	R	D
P	E	R	S	O	N	A	L	C	H	L	L	R	T	P

UP CLOSE & PERSONAL

HOWARDS END

WHEN HARRY MET SALLY

THE GOODBYE GIRL

RABBIT-PROOF FENCE

A WALK ON THE MOON

WOMEN IN LOVE

POSTCARDS FROM THE EDGE

THE BIG CHILL

THE DEVIL WEARS PRADA

THE PRINCE OF TIDES

BOYS ON THE SIDE

FRIDA

FATHER OF THE BRIDE

VOLVER

Answer on page 329

```
B  W  W  E  D  D  I  N  G  W  D  D  N  G  N
E  D  N  C  N  G  B  R  D  S  M  D  S  S  O
C  C  B  R  I  D  E  S  M  A  I  D  S  C  T
K  H  R  B  A  Y  O  U  D  N  C  N  G  H  E
H  C  D  A  N  C  I  N  G  S  M  L  R  C  B
A  L  D  N  C  N  G  B  R  D  S  M  D  S  O
M  T  J  U  L  I  E  T  H  C  H  E  Z  C  O
D  N  C  N  G  B  R  D  S  M  D  S  N  H  K
C  H  O  C  O  L  A  T  E  N  T  B  K  Z  D
B  R  D  S  M  D  S  W  T  H  T  R  A  E  H
W  U  T  H  E  R  I  N  G  C  M  L  L  S  D
D  V  N  C  N  G  D  P  L  Y  E  L  I  M  S
D  E  E  P  L  Y  D  N  C  N  G  D  P  L  Y
B  R  D  S  M  D  S  V  E  L  L  I  M  A  C
V  I  R  G  I  N  C  M  L  D  N  C  N  G  S
```

EVE'S BAYOU

ROMEO AND JULIET

THE LAST DAYS OF CHEZ NOUS

THE HEART OF ME

DIRTY DANCING

THE NOTEBOOK

BRIDESMAIDS

MY BEST FRIEND'S WEDDING

BEND IT LIKE BECKHAM

WUTHERING HEIGHTS

LIKE WATER FOR CHOCOLATE

MONA LISA SMILE

DEEPLY

CAMILLE

THE VIRGIN SUICIDES

Answer on page 329

```
C  L  O  U  D  S  C  H  C  L  T  R  N  W  Y
C  H  C  L  T  C  L  M  O  N  S  O  O  N  F
T  S  U  J  F  L  T  S  C  H  C  L  T  T  L
T  R  T  H  D  R  M  R  C  L  D  S  D  Z  T
E  X  H  A  L  E  D  A  L  I  C  E  J  D  S
C  H  C  L  T  D  R  M  R  C  L  D  S  N  X
J  R  U  N  A  W  A  Y  S  A  N  G  E  L  S
M  T  R  T  H  T  R  F  C  H  C  L  T  D  T
O  D  R  M  R  R  A  F  F  A  I  R  R  R  A
O  C  H  C  L  T  D  S  T  R  T  H  T  M  O
N  L  C  H  O  C  O  L  A  T  D  Z  H  R  L
T  R  T  H  C  L  D  S  C  H  C  L  T  S  F
D  R  E  A  M  E  R  R  S  T  I  M  E  P  H
C  H  C  L  T  T  R  T  H  D  R  M  R  T  L
D  H  T  U  R  T  N  G  G  I  V  E  T  H  T
```

CITY OF <u>ANGELS</u>

<u>RUNAWAY</u> BRIDE

<u>ALICE</u> DOESN'T LIVE HERE ANYMORE

WAITING TO <u>EXHALE</u>

HE'S <u>JUST</u> NOT THAT INTO YOU

<u>MONSOON</u> WEDDING

A WALK IN THE <u>CLOUDS</u>

LOVE <u>AFFAIR</u>

CHOCOLAT

BITTER <u>MOON</u>

HOPE <u>FLOATS</u>

<u>TIME</u> OF HER LIFE

AMERICAN <u>DREAMER</u>

SOMETHING'S GOTTA <u>GIVE</u>

THE TRUTH ABOUT CATS & DOGS

Answer on page 329

A	P	P	A	L	O	O	S	A	P	L	L	E	S	H
H	S	T	L	S	V	L	L	Y	B	L	T	L	H	I
B	L	A	C	K	T	H	O	R	N	M	T	T	N	L
D	Z	H	S	T	L	S	Q	R	Z	N	L	T	G	L
H	O	S	T	I	L	E	S	N	D	Q	R	I	S	D
H	S	T	L	S	V	L	L	Y	V	A	L	L	E	Y
Q	T	O	M	B	S	T	O	N	E	V	L	L	Y	S
K	V	L	L	Y	W	L	V	S	H	S	T	L	S	D
R	Q	S	H	A	N	G	H	A	I	L	V	S	Z	S
A	H	S	T	L	S	W	L	V	S	E	G	N	A	R
D	R	H	O	M	E	S	M	A	N	B	L	C	K	S
J	A	S	S	A	S	S	I	N	A	T	I	O	N	S
H	A	T	E	F	U	L	W	L	S	E	V	L	O	W
H	S	T	L	S	V	L	L	Y	D	R	K	R	N	G
P	R	O	P	O	S	I	T	I	O	N	W	L	V	S

THE PROPOSITION

DANCES WITH WOLVES

THE HATEFUL EIGHT

NEAR DARK

THE HOMESMAN

OPEN RANGE

SHANGHAI NOON

APPALOOSA

THE ASSASSINATION OF JESSE JAMES BY THE COWARD ROBERT FORD

RED HILL

THE BALLAD OF LITTLE JO

HOSTILES

IN A VALLEY OF VIOLENCE

TOMBSTONE

BLACKTHORN

Answer on page 329

S	G	C	A	N	Y	O	N	F	T	R	E	T	F	A
H	T	S	H	D	S	V	L	N	T	N	S	D	G	B
A	S	V	L	N	T	N	Y	B	S	T	A	G	T	L
D	B	S	H	D	S	B	L	N	D	S	T	L	S	N
E	Y	S	T	E	L	L	A	L	N	A	E	M	B	S
S	V	L	N	T	N	B	L	N	D	C	T	T	Y	Y
S	H	D	S	B	L	N	D	T	W	L	G	O	T	A
V	A	L	E	N	T	I	N	E	P	R	T	F	W	W
S	H	D	S	B	L	N	D	P	R	S	S	F	L	L
B	G	T	W	I	L	I	G	H	T	Z	B	I	G	A
L	T	V	L	N	T	N	B	L	N	D	Y	C	H	N
O	S	P	R	O	P	O	S	A	L	R	D	E	T	M
N	B	S	H	D	S	B	L	N	D	N	J	R	W	R
D	Y	T	W	L	T	C	I	T	Y	V	L	N	T	N
E	T	A	M	M	E	T	W	L	R	I	A	F	F	A

FIFTY <u>SHADES</u> OF GREY

LAUREL <u>CANYON</u>

THE GREAT <u>GATSBY</u>

ALWAYS

EVER <u>AFTER</u>

HOW <u>STELLA</u> GOT HER GROOVE BACK

SHIRLEY <u>VALENTINE</u>

AN <u>AFFAIR</u> TO REMEMBER

EMMA

TWILIGHT

THE <u>PROPOSAL</u>

LEGALLY <u>BLONDE</u>

<u>MEAN</u> GIRLS

AN <u>OFFICER</u> AND A GENTLEMAN

SEX AND THE <u>CITY</u>

Answer on page 329

```
M  S  D  O  O  H  Z  R  O  R  R  O  Z  D  Z
U  C  S  W  S  H  B  C  K  L  R  P  R  T  B
S  R  M  A  R  K  K  P  I  R  A  T  E  B  L
K  L  M  S  K  T  R  S  S  C  R  L  T  D  Z
E  T  S  C  A  R  L  E  T  D  D  O  O  L  B
T  S  D  S  W  S  H  B  C  K  L  R  Z  N  D
E  W  C  A  B  A  L  L  E  R  O  Z  N  D  R
E  S  M  S  K  T  R  S  S  C  R  L  T  R  S
R  H  M  A  S  K  P  R  T  A  D  N  E  Z  D
S  B  S  W  S  H  B  C  K  L  R  J  D  N  E
S  H  A  W  K  D  S  W  A  N  S  W  N  D  T
W  M  S  K  T  R  S  S  C  R  L  T  S  C  N
S  W  A  S  H  B  U  C  K  L  E  R  L  R  O
S  W  S  H  B  C  K  L  R  S  C  R  L  T  M
A  D  V  E  N  T  U  R  E  S  S  C  R  L  T
```

THE MARK OF ZORRO

THE THREE MUSKETEERS

ROBIN HOOD

DON Q, SON OF ZORRO

THE BLACK PIRATE

THE COUNT OF MONTE CRISTO

THE SCARLET PIMPERNEL

CAPTAIN BLOOD

THE BOLD CABALLERO

THE PRISONER OF ZENDA

THE ADVENTURES OF ROBIN HOOD

THE MAN IN THE IRON MASK

THE SEA HAWK

THE BLACK SWAN

SWASHBUCKLER

Answer on page 329

M	C	B	B	E	W	Z	S	I	R	R	O	M	C	C
O	R	W	L	L	M	S	P	R	T	M	N	Z	R	A
R	P	F	R	I	E	D	H	O	F	E	R	D	P	R
O	N	W	L	L	M	S	M	R	S	S	D	J	N	P
S	T	A	R	N	O	L	D	L	C	C	W	G	T	E
S	R	P	R	T	M	N	F	R	P	R	I	O	R	N
J	S	M	R	S	S	F	R	D	L	P	L	O	G	T
C	O	P	L	A	N	D	C	P	D	N	L	D	R	E
W	L	L	M	S	P	R	T	M	N	T	I	W	C	R
C	O	R	I	G	L	I	A	N	O	R	A	I	R	D
P	R	T	M	N	M	R	S	S	H	R	M	N	P	N
P	R	T	F	D	E	R	I	H	S	F	S	T	N	E
C	O	L	E	P	R	T	M	N	M	R	S	S	T	E
W	L	L	M	S	C	L	F	E	N	T	O	N	R	R
P	O	R	T	M	A	N	W	L	L	M	S	H	J	G

JEROME MOROSS

ROY WEBB

JOHN CARPENTER

HUGO FRIEDHOFER

JOHNNY GREEN

MALCOLM ARNOLD

AARON COPLAND

RACHEL PORTMAN

RON GOODWIN

JOHN WILLIAMS

JOHN MORRIS

GEORGE FENTON

JOHN CORIGLIANO

DAVID SHIRE

NAT KING COLE

Answer on page 330

```
S  P  A  N  I  S  H  C  S  K  E  L  I  X  E
C  R  M  S  N  C  Y  R  N  G  L  D  N  X  L
A  D  V  E  N  T  U  R  E  S  P  S  D  S  E
C  Y  R  N  P  R  N  C  R  M  S  N  I  C  T
C  R  P  R  I  N  C  E  P  R  T  T  E  R  A
Y  C  R  M  S  N  C  Y  R  N  M  S  S  M  R
R  P  M  U  S  K  E  T  E  E  R  G  L  C  I
A  N  G  L  D  N  C  R  M  S  N  D  N  H  P
N  T  S  C  A  R  A  M  O  U  C  H  E  D  D
O  C  Y  R  N  G  L  D  N  Q  C  R  M  S  N
J  M  A  R  I  A  N  S  I  R  O  N  P  N  T
C  R  M  S  N  C  Y  R  N  G  L  D  N  R  N
G  O  L  D  E  N  G  L  D  N  T  N  I  O  P
C  Y  R  N  G  L  D  N  R  C  R  M  S  N  J
C  R  I  M  S  O  N  S  T  S  N  I  A  G  A
```

THE <u>SPANISH</u> MAIN	<u>CYRANO</u> DE BERGERAC	<u>AGAINST</u> ALL FLAGS	AT SWORD'S <u>POINT</u>
THE <u>EXILE</u>		SCARAMOUCHE	ROBIN AND <u>MARIAN</u>
THE <u>PIRATE</u>	THE <u>PRINCE</u> WHO WAS A THIEF	THE <u>CRIMSON</u> PIRATE	THE MAN IN THE <u>IRON</u> MASK
ADVENTURES OF DON JUAN	ANNE OF THE <u>INDIES</u>	THE <u>GOLDEN</u> BLADE	THE <u>MUSKETEER</u>

Answer on page 330

C	S	T	A	V	O	N	A	S	A	C	S	B	G	D
O	T	P	C	R	M	S	N	P	R	S	T	A	O	N
U	R	I	R	T	A	I	S	R	E	P	R	D	S	E
N	D	M	S	C	R	M	S	N	D	T	D	R	T	G
T	S	P	T	G	O	L	D	E	N	R	S	I	R	E
J	T	E	R	C	R	M	S	N	B	L	T	N	D	L
P	P	R	D	P	R	D	O	O	L	B	P	A	S	R
I	R	N	S	S	T	R	D	S	T	S	R	T	T	S
R	T	E	T	C	R	I	M	S	O	N	T	H	P	E
A	S	L	C	R	M	S	N	S	R	V	S	T	R	R
T	M	N	P	R	I	S	O	N	E	R	D	R	T	V
E	C	R	M	S	N	S	T	R	D	S	T	Q	S	A
S	S	C	U	T	T	H	R	O	A	T	R	K	R	N
M	N	R	K	S	T	A	R	D	U	S	T	D	S	T
M	O	O	N	R	A	K	E	R	S	R	V	S	T	S

THE COUNT OF MONTE CRISTO

PIRATES OF THE CARIBBEAN

CASANOVA

THE LEGEND OF ZORRO

PRINCE OF PERSIA: THE SANDS OF TIME

BADRINATH

THE SCARLET PIMPERNEL

THE GOLDEN BLADE

CAPTAIN BLOOD

THE CRIMSON PIRATE

STARDUST

THE PRISONER OF ZENDA

THE MOONRAKER

CUTTHROAT ISLAND

THE DEVIL'S SERVANTS

Answer on page 330

```
V  P  M  R  U  N  C  H  A  I  N  E  D  P  J
A  T  A  T  L  A  N  T  I  S  V  L  N  T  T
L  R  M  E  R  L  I  N  V  L  N  T  L  R  N
I  F  V  L  N  T  S  N  B  D  C  R  W  F  A
A  D  P  E  T  R  I  F  I  E  D  D  R  D  I
N  S  N  B  D  C  R  W  N  T  G  R  I  M  G
T  J  L  U  D  M  I  L  A  R  S  N  N  L  L
V  L  N  T  S  N  B  D  S  W  R  E  G  I  T
T  I  B  B  O  H  C  R  W  N  C  R  S  W  N
S  N  B  D  C  R  W  N  S  W  R  D  S  W  R
S  N  N  B  B  D  T  G  R  D  A  B  N  I  S
A  N  G  E  L  V  L  N  T  S  N  B  D  V  L
C  R  W  N  R  T  S  S  E  L  H  T  A  E  D
V  L  N  T  S  W  R  D  L  D  M  L  L  N  G
L  N  W  O  R  C  B  N  S  W  O  R  D  S  W
```

THE IRON CROWN

KASHCHEY THE DEATHLESS

THE MAGIC SWORD

PRINCE VALIANT

HERCULES UNCHAINED

JACK THE GIANT KILLER

MERLIN: THE MAGIC BEGINS

TREASURE OF THE PETRIFIED FOREST

RUSLAN AND LUDMILA

THE GOLDEN VOYAGE OF SINBAD

SINBAD AND THE EYE OF THE TIGER

THE HOBBIT

THE LORD OF THE RINGS

WARLORDS OF ATLANTIS

BLACK ANGEL

Answer on page 330

```
S  L  A  Y  E  R  D  R  E  T  U  R  N  S  D
S  W  R  D  S  W  O  R  D  S  W  R  D  C  L
B  S  L  A  T  E  M  B  S  T  H  S  A  L  C
R  S  W  R  D  C  L  S  H  D  R  G  N  S  L
E  J  D  R  A  G  O  N  S  L  A  Y  E  R  T
H  C  L  S  H  D  R  G  N  S  L  S  W  R  D
C  R  B  E  A  S  T  M  A  S  T  E  R  J  D
R  D  R  G  N  S  C  N  Q  S  T  C  L  S  H
A  S  W  R  D  C  R  R  E  R  E  C  R  O  S
T  C  O  N  Q  U  E  S  T  C  L  S  H  T  H
H  T  H  R  O  N  E  S  W  R  D  B  S  T  M
D  E  A  T  H  S  T  A  L  K  E  R  S  T  M
S  O  R  C  E  R  E  S  S  C  L  S  H  D  R
S  W  R  D  C  L  S  H  M  H  E  A  R  T  S
E  X  C  A  L  I  B  U  R  S  W  R  D  L  R
```

HAWK THE <u>SLAYER</u>

THE <u>RETURN</u> OF THE KING

<u>CLASH</u> OF THE TITANS

DRAGONSLAYER

EXCALIBUR

HEAVY <u>METAL</u>

THE <u>ARCHER</u>

THE <u>BEASTMASTER</u>

THE SWORD AND THE <u>SORCERER</u>

SORCERESS

CONQUEST

DEATHSTALKER

<u>HEARTS</u> AND ARMOUR

THE <u>SWORD</u> OF THE BARBARIANS

THE <u>THRONE</u> OF FIRE

```
N  W  S  O  R  C  E  R  E  S  S  R  D  W  T
E  Z  D  R  K  N  S  S  M  S  T  R  S  Z  N
V  R  B  A  R  B  A  R  I  A  N  R  D  R  A
E  D  D  R  K  N  S  S  M  S  T  R  S  D  I
R  S  A  J  N  O  S  R  D  R  O  W  S  S  L
E  D  R  K  N  S  S  M  S  T  R  S  D  N  A
N  R  W  I  Z  A  R  D  S  D  G  R  N  T  V
D  N  R  H  L  E  G  E  N  D  L  G  N  D  S
I  K  D  E  A  T  H  S  T  A  L  K  E  R  R
N  D  R  K  N  S  S  M  S  T  R  S  S  R  W
G  S  Q  U  E  S  T  K  N  W  O  L  L  I  W
M  S  T  R  S  K  N  G  K  N  I  G  H  T  S
D  A  R  K  N  E  S  S  D  R  K  N  S  S  J
D  R  K  N  S  S  M  S  T  R  S  K  N  G  H
A  M  A  Z  O  N  S  J  M  A  S  T  E  R  S
```

THE NEVERENDING STORY

SWORD OF THE VALIANT

THE WARRIOR AND THE SORCERESS

BARBARIAN QUEEN

LEGEND

THE DEVIL'S SWORD

RED SONJA

WIZARDS OF THE LOST KINGDOM

AMAZONS

DEATHSTALKER II

MASTERS OF THE UNIVERSE

WILLOW

QUEST FOR THE MIGHTY SWORD

ARMY OF DARKNESS

QUEST OF THE DELTA KNIGHTS

Answer on page 330

```
T  Y  T  I  T  N  E  B  J  D  K  C  A  L  B
S  F  R  G  H  T  N  R  S  S  H  D  W  R  C
E  R  H  O  R  R  O  R  S  H  D  W  J  D  L
O  S  H  D  W  R  S  R  E  T  S  I  S  C  E
H  F  F  R  G  H  T  N  R  S  R  G  H  N  G
C  R  F  R  I  G  H  T  E  N  E  R  S  J  E
E  F  R  G  H  T  N  R  S  S  H  D  H  R  N
C  N  H  A  U  N  T  E  D  C  N  D  A  N  D
F  R  G  H  T  N  R  S  G  H  S  T  D  G  H
C  O  N  J  U  R  I  N  G  G  H  S  O  H  G
I  N  N  K  E  E  P  E  R  S  H  N  W  S  S
F  R  G  H  T  N  R  S  G  H  S  T  S  T  T
G  H  S  T  C  N  J  N  A  M  Y  D  N  A  C
E  N  C  O  U  N  T  E  R  S  G  H  S  T  D
G  H  O  S  T  C  N  S  E  S  S  I  O  N  R
```

THE WOMAN IN BLACK

THE ENTITY

STIR OF ECHOES

THE AMITYVILLE HORROR

THE LEGEND OF HELL HOUSE

SESSION 9

A TALE OF TWO SISTERS

THE GHOST AND MRS. MUIR

THE FRIGHTENERS

CANDYMAN

HOUSE ON HAUNTED HILL

THE INNKEEPERS

UNDER THE SHADOW

THE CONJURING

GRAVE ENCOUNTERS

Answer on page 331

```
S  L  A  N  A  C  S  X  T  H  B  C  K  S  N
D  S  X  T  H  R  T  S  O  H  G  S  T  R  B
C  S  H  P  P  R  U  N  I  N  V  I  T  E  D
R  H  B  E  Y  O  N  D  C  R  M  S  N  H  K
I  S  X  T  H  S  H  P  P  R  P  H  N  T  B
M  R  O  R  P  H  A  N  A  G  E  N  C  O  N
S  S  H  P  P  R  B  D  S  X  T  H  C  K  H
O  P  B  A  C  K  B  O  N  E  H  S  T  Q  O
N  S  X  T  H  S  H  P  P  R  C  H  N  G  S
J  C  C  H  A  N  G  E  L  I  N  G  D  Z  T
S  H  P  P  R  C  R  M  S  N  Q  S  X  T  H
B  A  B  A  D  O  O  K  S  R  N  U  A  H  S
D  C  S  S  H  P  P  R  S  X  T  H  S  H  N
S  X  T  H  P  R  C  A  B  I  N  S  X  T  H
S  H  O  P  P  E  R  C  B  N  H  T  X  I  S
```

THE CANAL

CRIMSON PEAK

THE UNINVITED

THE OTHERS

A GHOST STORY

THE BEYOND

PERSONAL SHOPPER

THE ORPHANAGE

THE SIXTH SENSE

THE DEVIL'S BACKBONE

THE CHANGELING

HOST

SHAUN OF THE DEAD

THE BABADOOK

THE CABIN IN THE WOODS

Answer on page 331

S	N	Y	D	R	Z	W	C	K	C	I	W	Z	C	K
A	D	A	M	S	O	N	Z	W	C	K	F	R	S	T
M	N	S	N	Y	D	R	Y	O	U	N	G	W	H	D
F	F	R	M	N	V	R	Z	W	C	K	C	M	P	N
O	R	S	N	Y	D	E	R	R	N	I	M	I	A	R
R	Z	W	C	K	F	R	T	S	N	B	I	R	T	R
S	M	M	A	N	G	O	L	D	Z	W	C	K	F	G
T	N	V	S	N	Y	D	R	H	N	A	M	R	O	F
E	G	V	E	R	H	O	E	V	E	N	Z	W	C	K
R	Z	W	C	K	S	N	Y	D	R	W	K	K	W	E
D	L	L	U	H	R	M	A	N	N	H	N	A	H	S
T	R	O	U	S	D	A	L	E	T	D	G	N	D	I
S	N	Y	D	R	Z	W	C	K	R	N	R	G	N	W
C	A	M	N	S	C	A	M	P	I	O	N	N	G	R
B	I	G	E	L	O	W	N	Y	D	R	B	H	D	N

KATHRYN BIGELOW   MARC FORSTER   SAM RAIMI   PAUL VERHOEVEN

JANE CAMPION   EDWARD ZWICK   ZACK SNYDER   BAZ LUHRMANN

GARY TROUSDALE   ANDREW ADAMSON   JAMES MANGOLD   JE-KYU KANG

KIRK WISE   TERENCE YOUNG   MILOS FORMAN

Answer on page 331

```
G A M E L P R L E O P A R D D
P S C H M O C K I N G B I R D D
S T R W B R R S P S Y C H Q R
R E R I S E D B L O H C Y S P
G S T R W B R R S S N S T R G
N T S T R A W B E R R I E S H
I R S T S T R W B R R S C L S
G P S Y C H N A C I R F A W U
A S C L O C K W O R K G L R N
R P S Y C H S T R W B R R S S
G R G O L D D T T H G I N G E
S T R W B R R S P S Y C H R T
G R A D U A T E N G H T P S Y
P S Y C H D S T R W B R R S S
W A S H I N G T O N H T H O T
```

RULES OF THE <u>GAME</u>

TO KILL A <u>MOCKINGBIRD</u>

<u>RAGING</u> BULL

PSYCHO

<u>SUNSET</u> BOULEVARD

WILD <u>STRAWBERRIES</u>

MR. SMITH GOES TO <u>WASHINGTON</u>

THE <u>LEOPARD</u>

SOME LIKE IT <u>HOT</u>

THE <u>GRADUATE</u>

THE <u>AFRICAN</u> QUEEN

A <u>CLOCKWORK</u> ORANGE

A STREETCAR NAMED <u>DESIRE</u>

IT HAPPENED ONE <u>NIGHT</u>

THE <u>GOLD</u> RUSH

Answer on page 331

R	S	H	R	W	O	D	N	I	W	V	N	I	A	R
E	H	S	R	G	N	T	R	C	K	Y	S	Q	S	R
T	R	H	O	O	D	S	R	O	C	K	Y	P	H	H
U	K	F	R	S	R	G	N	T	F	R	N	S	R	A
R	R	F	R	A	N	C	I	S	C	O	W	E	K	L
N	S	R	G	N	T	R	C	K	Y	R	N	V	W	I
R	C	K	Y	W	R	N	G	S	V	N	W	E	R	L
S	E	R	G	E	A	N	T	S	P	R	R	N	N	E
R	C	K	Y	R	C	S	R	G	N	T	N	C	G	D
W	R	P	A	C	I	F	I	C	S	R	G	S	S	W
R	S	R	G	N	T	W	R	N	G	S	S	T	H	R
O	L	S	P	A	R	T	A	C	U	S	H	A	R	N
N	R	C	K	Y	W	R	N	G	S	H	R	R	K	G
G	W	R	S	R	G	N	T	S	H	R	K	N	G	S
J	D	S	O	U	T	H	P	C	R	K	E	R	H	S

RAIN MAN

REAR WINDOW

RETURN OF THE JEDI

ROBIN HOOD

ROCKY

SAMSON AND DELILAH

SAN FRANCISCO

SERGEANT YORK

SHE DONE HIM WRONG

SHREK 2

SNOW WHITE AND THE SEVEN DWARFS

SONG OF THE SOUTH

SOUTH PACIFIC

SPARTACUS

STAR WARS

Answer on page 331

H	U	N	T	E	R	W	H	S	P	R	S	Z	H	Z
T	Z	R	D	B	C	B	I	C	Y	C	L	E	Z	H
W	H	T	D	S	P	E	R	S	O	N	A	C	H	I
H	V	H	S	W	T	E	E	R	C	S	I	D	V	V
I	G	I	W	H	S	P	R	S	T	H	R	D	G	A
S	S	R	R	I	L	L	U	S	I	O	N	S	G	G
P	N	D	W	H	S	P	R	S	N	T	W	R	N	O
E	D	N	T	W	R	K	K	R	O	W	T	E	N	Z
R	W	H	S	P	R	S	S	R	C	H	R	S	G	H
S	E	A	R	C	H	E	R	S	D	C	T	T	R	V
S	R	C	H	T	N	E	C	I	F	I	N	G	A	M
S	U	N	D	A	N	C	E	W	H	S	P	R	S	S
W	H	S	P	R	S	D	M	I	D	N	I	G	H	T
A	P	A	R	T	M	E	N	T	D	S	C	R	T	T
D	I	C	T	A	T	O	R	W	H	S	P	R	S	D

THE DEER <u>HUNTER</u>

DOCTOR <u>ZHIVAGO</u>

THE <u>BICYCLE</u> THIEF

THE <u>DISCREET</u> CHARM OF THE BOURGEOISIE

CRIES AND <u>WHISPERS</u>

GRAND <u>ILLUSION</u>

THE <u>THIRD</u> MAN

THE GREAT <u>DICTATOR</u>

<u>MIDNIGHT</u> COWBOY

NETWORK

THE <u>SEARCHERS</u>

BUTCH CASSIDY AND THE <u>SUNDANCE</u> KID

THE <u>MAGNIFICENT</u> AMBERSONS

<u>PERSONA</u>

THE <u>APARTMENT</u>

Answer on page 331

T	O	N	Y	A	M	C	G	R	R	C	L	R	R	S
M	C	G	R	R	S	T	I	M	I	L	D	S	O	L
L	G	H	T	S	T	L	L	D	G	T	L	L	L	W
T	A	L	L	A	D	E	G	A	D	L	I	W	O	L
L	G	H	T	S	S	L	W	Y	E	L	G	L	C	Y
I	N	V	I	C	T	U	S	D	V	D	H	Y	S	L
M	C	G	R	L	G	H	T	S	O	G	T	D	S	R
L	O	N	G	E	S	T	S	W	L	L	S	S	D	S
L	G	H	T	S	T	L	L	D	G	L	T	R	S	L
C	I	N	D	E	R	E	L	L	A	G	L	O	L	O
T	L	L	D	G	S	L	W	L	Y	H	L	O	W	W
I	N	V	I	N	C	I	B	L	E	T	D	K	L	L
M	C	G	R	L	G	H	T	S	R	D	G	I	Y	Y
M	A	G	U	I	R	E	T	L	L	D	G	E	R	D
U	N	I	T	E	D	G	T	H	G	I	E	S	D	T

I, <u>TONYA</u>

WITHOUT <u>LIMITS</u>

<u>TALLADEGA</u> NIGHTS

THE <u>COLOR</u> OF MONEY

<u>EIGHT</u> MEN OUT

INVICTUS

FRIDAY NIGHT <u>LIGHTS</u>

THE <u>LONGEST</u> YARD

BANG THE DRUM <u>SLOWLY</u>

THE DAMNED <u>UNITED</u>

<u>CINDERELLA</u> MAN

INVINCIBLE

THE <u>ROOKIE</u>

FOR <u>LOVE</u> OF THE GAME

JERRY <u>MAGUIRE</u>

Answer on page 332

S	S	F	O	R	B	I	D	D	E	N	S	P	G	E
P	D	S	T	R	Y	R	S	P	W	N	S	C	N	A
A	R	G	N	T	L	M	E	R	I	S	E	D	T	S
W	S	C	A	M	E	L	O	T	S	P	W	N	L	T
N	R	S	C	O	R	P	I	O	N	G	G	D	M	W
D	S	T	R	Y	R	S	P	W	N	N	N	E	N	I
J	P	S	N	B	D	A	B	N	I	S	T	S	P	C
D	M	A	L	A	D	D	I	N	P	L	L	T	C	K
R	R	G	N	T	L	P	E	E	L	S	M	R	T	G
O	S	P	W	N	D	S	T	R	Y	R	N	O	R	N
W	W	M	U	S	E	U	M	G	N	T	P	Y	S	T
S	D	S	T	R	Y	R	S	P	W	N	C	E	W	L
G	R	G	E	N	T	L	E	M	E	N	T	R	R	M
D	S	T	R	Y	R	S	P	W	N	D	R	T	D	N
P	I	C	T	U	R	E	T	K	R	U	L	L	H	R

SPAWN

SWORD OF THE VALIANT

THE FORBIDDEN KINGDOM

THE WITCHES OF EASTWICK

WINGS OF DESIRE

THE SCORPION KING

THE PICTURE OF DORIAN GRAY

THE LEAGUE OF EXTRAORDINARY GENTLEMEN

CONAN THE DESTROYER

THE 7TH VOYAGE OF SINBAD

KRULL

THE SCIENCE OF SLEEP

NIGHT AT THE MUSEUM

ALADDIN

CAMELOT

Answer on page 332

D	O	O	D	L	E	B	R	D	S	R	E	D	I	R
L	Y	N	D	N	C	L	M	N	T	N	D	H	R	S
L	Y	N	D	O	N	D	S	H	A	N	E	T	D	H
C	L	M	N	T	N	T	L	Y	N	D	N	B	M	N
A	M	E	R	I	C	A	N	H	S	T	L	R	P	D
L	Y	N	D	N	C	L	M	N	T	N	D	I	T	N
R	E	D	E	M	P	T	I	O	N	B	N	D	N	A
C	L	M	N	T	N	H	L	Y	N	D	N	E	L	H
E	M	P	E	R	O	R	C	L	M	N	T	N	Y	H
L	Y	N	D	N	H	S	T	L	T	A	E	H	N	D
W	E	E	K	E	N	D	H	S	T	L	Y	N	D	N
L	Y	N	D	N	P	B	L	H	U	S	T	L	E	R
C	L	E	M	E	N	T	I	N	E	L	Y	N	D	N
C	L	M	N	T	N	G	R	N	P	B	L	C	W	K
G	R	E	E	N	W	K	N	D	C	I	L	B	U	P

YANKEE <u>DOODLE</u> DANDY

SHANE

THE <u>BRIDE</u> OF FRANKENSTEIN

IN THE <u>HEAT</u> OF THE NIGHT

EASY <u>RIDER</u>

AN <u>AMERICAN</u> IN PARIS

THE <u>PUBLIC</u> ENEMY

THE LOST <u>WEEKEND</u>

COOL <u>HAND</u> LUKE

THE SHAWSHANK <u>REDEMPTION</u>

HOW <u>GREEN</u> WAS MY VALLEY

THE <u>HUSTLER</u>

BARRY <u>LYNDON</u>

THE LAST <u>EMPEROR</u>

MY DARLING <u>CLEMENTINE</u>

Answer on page 332

T	T	W	S	T	T	N	G	T	S	I	W	T	C	T
A	W	M	Y	S	T	I	C	T	W	S	T	R	N	S
N	S	T	W	S	T	P	N	S	T	T	N	G	V	I
G	T	C	R	S	H	E	I	S	T	O	O	T	R	N
O	Y	T	W	S	T	P	N	S	T	D	R	T	S	A
J	C	O	N	V	E	R	S	A	T	I	O	N	T	I
R	R	T	W	S	T	J	C	K	T	S	C	R	N	P
E	S	A	F	T	E	R	N	O	O	N	N	H	C	R
Q	R	J	C	K	T	C	R	S	H	L	V	O	N	S
U	V	N	A	P	O	L	E	O	N	S	R	O	V	E
I	R	T	W	S	T	J	C	K	T	R	S	D	R	O
E	R	R	E	S	E	R	V	O	I	R	T	C	S	H
M	G	T	W	S	T	J	C	K	T	D	N	R	T	S
R	H	G	T	C	R	T	H	G	I	R	D	H	N	G
J	A	C	K	E	T	C	R	S	H	H	S	A	R	C

LAST TANGO IN PARIS

THE REQUIEM FOR A HEAVYWEIGHT

THE RED SHOES

THE PIANIST

OLIVER TWIST

MYSTIC RIVER

TOOTSIE

FULL METAL JACKET

CONVERSATION

DOG DAY AFTERNOON

CRASH

DO THE RIGHT THING

NAPOLEON

RESERVOIR DOGS

BOYZ N THE HOOD

Answer on page 332

D	O	Z	E	N	G	R	S	S	Y	B	A	B	S	D
G	R	S	S	B	L	Z	N	G	L	M	N	L	G	H
M	O	O	N	L	I	G	H	T	G	R	S	S	D	S
B	L	Z	N	G	F	V	R	D	L	A	M	I	N	A
N	A	S	H	V	I	L	L	E	G	N	G	S	D	N
G	R	S	S	B	L	Z	N	G	G	N	G	S	R	G
S	L	U	M	D	O	G	G	R	E	V	E	F	D	A
B	L	Z	N	G	W	L	N	K	G	G	R	S	S	N
B	L	A	Z	I	N	G	G	S	E	N	U	D	T	G
G	R	S	S	B	L	Z	N	G	W	L	K	N	R	S
W	A	L	K	I	N	G	S	G	N	Y	B	A	B	D
B	L	Z	N	G	S	L	M	D	G	S	G	R	S	S
S	U	N	S	H	I	N	E	S	L	M	D	G	D	S
B	L	Z	N	G	J	G	R	S	S	S	S	A	R	G
T	R	A	I	N	S	B	L	Z	N	G	G	R	S	S

THE DIRTY <u>DOZEN</u>

MOONLIGHT

NASHVILLE

ROSEMARY'S <u>BABY</u>

NATIONAL LAMPOON'S <u>ANIMAL</u> HOUSE

<u>GANGS</u> OF NEW YORK

<u>SLUMDOG</u> MILLIONAIRE

SATURDAY NIGHT <u>FEVER</u>

<u>BLAZING</u> SADDLES

WOMAN IN THE <u>DUNES</u>

CLOSELY WATCHED <u>TRAINS</u>

ETERNAL <u>SUNSHINE</u> OF THE SPOTLESS MIND

SPLENDOR IN THE <u>GRASS</u>

MILLION DOLLAR <u>BABY</u>

DEAD MAN <u>WALKING</u>

Answer on page 332

```
F  B  R  O  B  I  N  S  O  N  L  V  S  B  J
O  L  P  P  H  A  N  T  O  M  J  D  G  L  Z
R  L  J  U  D  G  M  E  N  T  S  N  N  L  Y
C  S  K  N  G  H  T  B  R  D  W  Y  P  S  N
E  V  A  V  E  N  G  E  R  S  J  D  G  M  N
K  N  G  H  T  B  R  D  W  Y  H  T  B  R  U
L  I  V  E  S  G  H  T  S  L  L  E  B  L  S
K  N  G  H  T  B  R  D  W  Y  Z  K  J  D  B
J  B  E  G  I  N  N  I  N  G  K  N  G  K  T
J  B  K  N  G  H  T  L  B  R  N  G  L  N  L
E  L  B  R  O  A  D  W  A  Y  G  H  L  I  S
D  L  B  R  D  W  Y  B  R  D  H  T  S  G  L
I  S  C  O  V  E  R  E  D  L  T  H  G  H  S
K  N  G  H  T  B  R  D  W  Y  J  D  R  T  G
R  I  V  E  R  D  Z  E  D  A  R  A  P  S  R
```

STAR WARS: EPISODE I – THE PHANTOM MENACE

STAR WARS: THE FORCE AWAKENS

STAR WARS: THE LAST JEDI

SUNNY SIDE UP

SWISS FAMILY ROBINSON

TERMINATOR 2: JUDGMENT DAY

THE AVENGERS

THE BELLS OF ST. MARY'S

THE BEST YEARS OF OUR LIVES

THE BIBLE: IN THE BEGINNING

THE BIG PARADE

THE BRIDGE ON THE RIVER KWAI

THE BROADWAY MELODY

THE COVERED WAGON

THE DARK KNIGHT

Answer on page 332

N	D	D	I	S	C	O	N	N	E	C	T	N	D	R
E	S	C	Y	B	R	F	L	L	Y	C	N	D	S	Y
T	C	U	N	F	R	I	E	N	D	E	D	C	C	C
W	N	S	W	R	D	F	S	H	F	L	L	N	N	I
O	N	I	N	V	E	N	T	I	O	N	J	N	N	L
R	C	C	Y	B	R	F	L	L	Y	D	Z	C	C	B
K	T	C	Y	B	E	R	B	U	L	L	Y	T	T	U
S	W	R	D	F	S	H	N	T	W	R	K	W	D	P
T	R	S	H	A	R	E	R	E	V	R	E	N	S	L
E	S	W	R	D	F	S	H	N	T	W	R	K	C	T
R	C	W	E	B	R	C	A	N	D	Y	N	M	N	R
M	T	R	C	Y	B	R	F	L	L	Y	D	A	N	U
S	J	C	A	T	F	I	S	H	D	R	C	T	C	S
C	Y	B	R	F	L	L	Y	S	W	T	N	C	T	T
S	W	O	R	D	F	I	S	H	R	D	H	H	J	N

THE SOCIAL NETWORK

TERMS AND CONDITIONS MAY APPLY

DISCONNECT

UNFRIENDED

WE LIVE IN PUBLIC

INVENTION OF TRUST

TRUST

CYBERBULLY

NERVE

LIKE, SHARE, FOLLOW

HARD CANDY

CATFISH

BAD MATCH

DEEP WEB

SWORDFISH

Answer on page 333

```
D  S  S  T  R  A  W  B  E  R  R  I  E  S  R
O  P  S  T  R  F  L  O  R  E  T  T  E  S  S
L  R  E  W  B  R  N  O  I  S  U  L  L  I  H
C  N  M  G  B  Y  C  Y  C  L  M  D  L  S  M
E  G  A  V  R  A  S  H  O  M  O  N  S  P  S
D  S  G  N  T  H  D  B  Y  C  Y  C  L  R  T
S  P  L  D  I  A  B  O  L  I  Q  U  E  N  R
A  R  W  B  Y  C  Y  C  L  S  V  N  T  G  A
M  N  A  S  V  N  H  T  N  E  V  E  S  T  D
U  G  G  S  V  N  T  H  S  T  Y  R  C  N  A
R  R  E  S  S  O  L  A  R  I  S  S  P  R  N
A  S  S  B  Y  C  Y  C  L  S  T  R  W  B  R
I  D  S  T  R  W  S  A  T  Y  R  I  C  O  N
B  Y  C  Y  C  L  S  T  R  W  S  V  N  T  H
B  I  C  Y  C  L  E  R  D  G  N  I  R  P  S
```

LA DOLCE VITA

THE SEVEN SAMURAI

WILD STRAWBERRIES

GRAND ILLUSION

THE RULES OF THE GAME

LA STRADA

RASHOMON

DIABOLIQUE

THE SEVENTH SEAL

THE WAGES OF FEAR

SOLARIS

THE BICYCLE THIEF

SATYRICON

THE VIRGIN SPRING

JEAN DE FLORETTE

Answer on page 333

```
O  R  T  E  M  W  H  S  P  R  S  N  N  T  N
C  N  F  R  M  S  T  F  R  N  T  I  G  I  O
C  O  N  F  O  R  M  I  S  T  C  G  H  G  I
W  H  S  P  R  S  F  R  N  T  C  H  T  E  S
W  H  I  S  P  E  R  S  S  W  P  T  S  R  S
B  T  T  L  S  C  N  F  R  M  S  T  R  S  A
B  A  T  T  L  E  S  H  I  P  R  S  S  N  P
C  N  F  R  M  S  T  F  R  M  S  C  E  G  L
S  C  H  O  C  O  L  A  T  E  Y  R  C  H  S
R  T  G  R  C  N  F  R  M  S  T  T  R  T  W
E  G  M  A  R  R  I  A  G  E  M  N  E  S  E
G  C  N  F  R  M  S  T  C  Y  B  L  T  W  P
I  R  C  Y  B  E  L  E  F  R  N  T  C  S  T
T  W  H  S  P  R  S  C  N  F  R  M  S  T  Z
C  Z  C  I  T  N  A  R  F  J  N  O  N  A  M
```

BATTLESHIP POTEMKIN

THE PASSION OF JOAN OF ARC

THE LAST METRO

DAY FOR NIGHT

THE CONFORMIST

CRIES AND WHISPERS

CROUCHING TIGER, HIDDEN DRAGON

MANON OF THE SPRING

BREAD AND CHOCOLATE

THE SECRET IN THEIR EYES

FRANTIC

A GOOD MARRIAGE

SWEPT AWAY

SCENES FROM A MARRIAGE

SUNDAYS AND CYBELE

Answer on page 333

```
T   E   S   T   A   M   E   N   T   T   S   T   L   B   L
S   P   R   T   N   D   L   C   T   S   S   N   B   E   A
C   H   I   L   D   R   E   N   P   S   T   M   Y   A   B
R   L   S   E   P   A   R   A   T   I   O   N   R   U   Y
A   B   P   O   S   T   M   A   N   C   H   L   N   T   R
M   Y   D   L   C   T   S   S   N   P   S   S   T   I   I
A   R   R   D   E   L   I   C   A   T   E   S   S   E   N
R   N   S   P   A   R   A   S   I   T   E   F   S   S   T
C   T   P   A   S   S   E   N   G   E   R   P   S   N   H
O   H   D   L   C   T   S   S   N   T   S   T   M   N   T
R   P   T   S   A   E   F   M   R   C   E   C   A   E   P
D   R   D   L   C   T   S   S   N   M   R   C   R   D   Z
N   P   A   R   A   D   I   S   O   T   S   T   M   N   T
S   F   R   T   S   S   U   T   A   R   E   F   S   O   N
B   E   A   U   T   I   F   U   L   B   T   F   L   F   S
```

THE TESTAMENT OF DR. MABUSE	PAN'S LABYRINTH	THE PASSENGER	PARASITE
THE CITY OF LOST CHILDREN	NOSFERATU	WAR AND PEACE	BABETTE'S FEAST
AMARCORD	THE POSTMAN	CINEMA PARADISO	LIFE IS BEAUTIFUL
	DELICATESSEN	A SEPARATION	SEVEN BEAUTIES

Answer on page 333

S	H	D	N	O	G	A	R	D	C	M	M	C	H	T
U	T	H	T	M	N	C	M	M	N	D	R	R	T	A
P	M	C	O	M	M	A	N	D	E	R	R	O	M	B
E	N	C	M	M	N	D	R	P	S	T	L	F	N	M
R	S	H	S	L	A	T	S	O	P	C	R	T	S	O
J	L	I	L	P	S	T	L	K	N	G	P	Y	L	K
S	N	T	N	K	I	N	G	D	C	R	Y	R	N	H
I	T	M	T	P	S	T	L	D	R	P	S	D	T	T
L	S	A	P	Y	P	A	Y	N	E	F	G	S	H	M
E	L	N	C	M	M	N	D	R	S	T	L	L	H	N
N	D	R	P	S	F	I	G	H	T	E	R	N	T	F
T	C	M	M	N	D	R	P	S	T	L	S	T	M	G
D	Z	D	A	R	K	C	M	M	N	D	R	R	N	H
P	S	T	L	D	R	P	S	P	S	T	L	K	N	T
D	O	O	M	R	P	S	T	L	E	S	U	O	H	R

SUPER MARIO BROS.

DOUBLE DRAGON

MORTAL KOMBAT

WING COMMANDER

LARA CROFT: TOMB RAIDER

HOUSE OF THE DEAD

ALONE IN THE DARK

DOOM

SILENT HILL

POSTAL

HITMAN

IN THE NAME OF THE KING

FAR CRY

MAX PAYNE

STREET FIGHTER

Answer on page 333

X	S	H	U	N	D	R	E	D	G	R	G	G	G	D
R	T	C	N	N	C	T	N	X	R	C	D	O	D	E
E	X	O	R	C	I	S	T	X	R	C	F	D	F	R
M	R	C	L	J	N	G	L	D	Z	R	T	F	T	I
C	O	N	N	E	C	T	I	O	N	R	H	A	H	P
T	W	R	S	C	N	N	C	T	N	T	R	T	R	M
G	R	A	D	U	A	T	E	M	R	C	L	H	T	E
C	N	N	C	T	N	J	N	H	T	R	A	E	W	M
J	M	W	R	S	C	N	N	C	T	N	T	R	R	R
U	R	L	O	N	G	E	S	T	M	R	C	L	S	C
N	R	R	C	N	N	C	T	N	D	M	E	R	R	Y
G	Y	R	E	T	U	R	N	M	R	C	L	S	D	R
L	C	N	N	C	T	N	Z	C	S	R	E	W	O	T
E	D	M	I	R	A	C	L	E	M	R	C	L	J	D
Z	H	O	R	S	E	M	A	N	L	N	N	O	I	L

THE EIGHT HUNDRED

THE EMPIRE STRIKES BACK

THE EXORCIST

THE FOUR HORSEMEN OF THE APOCALYPSE

THE FRENCH CONNECTION

THE GODFATHER

THE GRADUATE

THE GREATEST SHOW ON EARTH

THE JUNGLE BOOK

THE LION KING

THE LONGEST DAY

THE LORD OF THE RINGS: THE RETURN OF THE KING

THE LORD OF THE RINGS: THE TWO TOWERS

THE MERRY WIDOW

THE MIRACLE MAN

Answer on page 333

T	T	W	A	R	C	R	A	F	T	R	T	R	T	S
E	K	M	N	C	R	F	T	H	D	G	R	A	R	I
K	K	C	R	D	P	D	E	E	R	C	G	M	G	L
K	N	M	N	C	R	F	T	R	S	T	G	P	G	E
E	R	R	E	S	I	D	E	N	T	R	R	A	R	N
N	S	H	D	M	N	C	R	F	T	G	R	G	T	T
J	M	I	N	E	C	R	A	F	T	G	P	E	S	D
A	W	H	E	D	G	E	H	O	G	R	R	P	T	D
I	T	H	N	T	R	K	M	N	C	R	F	T	R	E
S	H	R	M	P	G	R	E	G	G	I	R	T	G	E
R	N	P	I	K	A	C	H	U	H	N	T	R	G	P
E	M	N	C	R	F	T	H	N	T	R	C	R	R	S
P	R	W	I	T	H	I	N	R	M	P	G	C	R	F
H	N	T	R	R	M	P	G	H	M	N	C	R	F	T
M	O	R	T	A	L	H	N	T	R	E	T	N	U	H

TEKKEN	WARCRAFT	MINECRAFT	<u>MORTAL</u> KOMBAT
PRINCE OF <u>PERSIA</u>	ASSASSIN'S <u>CREED</u>	DEAD <u>TRIGGER</u>	WEREWOLVES <u>WITHIN</u>
<u>SILENT</u> HILL	<u>RESIDENT</u> EVIL	DETECTIVE <u>PIKACHU</u>	
NEED FOR <u>SPEED</u>	RAMPAGE	MONSTER <u>HUNTER</u>	SONIC THE <u>HEDGEHOG</u>

Answer on page 334

```
R  E  B  O  R  S  H  S  S  E  O  H  S  K  W
C  S  N  G  N  G  C  N  R  M  S  T  R  Y  K
R  T  S  I  N  G  I  N  G  M  S  C  S  S  W
O  R  C  M  M  N  D  M  N  T  S  M  T  T  A
S  Y  T  N  T  C  I  S  U  M  M  S  O  N  H
S  G  T  N  T  C  S  N  G  N  G  H  R  G  J
S  N  G  N  G  S  T  N  G  R  B  D  Y  C  A
C  O  M  M  A  N  D  M  E  N  T  S  R  R  R
S  N  G  N  G  S  T  N  G  S  N  K  S  S  M
C  I  N  E  R  A  M  A  S  N  K  S  T  S  Y
S  T  N  G  S  N  K  S  D  G  U  N  S  Z  R
T  I  T  A  N  I  C  S  N  K  S  S  N  K  R
N  D  M  N  T  M  S  S  C  T  G  N  I  T  S
S  N  G  N  G  S  T  N  G  S  N  K  S  D  T
I  N  F  E  R  N  O  J  D  Z  E  K  A  N  S
```

THE RED SHOES	THE SINGING FOOL	THE TEN COMMANDMENTS	THIS IS THE ARMY
THE ROBE	THE SNAKE PIT	THE TOWERING INFERNO	TITANIC
THE SEA HAWK	THE SOUND OF MUSIC		TOP GUN
THE SIGN OF THE CROSS	THE STING	THIS IS CINERAMA	TOY STORY

Answer on page 334

```
C  H  A  I  N  S  A  W  C  H  N  S  W  L  C
M  A  N  I  A  C  C  H  N  S  W  E  C  A  L
C  H  N  S  W  S  N  S  T  R  S  V  R  N  C
B  I  R  D  Y  D  E  L  I  R  I  A  B  R  D
S  V  R  N  C  S  T  C  H  N  S  W  S  A  W
S  E  V  E  R  A  N  C  E  R  L  A  S  W  S
C  N  D  Y  M  N  S  T  P  F  C  L  T  H  T
C  A  N  D  Y  M  A  N  C  L  H  I  P  I  P
S  N  S  T  R  C  N  D  Y  M  N  C  F  L  F
S  T  E  P  F  A  T  H  E  R  D  E  T  L  T
C  H  N  S  W  C  N  D  Y  M  N  Z  H  S  H
S  T  R  A  N  G  E  R  T  R  C  N  R  D  R
S  N  S  T  R  W  S  N  S  T  K  E  E  R  C
S  I  N  I  S  T  E  R  C  N  D  Y  M  N  Z
C  H  N  S  W  S  N  S  T  R  Q  L  I  A  T
```

THE TEXAS CHAINSAW MASSACRE

BLOOD AND BLACK LACE

SAW

THE BIRD WITH THE CRYSTAL PLUMAGE

DELIRIA

CASE OF THE SCORPION'S TAIL

SEVERENCE

CANDYMAN

THE STEPFATHER

THE HILLS HAVE EYES

WOLF CREEK

WHEN A STRANGER CALLS

ALICE, SWEET ALICE

SINISTER

MANIAC

Answer on page 334

```
H  E  L  L  B  E  N  T  S  C  R  M  P  R  H
H  T  C  H  T  F  R  D  D  R  P  A  R  P  O
V  A  L  E  N  T  I  N  E  T  R  E  W  R  U
M  T  H  T  C  H  T  S  P  T  W  R  L  W  S
P  R  O  W  L  E  R  R  R  E  L  C  R  L  E
H  T  C  H  T  Y  R  P  W  R  R  S  D  R  S
S  O  R  O  R  I  T  Y  L  R  S  C  R  M  N
H  L  L  B  N  T  F  R  R  O  N  S  C  R  M
M  O  T  E  L  F  R  D  D  R  D  Y  E  R  P
H  L  L  B  N  T  S  M  M  H  T  C  H  T  R
F  R  E  D  D  Y  D  K  T  S  I  R  U  O  T
H  T  C  H  T  H  L  L  B  N  T  H  T  C  H
S  U  M  M  E  R  H  T  H  L  K  R  A  D  R
H  L  L  B  N  T  H  T  H  L  H  T  C  H  T
D  A  W  N  W  H  A  T  C  H  E  T  L  B  N
```

JUST BEFORE <u>DAWN</u>	<u>TOURIST</u> TRAP	THE LAST <u>HOUSE</u> ON THE LEFT	THE HOUSE ON <u>SORORITY</u> ROW
HATCHET	<u>MOTEL</u> HELL	SCREAM	<u>TERROR</u> TRAIN
ALONE IN THE <u>DARK</u>	HELLBENT	THE <u>PROWLER</u>	I KNOW WHAT YOU DID LAST <u>SUMMER</u>
<u>FREDDY</u> VS. JASON	MY BLOODY <u>VALENTINE</u>	COLD <u>PREY</u>	

Answer on page 334

T	T	O	O	L	B	O	X	R	T	P	E	E	R	C
L	T	L	B	X	N	G	H	T	M	R	C	B	N	H
N	I	G	H	T	M	A	R	E	C	B	C	H	H	L
M	D	N	G	H	T	S	T	R	N	G	A	L	E	P
I	N	I	T	I	A	T	I	O	N	J	B	P	L	R
M	D	N	G	H	T	S	T	R	N	G	I	R	P	H
M	Z	F	R	I	D	A	Y	W	W	X	N	H	E	N
I	M	D	N	G	H	T	P	R	M	P	H	N	R	T
D	N	G	H	T	P	M	O	R	P	R	L	H	H	L
N	S	T	R	N	G	H	T	S	T	M	P	A	L	L
I	R	S	T	R	E	E	T	A	R	E	R	U	P	E
G	M	D	N	G	H	T	T	R	N	P	F	N	R	H
H	N	S	T	R	A	N	G	E	R	R	R	T	H	T
T	M	D	N	G	H	T	T	R	N	M	D	Z	N	R
S	T	R	N	G	R	E	K	E	E	R	Y	W	A	X

TOOLBOX MURDERS

CREEP

SATAN'S LITTLE HELPER

HOUSE OF WAX

NIGHTMARE

THE INITIATION

CABIN FEVER

REEKER

VIOLENT MIDNIGHT

HELL NIGHT

FRIDAY THE 13TH

PROM NIGHT

A NIGHTMARE ON ELM STREET

EYES OF A STRANGER

HAUNT

Answer on page 334

```
L  L  C  H  C  K  Y  S  L  L  E  T  S  O  H
E  G  H  A  L  L  O  W  E  E  N  C  H  R  Y
G  N  C  H  C  K  Y  J  R  E  B  M  U  L  S
E  S  U  O  H  R  E  T  H  G  U  A  L  S  N
N  C  C  H  U  C  K  Y  G  R  N  S  K  P  R
D  H  G  R  N  S  K  P  R  Y  R  R  E  H  C
J  G  R  E  E  N  S  K  E  E  P  E  R  R  Q
B  A  S  E  M  E  N  T  G  R  N  S  K  P  R
C  H  C  K  Y  R  Q  S  T  N  A  M  D  A  M
L  T  H  R  M  A  L  E  V  O  L  E  N  C  E
G  R  N  S  K  P  R  L  T  C  H  C  K  Y  R
L  E  A  T  H  E  R  F  A  C  E  M  T  L  R
C  H  C  K  Y  R  M  U  T  I  L  A  T  O  R
G  R  N  S  K  P  C  H  C  K  Y  R  Q  S  T
R  E  Q  U  E  S  T  J  S  U  M  M  E  R  Z
```

URBAN LEGEND

SLAUGHTERHOUSE

SLUMBER PARTY
MASSACRE

DON'T LOOK IN THE
BASEMENT

MALEVOLENCE

CHERRY FALLS

CURSE OF CHUCKY

FRIEND REQUEST

LEATHERFACE

THE MUTILATOR

MADMAN

HALLOWEEN

I STILL KNOW WHAT
YOU DID LAST
SUMMER

HOSTEL

THE GREENSKEEPER

Answer on page 334

```
E  A  R  T  H  S  S  H  O  W  G  I  R  L  S
H  L  L  W  D  G  L  T  T  R  H  W  R  D  Z
G  L  I  T  T  E  R  J  Z  D  R  A  W  O  H
E  H  L  L  W  D  G  L  T  T  R  H  W  R  D
N  S  O  V  E  R  D  R  I  V  E  S  S  S  V
I  R  C  W  G  R  L  S  S  H  W  R  U  R  L
U  P  G  I  G  L  I  H  H  V  L  P  R  P  Y
S  R  C  W  G  R  L  S  T  C  W  R  P  R  E
E  S  H  D  S  N  W  L  A  D  Z  S  R  S  L
S  H  D  C  O  W  G  I  R  L  S  D  I  R  L
C  W  G  R  L  S  S  H  D  S  N  W  S  S  A
N  O  S  D  U  H  S  H  D  S  N  W  E  J  V
C  W  G  R  L  S  W  L  D  L  I  W  S  Z  R
H  L  L  W  D  G  L  T  T  R  H  W  R  D  S
H  O  L  L  Y  W  O  O  D  Q  H  T  R  O  N
```

BATTLEFIELD <u>EARTH</u>

SHOWGIRLS

<u>HOWARD</u> THE DUCK

GLITTER

BABY <u>GENIUSES</u>

MAXIMUM <u>OVERDRIVE</u>

<u>VALLEY</u> OF THE DOLLS

ISHTAR

GIGLI

<u>HUDSON</u> HAW

EVEN <u>COWGIRLS</u> GET THE BLUES

SHANGHAI <u>SURPRISE</u>

NORTH

<u>WILD</u> WILD WEST

BURN <u>HOLLYWOOD</u> BURN

Answer on page 335

J	O	E	Y	D	N	R	A	D	P	N	Y	D	Z	T
J	M	N	J	F	R	N	C	S	Y	N	O	P	B	H
M	I	G	H	T	Y	M	G	H	T	Y	F	R	R	G
I	M	G	H	T	Y	F	R	A	N	C	I	S	G	I
R	D	B	R	J	M	N	J	F	R	N	C	S	H	R
A	B	J	U	M	A	N	J	I	D	D	F	M	T	B
C	J	M	N	J	F	R	N	C	S	B	L	R	M	B
L	R	D	U	N	S	T	O	N	D	R	U	C	R	R
E	M	J	M	N	J	F	R	N	C	S	K	L	C	G
M	G	H	T	Y	J	N	G	L	N	S	E	F	L	H
D	O	B	E	R	M	A	N	J	N	G	L	L	K	T
J	D	M	G	H	T	Y	Z	S	H	O	R	S	E	H
P	U	R	P	O	S	E	M	G	H	T	Y	W	L	R
J	M	N	J	F	R	N	C	S	M	G	H	T	Y	S
J	U	N	G	L	E	J	N	G	L	Z	W	O	L	F

JOEY

THAT DARN CAT

RING OF BRIGHT WATER

MIGHTY JOE YOUNG

FRANCIS

BIG MIRACLE

THE RED PONY

DUNSTON CHECKS IN

JUMANJI

NEVER CRY WOLF

JUNGLE BOOK

THE DOBERMAN GANG

A DOG'S PURPOSE

FLUKE

LEGEND OF THE WHITE HORSE

Answer on page 335

```
Y  T  R  C  I  N  U  M  T  R  E  L  B  A  G
C  R  L  G  H  T  N  M  C  L  G  L  N  T  B
A  C  M  C  L  A  G  L  E  N  R  T  M  R  B
R  Y  L  G  H  T  N  M  C  L  G  R  A  C  E
T  R  L  A  U  G  H  T  O  N  C  C  R  Y  E
L  G  H  T  N  M  C  L  G  T  B  Y  C  H  R
B  A  R  R  Y  M  O  R  E  R  R  J  H  M  Y
H  P  K  N  S  J  N  N  G  C  M  N  H  D  K
J  A  N  N  I  N  G  S  T  Y  D  E  M  H  A
B  S  M  N  J  N  N  T  H  P  K  N  S  D  Z
B  O  S  E  M  A  N  R  H  O  P  K  I  N  S
J  N  N  G  S  Y  N  C  B  S  M  B  S  M  N
R  N  A  M  D  L  O  Y  M  C  L  G  L  N  D
B  S  M  N  M  C  L  G  L  N  R  S  Q  T  R
Z  D  Y  E  U  N  L  H  T  S  S  I  L  R  A
```

SPENCER TRACY	CHARLES LAUGHTON	GEORGE ARLISS	ANTHONY HOPKINS
PAUL MUNI	WALLACE BEERY	EMIL JANNINGS	GARY OLDMAN
VICTOR MCLAGLEN	FREDRIC MARCH	RIZ AHMED	STEVEN YEUN
CLARK GABLE	LIONEL BARRYMORE	CHADWICK BOSEMAN	

Answer on page 335

A	B	E	L	L	I	N	G	T	O	N	V	S	C	L
R	R	C	L	L	W	Y	P	R	T	R	S	E	V	I
M	B	C	A	L	L	O	W	A	Y	W	L	L	R	S
S	C	P	R	T	R	W	L	L	R	C	L	L	W	Y
T	K	M	I	L	L	E	R	D	R	E	K	R	A	P
R	C	L	L	W	Y	P	R	T	R	W	L	L	R	D
O	S	G	O	O	D	M	A	N	R	B	R	P	B	D
N	C	L	L	W	Y	H	W	K	B	R	B	R	R	O
G	N	B	R	U	B	E	C	K	R	L	R	I	B	R
P	R	T	R	P	R	K	R	D	L	N	B	M	C	S
H	A	W	K	I	N	S	W	Y	N	Z	C	A	K	E
C	L	L	W	Y	P	R	T	R	S	R	K	B	Q	Y
P	O	R	T	E	R	R	W	A	L	L	E	R	S	D
P	R	T	R	P	R	K	R	D	L	C	L	L	W	Y
N	I	L	R	E	B	S	D	W	I	L	S	O	N	H

LOUIS ARMSTRONG   CHARLIE PARKER   IRVING BERLIN   COLEMAN HAWKINS

DUKE ELLINGTON   BENNY GOODMAN   DAVE BRUBECK   COLE PORTER

BURL IVES   GLENN MILLER   DOOLEY WILSON   FATS WALLER

CAB CALLOWAY   TOMMY DORSEY   LOUIS PRIMA

Answer on page 335

```
N  P  N  T  P  A  N  T  H  E  R  P  N  T  G
U  C  M  N  G  T  O  O  T  S  I  E  S  L  N
T  D  G  E  N  E  R  A  L  S  C  N  D  R  I
S  F  R  N  K  N  S  T  N  Z  L  N  D  R  M
Z  Y  L  L  A  S  Q  L  A  M  I  N  A  T  O
O  Z  L  N  D  F  R  N  K  N  S  T  N  R  C
P  L  S  C  O  U  N  D  R  E  L  S  Z  N  D
E  F  R  N  K  N  S  T  N  S  C  N  D  R  L
R  N  Z  O  O  L  A  N  D  E  R  S  D  D  L
A  D  Z  L  N  D  R  F  R  N  K  N  S  T  N
J  E  L  T  S  A  C  H  S  E  L  D  D  A  S
B  R  I  D  E  S  M  A  I  D  S  L  D  D  S
F  R  N  K  N  S  T  N  B  R  D  S  M  D  S
G  H  O  S  T  B  U  S  T  E  R  S  G  H  S
F  R  A  N  K  E  N  S  T  E  I  N  B  S  T
```

THE PINK PANTHER

COMING TO AMERICA

NUTS IN MAY

THE GENERAL

NATIONAL LAMPOON'S ANIMAL HOUSE

WHEN HARRY MET SALLY

A NIGHT AT THE OPERA

DIRTY ROTTEN SCOUNDRELS

ZOOLANDER

BLAZING SADDLES

THE CASTLE

BRIDESMAIDS

TOOTSIE

GHOSTBUSTERS

YOUNG FRANKENSTEIN

Answer on page 335

```
S  R  R  U  E  T  T  I  G  E  R  T  G  S  T
T  D  V  N  P  R  T  S  T  R  K  B  K  L  T
A  V  D  A  V  E  N  P  O  R  T  R  L  L  E
R  N  D  V  N  P  R  T  S  T  R  K  J  N  K
K  P  D  U  F  R  E  S  N  E  Z  D  S  B  C
S  R  L  D  V  N  P  R  T  S  T  R  K  R  E
S  U  L  L  E  N  B  E  R  G  E  R  D  G  B
S  T  S  D  V  N  P  R  T  S  D  Z  J  R  D
L  A  L  C  E  L  I  E  R  L  Y  N  N  U  M
L  R  L  D  V  N  P  R  T  B  A  S  T  R  K
N  A  N  M  O  R  G  A  N  N  R  A  M  B  O
B  G  B  D  V  N  P  R  T  B  S  T  R  K  S
R  O  R  J  O  N  E  S  R  R  O  R  R  O  Z
G  R  G  D  V  N  P  R  T  G  G  S  T  R  K
R  N  R  B  O  N  D  S  T  R  T  F  A  H  S
```

TONY STARK	ANDREW BECKETT	CELIE	ZORRO
RUDY RUETTIGER	JOHN SHAFT	ARAGORN	JAMES BOND
CAPTAIN DAVENPORT	CHESLEY SULLENBERGER	REBECCA MORGAN	INDIANA JONES
ANDY DUFRESNE	WILLIAM MUNNY	JOHN J. RAMBO	

Answer on page 335

```
J  B  S  T  R  I  P  T  E  A  S  E  F  R  D
U  N  C  N  Q  R  R  F  R  D  D  Y  F  R  B
S  F  I  S  L  A  N  D  Q  Y  D  D  E  R  F
T  R  C  N  Q  R  R  F  R  D  D  Y  F  R  B
I  C  C  O  N  Q  U  E  R  O  R  C  N  Q  S
N  N  K  N  G  R  T  R  B  L  S  T  T  A  O
S  A  D  R  E  N  A  L  I  N  R  R  R  D  N
J  S  T  N  F  R  B  D  D  N  B  O  B  N  J
F  O  R  B  I  D  D  E  N  K  L  U  L  O  A
J  S  T  N  F  R  B  D  V  R  K  B  K  C  S
I  N  D  E  C  E  N  T  R  E  N  L  N  A  N
K  A  N  G  A  R  O  O  J  V  G  E  G  N  J
S  T  R  P  T  S  J  D  Z  O  R  D  R  A  R
C  N  Q  R  R  F  R  D  D  Y  F  R  B  D  S
B  O  N  F  I  R  E  Q  D  A  E  R  D  R  T
```

FROM JUSTIN TO KELLY

THE CONQUEROR

THE FORBIDDEN DANCE

NOTHING BUT TROUBLE

STRIPTEASE

ADRENALIN, FEAR THE RUSH

JUDGE DREAD

KANGAROO JACK

FREDDY GOT FINGERED

ANACONDA

INDECENT PROPOSAL

OVER THE TOP

THE ISLAND OF DR. MOREAU

BONFIRE OF THE VANITIES

RED SONJA

Answer on page 336

P	A	R	A	S	I	T	E	W	N	N	E	M	O	W
B	W	O	D	N	I	W	J	K	R	S	T	R	Y	J
T	B	M	B	S	H	L	L	Q	R	E	K	O	J	J
F	E	R	R	A	R	I	S	K	T	B	R	D	L	M
F	R	R	B	M	B	S	H	L	L	B	F	F	S	A
S	T	H	O	L	L	Y	W	O	O	D	C	A	F	R
Y	B	M	B	S	H	L	L	R	C	K	T	C	C	R
R	R	B	O	M	B	S	H	E	L	L	R	T	T	I
O	S	K	T	B	R	D	R	C	K	T	Y	O	R	A
T	C	R	O	C	K	E	T	M	A	N	C	R	Y	G
S	S	K	T	B	R	D	R	C	K	T	M	Y	R	E
B	M	B	S	H	L	L	M	R	R	G	S	K	T	B
S	K	A	T	E	B	O	A	R	D	R	L	O	V	E
S	K	T	B	R	D	S	B	M	B	S	H	L	L	S
D	Z	Y	D	U	J	J	D	Y	T	I	B	B	A	R

FORD V FERRARI

LEARNING TO SKATEBOARD IN A WARZONE

THE NEIGHBORS' WINDOW

LITTLE WOMEN

PARASITE

MARRIAGE STORY

JOJO RABBIT

TOY STORY

JOKER

ONCE UPON A TIME IN HOLLYWOOD

JUDY

BOMBSHELL

ROCKETMAN

AMERICAN FACTORY

HAIR LOVE

Answer on page 336

M	L	M	E	Y	E	R	B	Y	L	C	N	E	O	C
Y	V	N	S	P	T	T	S	W	D	S	D	Y	C	L
C	R	O	N	E	N	B	E	R	G	C	R	N	B	R
S	P	T	T	S	W	D	R	D	C	R	N	B	R	G
L	E	V	I	N	S	O	N	B	L	E	L	Y	O	B
J	S	S	P	T	T	S	W	D	W	B	B	W	B	B
S	T	L	I	M	A	N	S	T	E	K	I	I	M	S
T	N	S	T	N	T	N	S	H	D	Y	C	R	S	B
A	T	A	L	F	R	E	D	S	O	N	R	M	T	B
N	N	S	H	S	H	A	D	Y	A	C	N	N	N	E
T	H	H	O	W	A	R	D	R	S	T	N	T	N	W
O	S	P	T	T	S	W	D	S	T	N	T	N	D	Z
N	D	S	P	O	T	T	I	S	W	O	O	D	E	R
S	P	T	T	S	W	D	S	W	D	S	T	N	T	M
S	T	A	L	L	O	N	E	Z	S	R	A	E	R	F

NICHOLAS MEYER

ETHAN COEN

DAVID CRONENBERG

BARRY LEVINSON

DANNY BOYLE

ANDREW STANTON

MARC WEBB

DOUG LIMAN

TOMAS ALFREDSON

RON HOWARD

TAKASHI MIIKE

STEPHEN FREARS

SYLVESTER STALLONE

ROGER SPOTTISWOODE

TOM SHADYAC

Answer on page 336

B	O	H	E	M	I	A	N	B	H	R	O	M	A	R
P	N	T	H	R	F	V	R	T	S	T	R	B	L	T
P	A	N	T	H	E	R	S	K	N	R	A	T	S	S
V	C	P	N	T	H	R	F	V	R	T	S	K	N	B
F	A	V	O	U	R	I	T	E	S	V	I	C	E	L
S	P	D	R	S	N	T	N	C	P	R	D	S	V	N
M	R	B	E	A	L	E	R	S	O	L	O	S	D	E
A	S	P	D	R	S	N	T	N	C	S	P	D	R	E
N	S	S	E	N	T	E	N	C	E	P	N	T	H	R
S	P	D	R	B	L	K	L	N	S	M	N	S	D	G
B	T	N	I	K	S	B	L	K	L	N	S	M	N	G
A	S	P	D	R	B	L	K	L	N	S	M	N	Z	J
O	K	S	P	I	D	E	R	S	P	D	R	S	K	N
S	P	D	R	B	L	K	L	N	S	M	N	K	L	S
B	L	A	K	K	K	L	A	N	S	M	A	N	M	N

GREEN BOOK

BOHEMIAN RHAPSODY

ROMA

BLACK PANTHER

THE FAVOURITE

A STAR IS BORN

VICE

BLACKKKLANSMAN

FIRST MAN

IF BEALE STREET COULD TALK

BAO

FREE SOLO

PERIOD. END OF SENTENCE

SKIN

SPIDER-MAN: INTO THE SPIDER-VERSE

Answer on page 336

O	I	R	A	C	I	S	R	D	C	E	R	C	L	E
C	L	V	R	F	L	D	M	C	H	N	D	P	P	N
L	B	L	O	W	R	S	E	A	R	C	H	I	N	G
M	C	L	V	R	F	L	D	S	R	C	H	N	G	D
A	L	L	O	O	K	D	Z	E	S	I	R	N	U	S
C	K	S	N	R	S	C	L	V	R	F	L	D	D	S
H	P	P	E	E	P	I	N	G	S	C	R	R	D	D
I	S	R	C	H	N	G	R	S	C	L	V	R	F	O
N	P	C	L	O	V	E	R	F	I	E	L	D	R	O
A	C	L	V	R	F	L	D	C	H	N	G	R	S	L
K	S	A	S	S	A	U	L	T	L	D	C	T	C	B
S	S	R	C	H	N	G	R	F	L	D	S	R	C	H
K	C	C	O	N	V	E	R	S	A	T	I	O	N	D
Y	T	C	L	V	R	F	L	D	C	T	C	H	V	S
H	C	H	C	T	A	C	C	T	C	H	T	S	A	V

EX MACHINA

LE CERCLE ROUGE

SICARIO

BLOW THE MAN DOWN

SEARCHING

SUNRISE: A SONG OF TWO HUMANS

DON'T LOOK NOW

BLOOD SIMPLE

PEEPING TOM

THE VAST OF NIGHT

CLOVERFIELD LANE

EYE IN THE SKY

ASSAULT ON PRECINCT 13

TO CATCH A THIEF

THE CONVERSATION

Answer on page 336

S	E	P	A	H	S	H	P	D	U	N	K	I	R	K
D	N	K	R	K	B	L	L	B	R	D	S	T	N	Y
B	I	L	L	B	O	A	R	D	S	D	N	K	R	K
D	N	K	R	K	B	L	L	B	R	C	O	C	O	R
T	H	R	E	A	D	T	H	R	D	R	N	N	R	N
T	H	R	D	R	N	N	E	M	A	N	N	M	T	R
O	R	T	O	N	Y	A	T	H	R	D	R	N	N	E
U	T	H	R	D	R	N	N	F	N	T	S	T	C	N
T	S	B	A	S	K	E	T	B	A	L	L	R	D	N
B	S	K	T	B	L	L	F	N	T	S	T	C	H	U
F	A	N	T	A	S	T	I	C	D	Z	J	D	R	R
B	S	K	T	B	L	L	F	N	T	S	T	C	H	S
T	R	A	F	F	I	C	D	M	C	H	I	L	D	R
D	N	K	R	K	B	L	L	B	R	D	S	T	N	Y
D	A	R	K	E	S	T	D	S	U	R	A	C	I	S

THE SHAPE OF WATER

DUNKIRK

THREE BILLBOARDS OUTSIDE EBBING, MISSOURI

DARKEST HOUR

BLADE RUNNER 2049

COCO

PHANTOM THREAD

CALL ME BY YOUR NAME

GET OUT

I, TONYA

DEAR BASKETBALL

A FANTASTIC WOMAN

HEAVEN IS A TRAFFIC JAM ON THE 405

ICARUS

THE SILENT CHILD

Answer on page 336

D	E	S	P	E	R	A	T	E	D	T	F	E	A	R
C	R	R	N	T	W	H	R	P	B	D	R	M	V	Y
W	H	I	R	P	O	O	L	Z	R	E	D	R	O	B
C	R	R	N	T	W	H	R	P	M	O	V	E	D	J
T	D	Y	D	A	L	C	R	R	N	T	W	H	R	P
R	R	C	R	R	L	L	S	S	T	E	E	R	T	S
I	S	C	A	R	R	O	L	L	S	S	T	R	T	T
U	N	C	R	R	N	T	W	H	R	P	R	R	L	L
M	B	S	T	R	A	N	G	E	R	S	T	D	D	Z
P	L	C	C	R	R	N	T	W	H	R	P	A	N	O
H	N	I	N	S	T	I	N	C	T	N	N	N	G	O
S	N	T	W	H	R	P	R	R	L	G	G	G	T	B
R	E	A	S	O	N	A	B	L	E	T	T	E	B	M
C	R	R	N	T	W	H	R	P	H	B	B	R	M	A
U	N	D	E	R	C	U	R	R	E	N	T	N	B	B

SIDE STREET

BORDER INCIDENT

DESPERATE

WHIRLPOOL

JOURNEY INTO FEAR

UNDERCURRENT

HOLLOW TRIUMPH

BEYOND A REASONABLE DOUBT

HOUSE OF BAMBOO

LADY IN THE LAKE

THE TWO MRS. CARROLLS

WHERE DANGER LIVES

STRANGER ON THE THIRD FLOOR

BASIC INSTINCT

ONE FALSE MOVE

Answer on page 337

```
R  R  S  R  H  U  R  R  I  C  A  N  E  G  M
I  D  R  D  M  R  D  R  B  L  L  Y  N  K  S
D  N  A  N  G  A  M  E  R  L  D  N  I  L  B
I  G  E  G  M  R  D  R  B  L  L  Y  N  R  S
N  B  B  B  Y  A  N  K  E  E  S  M  R  D  E
G  R  D  R  T  N  K  S  Y  N  K  S  D  N  T
L  S  G  S  C  L  S  E  U  G  A  E  L  G  A
M  I  R  A  C  L  E  S  N  G  T  N  S  B  R
R  T  N  K  S  Y  N  K  S  G  N  O  S  R  A
M  U  R  D  E  R  B  A  L  L  G  T  N  S  K
R  T  N  K  S  Y  N  K  S  Y  N  K  S  G  G
S  A  N  D  L  O  T  D  B  S  N  A  T  I  T
C  T  N  K  S  Y  N  K  S  Y  N  K  S  G  G
R  O  U  N  D  E  R  S  C  H  R  T  S  R  B
C  H  R  T  S  R  B  C  H  A  R  I  O  T  S
```

RIDING GIANTS

THE BAD NEWS BEARS

THE HURRICANE

THE BLIND SIDE

HE GOT GAME

PRIDE OF THE YANKEES

MURDERBALL

THE KARATE KID

A LEAGUE OF THEIR OWN

BRIAN'S SONG

MIRACLE

THE SANDLOT

ROUNDERS

CHARIOTS OF FIRE

REMEMBER THE TITANS

Answer on page 337

M	I	A	L	C	W	W	H	I	S	P	E	R	E	R
W	H	S	P	R	R	S	L	V	T	N	S	V	N	S
K	E	E	P	I	N	G	R	B	G	N	E	V	E	S
S	H	S	P	R	R	S	L	V	T	N	S	V	N	G
S	A	L	V	A	T	I	O	N	L	G	N	M	D	T
S	P	R	R	S	L	V	T	N	S	V	N	I	J	D
R	R	V	R	L	E	G	E	N	D	S	S	S	S	E
E	W	H	S	P	R	D	S	L	V	T	N	S	R	A
V	R	W	E	S	T	E	R	N	W	S	T	I	P	D
O	D	H	S	P	R	R	S	L	R	T	N	N	H	Q
R	R	S	E	R	A	P	H	I	M	Q	C	G	M	C
W	H	S	P	R	R	S	L	V	T	N	D	S	K	K
M	A	V	E	R	I	C	K	T	R	K	C	I	U	Q
W	W	H	S	P	R	R	S	L	V	T	N	K	L	R
K	I	L	L	E	R	K	L	L	R	R	G	A	T	E

THE HORSE WHISPERER

THE KEEPING ROOM

THE MAGNIFICENT SEVEN

THE SALVATION

DEAD MAN

THE ROVER

MAVERICK

THE CLAIM

THE MISSING

HEAVEN'S GATE

LEGENDS OF THE FALL

THE QUICK AND THE DEAD

THE KILLER INSIDE ME

SUKIYAKI WESTERN DJANGO

SERAPHIM FALLS

Answer on page 337

O	C	T	O	B	E	R	S	Y	E	L	L	E	R	T
P	R	D	T	B	M	S	C	K	S	C	N	T	N	H
H	C	T	A	P	T	H	N	Y	N	O	P	D	T	M
B	L	K	B	R	D	S	T	H	N	G	M	S	H	O
P	E	R	D	I	T	I	O	N	T	H	N	G	N	O
M	S	K	P	R	D	T	B	M	S	C	K	G	G	N
X	R	S	C	E	N	T	R	T	H	I	N	G	L	K
N	T	H	N	G	M	S	K	B	L	K	B	R	D	Z
O	S	C	N	T	P	R	D	E	C	N	A	M	O	R
R	P	R	D	T	B	M	S	C	K	S	C	K	B	Z
B	S	C	N	T	B	L	A	C	K	B	O	A	R	D
P	R	D	T	B	M	S	C	K	B	L	K	B	R	D
O	L	E	A	N	D	E	R	M	S	K	K	S	A	M
S	C	N	T	L	K	P	R	D	T	B	M	S	C	K
F	A	M	I	L	Y	D	S	C	N	T	S	Y	O	B

A FAMILY AFFAIR

BAD BOYS

WHITE OLEANDER

BLACKBOARD JUNGLE

A BRONX TALE

A LITTLE ROMANCE

THE MAN IN THE MOON

MASK

OCTOBER SKY

OLD YELLER

A PATCH OF BLUE

THE RED PONY

ROAD TO PERDITION

SCENT OF A WOMAN

THAT THING YOU DO

Answer on page 337

O	C	T	T	R	U	E	D	K	D	C	E	M	A	G
C	N	C	N	F	S	S	N	N	I	N	W	T	R	C
T	F	F	A	L	C	O	N	G	A	F	R	I	A	F
O	S	S	N	K	R	S	F	S	L	S	N	K	R	S
B	S	F	L	C	N	C	N	M	P	S	C	N	D	R
E	N	C	H	R	L	S	N	N	S	N	W	T	R	C
R	K	C	O	N	F	E	S	S	I	O	N	S	D	Z
C	N	F	S	S	N	S	N	K	R	S	W	T	R	C
K	I	N	G	S	M	A	N	J	R	O	D	N	O	C
S	N	K	R	S	W	T	R	D	C	N	F	S	S	N
W	A	T	E	R	C	L	S	R	E	K	A	E	N	S
C	N	F	S	S	N	K	R	S	W	W	T	R	C	T
C	A	U	T	I	O	N	D	C	H	A	R	L	I	E
F	S	S	N	S	N	K	R	S	C	N	F	S	S	N
O	F	F	I	C	I	A	L	J	E	A	G	L	E	S

THE HUNT FOR RED OCTOBER

SPY GAME

TRUE LIES

DEAD MEN DON'T WEAR PLAID

THE FALCON AND THE SNOWMAN

OFFICIAL SECRETS

LUST, CAUTION

SNEAKERS

FAIR GAME

CONFESSIONS OF A DANGEROUS MIND

CHARLIE WILSON'S WAR

KINGSMAN: THE SECRET SERVICE

THREE DAYS OF THE CONDOR

WALK ON WATER

WHERE EAGLES DARE

Answer on page 337

G	O	L	D	B	E	R	G	M	R	X	R	A	E	M
S	N	D	L	R	H	D	D	S	H	M	R	T	N	R
C	H	A	P	P	E	L	L	E	M	R	P	H	Y	X
R	M	M	R	P	H	Y	X	Z	Y	H	P	R	U	M
H	R	S	A	N	D	L	E	R	H	R	D	Y	H	M
A	T	R	H	D	D	S	H	M	R	T	H	D	D	R
D	M	G	L	E	A	S	O	N	S	R	D	Y	D	X
D	S	M	R	P	H	Y	X	S	N	T	D	K	S	Y
I	N	J	R	E	N	I	E	R	D	M	S	E	H	E
S	D	D	P	H	Y	X	S	H	L	S	H	H	S	N
H	L	P	H	Y	X	S	A	B	B	O	T	T	N	R
D	M	A	R	T	I	N	P	H	Y	X	S	J	D	A
Z	M	R	P	H	Y	X	H	A	R	D	Y	D	L	C
S	N	D	L	R	H	D	D	S	H	M	R	T	N	R
M	A	R	X	H	R	D	Y	N	E	L	L	A	D	Z

EDDIE MURPHY	ISSA RAE	CHICO MARX	DEAN MARTIN
WHOOPI GOLDBERG	ART CARNEY	JACKIE GLEASON	BUD ABBOTT
DAVE CHAPPELLE	TIM ALLEN	DICK VAN DYKE	OLIVER HARDY
TIFFANY HADDISH	ADAM SANDLER	CARL REINER	

Answer on page 337

J	G	D	Z	R	E	M	I	R	P	T	G	J	J	Z
U	T	G	T	T	C	B	R	Z	G	C	H	R	R	R
R	T	G	A	T	T	A	C	A	H	J	O	S	S	E
A	C	T	C	B	R	Z	G	C	S	R	S	S	S	K
S	J	Z	L	I	Z	A	R	B	T	S	T	D	D	L
S	R	T	C	B	R	Z	G	C	K	S	T	C	C	A
I	S	D	I	S	T	R	I	C	T	D	R	R	R	T
C	S	Z	G	C	A	L	I	E	N	S	K	B	B	S
J	D	C	L	O	C	K	W	O	R	K	R	C	C	T
T	C	G	T	T	C	B	R	Z	G	C	B	P	P	R
R	R	R	O	B	O	C	O	P	D	A	R	I	K	A
E	B	T	G	T	T	C	B	R	Z	G	C	R	M	N
K	C	C	H	I	L	D	R	E	N	C	B	R	Z	G
D	P	T	C	B	R	Z	G	C	K	S	T	C	C	Z
T	E	R	M	I	N	A	T	O	R	D	Z	M	A	X

JURASSIC PARK

PRIMER

STALKER

GATTACA

GHOST IN THE SHELL

BRAZIL

STAR TREK

DISTRICT 9

A CLOCKWORK ORANGE

ROBOCOP

AKIRA

CHILDREN OF MEN

THE TERMINATOR

MAD MAX

ALIENS

Answer on page 338

```
M  O  O  N  L  I  G  H  T  J  H  S  E  L  F
M  N  L  G  H  T  F  A  Q  R  S  J  N  G  L
L  A  N  D  M  N  L  C  D  J  U  N  G  L  E
Q  R  S  J  N  G  L  K  M  N  L  G  H  T  S
H  M  A  N  C  H  E  S  T  E  R  H  L  M  N
S  L  S  M  N  P  Q  A  Z  S  J  N  G  L  G
S  E  C  N  E  F  Z  W  L  S  M  N  P  Q  R
M  N  L  G  H  T  R  S  J  N  G  L  J  P  L
F  A  N  T  A  S  T  I  C  H  T  R  S  P  A
G  H  T  R  S  J  N  G  L  J  G  H  T  S  V
A  M  E  R  I  C  A  R  R  E  P  I  P  N  I
H  T  R  S  J  N  G  L  J  G  H  T  S  G  R
S  A  L  E  S  M  A  N  J  S  I  N  G  R  R
M  N  L  G  H  T  R  S  J  N  G  L  J  S  A
D  A  U  Q  S  D  G  H  E  L  M  E  T  S  S
```

FLESH AND SAND

MOONLIGHT

LA LA LAND

HACKSAW RIDGE

MANCHESTER BY THE SEA

ARRIVAL

FENCES

FANTASTIC BEASTS AND WHERE TO FIND THEM

THE JUNGLE BOOK

O.J.: MADE IN AMERICA

PIPER

THE SALESMAN

SING

SUICIDE SQUAD

THE WHITE HELMETS

Answer on page 338

```
Z  O  O  T  O  P  I  A  S  P  S  D  A  O  R
R  V  N  N  T  S  P  T  L  G  H  T  D  N  S
S  P  O  T  L  I  G  H  T  J  S  E  I  P  S
V  N  N  T  S  P  T  L  G  H  T  D  N  S  M
R  E  V  E  N  A  N  T  D  S  H  O  R  T  C
R  V  N  N  T  S  P  T  L  G  H  T  D  N  H
D  A  N  I  S  H  Z  H  A  T  E  F  U  L  N
J  D  N  T  S  P  T  L  G  H  T  D  N  S  D
M  C  M  A  C  H  I  N  A  S  P  T  L  G  N
O  H  N  T  S  P  T  L  P  E  D  I  S  N  I
O  N  H  N  T  S  P  T  L  T  D  N  S  C  S
R  D  B  E  A  R  T  L  G  H  T  D  N  H  A
P  N  S  P  T  L  P  R  I  C  E  Z  D  N  M
R  J  N  N  T  S  P  T  L  G  H  T  D  D  Y
C  D  S  A  U  L  D  N  T  S  P  T  L  N  D
```

ZOOTOPIA	BRIDGE OF SPIES	THE HATEFUL EIGHT	BEAR STORY
SPOTLIGHT	THE BIG SHORT	EX MACHINA	A GIRL IN THE RIVER: THE PRICE OF FORGIVENESS
MAD MAX: FURY ROAD	THE DANISH GIRL	INSIDE OUT	
	ROOM	AMY	SON OF SAUL
THE REVENANT			

```
E  R  T  C  E  P  S  S  T  R  R  B  Y  H  D
T  R  R  B  Y  H  C  B  I  R  D  M  A  N  Z
S  B  C  T  Z  N  F  R  B  D  S  B  L  J  W
T  D  B  U  D  A  P  E  S  T  T  D  R  R  H
U  P  T  Z  N  F  R  B  D  S  T  P  E  B  I
T  S  I  M  I  T  A  T  I  O  N  S  P  D  P
T  T  C  T  Z  N  F  R  B  D  S  T  I  P  L
E  T  B  O  Y  H  O  O  D  D  G  T  N  S  A
R  H  T  Z  N  F  R  B  D  S  B  H  S  T  S
E  R  I  D  A  D  Y  R  O  E  H  T  D  T  H
R  Y  H  T  Z  N  F  R  B  D  S  B  H  H  G
J  C  I  T  I  Z  E  N  F  O  U  R  S  R  H
S  E  L  M  A  N  F  R  B  D  S  B  C  Y  E
Y  H  T  Z  N  C  H  O  T  L  I  N  E  D  R
I  N  T  E  R  S  T  E  L  L  A  R  R  Z  O
```

SPECTRE

STUTTERER

BIRDMAN

THE GRAND
BUDAPEST HOTEL

WHIPLASH

THE IMITATION
GAME

AMERICAN SNIPER

BOYHOOD

INTERSTELLAR

THE THEORY OF
EVERYTHING

IDA

SELMA

CITIZENFOUR

BIG HERO

CRISIS HOTLINE:
VETERANS PRESS

Answer on page 338

```
D  P  H  O  N  E  Z  J  E  C  I  L  A  P  H
P  H  N  D  L  L  S  G  R  V  T  Y  J  S  M
F  E  A  S  T  D  L  L  S  G  S  R  A  E  Y
J  H  N  D  L  L  S  G  R  V  T  Y  J  S  D
G  R  A  V  I  T  Y  J  D  S  A  L  L  A  D
R  S  N  D  L  L  S  G  R  V  T  Y  J  S  Z
N  N  J  A  S  M  I  N  E  H  L  M  G  R  G
E  D  N  D  L  L  S  G  R  V  T  Y  J  S  R
Z  L  N  U  M  B  E  R  L  L  S  G  R  V  E
O  N  D  L  L  S  G  R  V  T  Y  J  S  Z  A
R  L  M  U  I  L  E  H  L  S  G  R  V  T  T
F  S  N  D  L  L  S  G  R  V  T  Y  J  S  Z
D  B  E  A  U  T  Y  D  S  T  A  R  D  O  M
J  H  N  D  L  L  S  G  R  V  T  Y  J  S  D
H  U  B  L  O  T  L  S  G  R  V  T  H  E  R
```

THE PHONE CALL	GRAVITY	HER	HELIUM
STILL ALICE	DALLAS BUYERS CLUB	BLUE JASMINE	THE GREAT BEAUTY
FEAST	FROZEN	MR HUBLOT	20 FEET FROM STARDOM
YEARS A SLAVE	THE GREAT GATSBY	THE LADY IN NUMBER	

Answer on page 338

S	K	F	L	D	J	N	G	S	L	I	F	E	G	R
L	I	N	C	O	L	N	K	F	L	D	J	N	G	O
K	F	L	D	J	N	G	S	K	F	L	D	J	N	G
Z	P	S	K	F	L	D	O	G	N	A	J	D	J	R
E	L	R	U	O	M	A	S	K	F	L	D	J	D	A
R	Y	L	D	J	N	G	S	K	E	V	A	R	B	D
O	B	I	N	O	C	E	N	T	E	R	D	S	F	Z
H	K	L	D	J	N	G	S	K	D	C	F	T	P	S
S	K	Y	F	A	L	L	J	S	Z	U	P	S	L	U
K	F	L	D	J	N	G	S	K	F	R	L	I	Y	G
P	A	P	E	R	M	A	N	R	D	F	Y	T	B	A
H	K	L	D	J	N	G	S	K	D	E	B	R	K	R
K	A	R	E	N	I	N	A	R	D	W	K	A	F	D
K	F	L	D	J	N	G	S	K	F	L	D	J	N	C
P	L	A	Y	B	O	O	K	K	F	L	D	J	N	C

ARGO

LIFE OF PI

LINCOLN

DJANGO
UNCHAINED

SKYFALL

SILVER LININGS
PLAYBOOK

ZERO DARK THIRTY

AMOUR

ANNA KARENINA

PAPERMAN

BRAVE

SEARCHING FOR
SUGAR MAN

INOCENTE

CURFEW

THE ARTIST

Answer on page 338

H	D	I	R	O	N	H	L	H	E	L	P	P	D	S
U	S	D	S	C	N	D	T	S	M	P	P	T	S	S
G	C	D	E	S	C	E	N	D	A	N	T	S	C	I
O	N	T	S	C	N	D	T	S	M	P	P	P	N	R
R	D	D	R	A	G	O	N	C	N	D	T	E	D	A
Z	T	R	S	C	N	D	T	S	M	P	P	E	T	P
U	N	D	E	F	E	A	T	E	D	D	S	C	D	S
D	S	C	N	D	T	S	M	P	S	C	N	H	R	V
G	N	I	V	A	S	S	C	N	D	T	S	M	T	N
S	C	N	D	T	S	M	M	U	P	P	E	T	S	G
B	E	G	I	N	N	E	R	S	S	E	R	O	H	S
D	S	C	N	D	T	S	M	P	P	T	S	D	T	S
F	A	N	T	A	S	T	I	C	V	R	A	N	G	O
J	S	C	N	D	T	S	M	P	P	T	S	D	T	D
S	E	P	A	R	A	T	I	O	N	M	P	P	T	S

HUGO

THE IRON LADY

THE DESCENDANTS

THE GIRL WITH THE DRAGON TATTOO

MIDNIGHT IN PARIS

THE HELP

A SEPARATION

THE FANTASTIC FLYING BOOKS

OF MR. MORRIS LESSMORE

THE SHORE

UNDEFEATED

THE MUPPETS

SAVING FACE

BEGINNERS

RANGO

THE KING'S SPEECH

Answer on page 339

W	O	N	D	E	R	L	A	N	D	S	N	A	W	S
W	N	D	R	L	N	D	S	T	R	N	G	R	S	D
B	B	T	E	V	O	L	J	T	H	I	N	G	D	Z
E	N	D	R	L	N	D	S	T	R	N	G	R	F	K
T	J	W	O	L	F	M	A	N	D	R	Z	I	G	R
T	D	R	L	N	D	S	T	R	N	G	R	N	H	O
E	J	D	Z	R	E	K	C	O	L	R	T	S	T	W
R	S	R	L	N	D	S	T	R	N	G	R	I	R	T
J	P	R	E	C	I	O	U	S	R	S	T	D	B	E
D	D	R	L	N	D	S	T	R	N	G	R	E	T	N
S	T	R	A	N	G	E	R	S	R	N	G	R	T	Z
R	N	D	R	L	N	D	S	T	R	N	G	R	S	D
F	I	G	H	T	E	R	D	A	V	A	T	A	R	J
D	N	D	R	L	N	D	S	T	R	N	G	R	S	D
I	N	C	E	P	T	I	O	N	D	S	T	O	R	Y

INCEPTION

THE SOCIAL NETWORK

THE FIGHTER

TOY STORY

ALICE IN WONDERLAND

BLACK SWAN

IN A BETTER WORLD

THE LOST THING

GOD OF LOVE

THE WOLFMAN

STRANGERS NO MORE

INSIDE JOB

THE HURT LOCKER

AVATAR

PRECIOUS

Answer on page 339

U	P	V	H	E	A	R	T	C	T	K	E	R	T	R
V	C	T	R	T	N	N	T	S	L	M	D	G	K	N
I	N	G	L	O	U	R	I	O	U	S	M	L	K	P
G	C	T	R	T	N	N	T	S	L	M	D	G	K	R
V	I	C	T	O	R	I	A	P	R	D	N	I	L	B
S	C	T	R	T	N	N	T	S	L	M	D	G	K	D
P	R	U	D	E	N	C	E	P	R	P	P	S	P	K
T	R	T	N	N	T	S	D	R	K	R	R	E	R	E
T	E	N	A	N	T	S	N	D	N	D	D	C	D	V
S	C	T	R	T	N	N	C	N	I	N	N	R	N	O
S	L	U	M	D	O	G	M	C	G	C	C	E	C	C
T	S	L	M	D	G	K	L	M	H	M	M	T	M	V
B	E	N	J	A	M	I	N	L	T	L	L	D	L	S
L	G	T	R	T	N	N	T	S	L	M	D	G	K	T
L	O	G	O	R	A	M	A	M	L	K	M	I	L	K

UP

CRAZY HEART

INGLOURIOUS
BASTERDS

STAR TREK

THE YOUNG
VICTORIA

THE BLIND SIDE

MUSIC BY PRUDENCE

THE SECRET IN THEIR
EYES

THE COVE

THE NEW TENANTS

LOGORAMA

SLUMDOG
MILLIONAIRE

THE CURIOUS CASE
OF BENJAMIN
BUTTON

MILK

THE DARK KNIGHT

Answer on page 339

W	W	D	E	P	A	R	T	U	R	E	S	D	D	D
A	D	P	R	T	R	S	R	D	R	C	L	R	C	U
L	D	R	C	A	N	I	T	S	I	R	C	S	H	C
L	H	P	R	T	R	S	R	D	R	C	L	T	S	H
R	S	M	I	L	E	P	R	T	E	R	I	W	S	E
D	Z	P	R	T	R	S	R	D	R	C	L	C	Y	S
R	J	M	A	I	S	O	N	L	V	I	E	H	T	S
E	R	P	R	T	R	S	R	D	R	C	S	S	O	D
D	J	A	T	O	N	E	M	E	N	T	S	S	Y	C
A	L	P	R	T	R	S	R	D	R	T	Y	Y	L	H
E	R	C	L	A	Y	T	O	N	H	H	R	R	A	S
R	S	P	R	T	R	S	R	D	R	R	D	D	N	S
J	U	L	T	I	M	A	T	U	M	Y	H	H	D	Y
D	Z	P	R	T	R	S	R	D	R	D	S	S	T	R
C	O	U	N	T	R	Y	R	S	R	D	O	O	L	B

WALL-E

THE READER

THE DUCHESS

DEPARTURES

VICKY CRISTINA BARCELONA

SMILE PINKI

MAN ON WIRE

TOYLAND

LA MAISON EN PETITS CUBES

NO COUNTRY FOR OLD MEN

THE BOURNE ULTIMATUM

THERE WILL BE BLOOD

LA VIE EN ROSE

ATONEMENT

MICHAEL CLAYTON

Answer on page 339

```
R  A  T  A  T  O  U  I  L  L  E  G  L  D  N
P  C  K  P  T  S  D  R  K  G  L  O  N  U  J
S  W  E  E  N  E  Y  H  S  N  E  D  L  O  G
C  K  P  T  S  D  R  K  G  L  G  L  D  N  S
D  A  R  K  G  O  N  C  E  R  G  L  S  T  S
F  R  H  L  D  L  B  Y  R  E  T  E  P  S  U
D  L  E  H  E  E  R  F  L  G  L  S  T  H  N
E  L  I  Z  A  B  E  T  H  S  L  R  T  R  S
D  E  P  A  R  T  E  D  L  R  Y  H  S  M  H
D  R  H  L  D  L  B  Y  R  H  L  D  L  B  I
L  A  B  Y  R  I  N  T  H  L  G  L  D  N  N
D  R  E  A  M  G  I  R  L  S  P  L  L  K  E
C  O  U  N  T  E  R  F  E  I  T  E  R  S  S
H  K  P  T  S  D  R  K  G  L  G  L  D  N  R
P  I  C  K  P  O  C  K  E  T  S  P  L  L  K
```

RATATOUILLE

JUNO

SWEENEY TODD: THE DEMON BARBER OF FLEET STREET

THE GOLDEN COMPASS

ELIZABETH: THE GOLDEN AGE

TAXI TO THE DARK SIDE

PETER & THE WOLF

ONCE

LE MOZART DES PICKPOCKETS

THE COUNTERFEITERS

FREEHELD

THE DEPARTED

PAN'S LABYRINTH

DREAMGIRLS

LITTLE MISS SUNSHINE

Answer on page 339

Q	N	Q	U	E	E	N	B	B	L	L	E	B	A	B
S	C	T	L	N	D	B	R	K	B	C	K	P	R	T
I	N	C	O	N	V	E	N	I	E	N	T	L	M	J
L	C	T	L	N	D	B	R	K	B	C	K	P	R	A
P	I	R	A	T	E	S	J	M	T	E	E	F	T	M
T	C	T	L	N	D	B	R	K	B	C	K	P	R	I
D	J	S	C	O	T	L	A	N	D	D	S	T	G	J
A	M	J	L	N	D	B	R	K	B	C	K	Z	E	S
N	C	A	N	T	O	I	N	E	T	T	E	Z	I	O
I	R	Y	L	N	D	B	R	K	B	C	K	H	S	T
S	S	Y	I	N	G	Z	H	O	U	K	B	C	H	H
H	H	B	L	N	D	B	R	K	B	C	K	H	A	E
C	B	R	O	K	E	B	A	C	K	B	N	K	J	R
R	R	B	L	N	D	B	R	K	B	C	K	H	D	S
S	R	S	H	H	S	A	R	C	D	K	N	A	B	Z

AN INCONVENIENT TRUTH

BABEL

THE QUEEN

LETTERS FROM IWO JIMA

PIRATES OF THE CARIBBEAN: DEAD MAN'S CHEST

THE DANISH POET

HAPPY FEET

THE LAST KING OF SCOTLAND

THE LIVES OF OTHERS

MARIE ANTOINETTE

WEST BANK STORY

THE BLOOD OF YINGZHOU DISTRICT

CRASH

BROKEBACK MOUNTAIN

MEMOIRS OF A GEISHA

Answer on page 339

K	N	G	N	R	E	T	O	P	A	C	N	N	W	W
G	P	G	R	D	N	R	P	N	G	N	P	A	P	A
N	N	G	A	R	D	E	N	E	R	G	N	R	N	L
O	G	P	R	D	N	R	P	N	G	H	G	N	G	K
K	N	J	Z	E	L	T	S	U	H	S	N	I	N	T
H	S	A	V	I	A	T	O	R	D	T	S	A	S	G
S	T	P	E	N	G	U	I	N	S	R	T	R	T	S
Y	R	Z	R	D	N	R	P	N	G	M	R	T	R	R
R	M	T	R	S	I	S	T	O	S	T	M	R	M	E
I	P	B	R	D	N	R	P	N	L	M	T	I	P	T
A	H	G	R	O	M	I	T	J	D	Z	H	U	H	O
N	C	J	Z	D	N	R	P	N	L	M	S	M	C	O
A	N	M	I	L	L	I	O	N	R	S	N	P	N	H
D	T	B	R	S	N	R	P	N	L	M	V	H	V	S
C	O	N	V	E	R	S	A	T	I	O	N	D	R	S

KING KONG

CAPOTE

WALK THE LINE

THE CONSTANT GARDENER

HUSTLE & FLOW

SYRIANA

MARCH OF THE PENGUINS

SIX SHOOTER

THE MOON AND THE SON: AN IMAGINED CONVERSATION

A NOTE OF TRIUMPH: THE GOLDEN AGE OF NORMAN CORWIN

TSOTSI

WALLACE & GROMIT: THE CURSE OF THE WERE-RABBIT

MILLION DOLLAR BABY

THE AVIATOR

THE CHRONICLES OF NARNIA: THE LION, THE WITCH AND THE WARDROBE

Answer on page 340

```
E  V  E  N  T  S  L  M  I  G  H  T  Y  M  W
M  T  R  C  Y  C  L  M  G  H  T  Y  J  G  A
S  H  S  U  N  S  H  I  N  E  C  L  M  H  S
P  T  R  E  T  U  R  N  G  H  T  Y  J  T  P
I  Y  M  O  T  O  R  C  Y  C  L  E  P  Y  T
D  B  R  C  Y  C  L  M  G  H  T  Y  F  B  S
E  R  B  J  T  M  D  E  D  I  S  N  I  R  Y
R  T  B  R  T  H  L  M  G  H  T  Y  S  T  A
R  B  R  O  T  H  E  L  S  T  H  L  M  H  W
T  B  R  T  C  L  M  G  S  R  Y  A  N  L  E
C  O  M  M  A  N  D  E  R  H  T  Y  S  D  D
N  E  V  E  R  L  A  N  D  T  H  L  M  C  I
D  G  R  C  Y  C  L  M  G  H  T  Y  F  M  S
I  N  C  R  E  D  I  B  L  E  S  H  T  N  R
D  G  R  C  Y  C  L  M  G  H  T  Y  R  A  Y
```

RAY

THE INCREDIBLES

FINDING NEVERLAND

SIDEWAYS

LEMONY SNICKET'S A SERIES OF UNFORTUNATE EVENTS

SPIDER-MAN

ETERNAL SUNSHINE OF THE SPOTLESS MIND

THE MOTORCYCLE DIARIES

THE SEA INSIDE

BORN INTO BROTHELS

MIGHTY TIMES: THE CHILDREN'S MARCH

WASP

RYAN

THE LORD OF THE RINGS: THE RETURN OF THE KING

MASTER AND COMMANDER: THE FAR SIDE OF THE WORLD

Answer on page 340

M	Y	S	T	I	C	M	M	O	U	N	T	A	I	N
T	R	N	S	L	T	N	M	Y	S	T	C	M	N	S
T	R	A	N	S	L	A	T	I	O	N	M	R	S	O
V	R	N	S	G	T	N	M	R	S	T	C	M	T	M
I	N	V	A	S	I	O	N	S	P	Q	R	J	X	E
J	R	N	S	D	T	N	M	F	S	T	R	D	Y	N
R	E	T	S	N	O	M	N	S	L	T	N	M	Y	S
N	S	D	T	N	M	F	S	R	E	I	D	L	O	S
C	H	I	C	A	G	O	N	S	D	T	N	M	F	T
J	R	N	N	D	Z	N	R	F	R	I	D	A	F	W
P	I	A	N	I	S	T	J	D	Z	R	S	D	R	A
T	O	W	E	R	S	T	S	H	O	U	R	S	D	R
Z	R	N	S	D	T	N	M	F	S	T	R	M	D	N
C	H	E	R	N	O	B	Y	L	D	T	N	M	F	S
C	R	B	S	R	T	B	M	T	E	P	M	U	R	K

MYSTIC RIVER

COLD MOUNTAIN

LOST IN
TRANSLATION

FINDING NEMO

THE BARBARIAN
INVASIONS

TWO SOLDIERS

MONSTER

HARVIE KRUMPET

CHERNOBYL HEART

THE FOG OF WAR

CHICAGO

THE PIANIST

THE LORD OF THE
RINGS: THE TWO
TOWERS

FRIDA

THE HOURS

Answer on page 340

```
P E R D I T I O N H R K L A T
H R H A R B O R S P R T D H R
A D A P T A T I O N C L M B C
F S P R T D H R C L M B N S H
R L M B N D E T I R I P S C A
I Z S P R T D H R L M B N H R
C O L U M B I N E D H R C R M
A P R T M O N S T E R S J M I
G B E A U T I F U L P R T N N
S P R T S P R T D H R S D G G
R R F E L L O W S H I P S D R
E S S P D S P R T D H R S R H
W T G O S F O R D D Z J S D R
O W Z P D J P S P R T D H R S
T R J K W A H D Z N I L U O M
```

ROAD TO <u>PERDITION</u>

<u>ADAPTATION</u>

<u>TALK</u> TO HER

THIS <u>CHARMING</u> MAN

SPIRITED AWAY

NOWHERE IN <u>AFRICA</u>

TWIN <u>TOWERS</u>

BOWLING FOR <u>COLUMBINE</u>

A <u>BEAUTIFUL</u> MIND

THE LORD OF THE RINGS: THE <u>FELLOWSHIP</u> OF THE RING

<u>MOULIN</u> ROUGE

BLACK <u>HAWK</u> DOWN

<u>GOSFORD</u> PARK

<u>MONSTERS</u>, INC.

PEARL <u>HARBOR</u>

Answer on page 340

I	T	T	R	A	I	N	I	N	G	D	L	L	A	B
R	R	B	R	C	K	V	C	H	B	R	D	S	T	G
I	N	T	H	O	T	H	S	S	D	R	I	B	R	K
S	G	B	R	D	S	R	B	R	C	K	V	C	H	E
R	S	U	N	D	A	Y	B	R	D	S	F	M	G	R
L	B	R	D	S	F	M	N	O	G	A	R	D	B	H
A	B	R	C	K	V	C	H	B	R	D	S	W	R	S
N	J	B	R	O	C	K	O	V	I	C	H	L	C	R
D	D	B	R	D	S	G	L	D	T	R	F	F	K	T
G	F	A	M	O	U	S	T	D	B	T	S	D	V	R
L	C	C	N	T	N	T	R	E	D	N	O	W	C	A
D	B	R	C	K	V	C	H	C	N	T	N	T	H	F
G	L	A	D	I	A	T	O	R	T	R	F	F	W	F
C	N	T	N	T	B	R	C	K	V	C	H	X	N	I
A	C	C	O	U	N	T	A	N	T	Z	J	S	D	C

IRIS

SHREK

TRAINING DAY

MONSTER'S BALL

THOTH

FOR THE BIRDS

NO MAN'S LAND

MURDER ON A
SUNDAY MORNING

THE ACCOUNTANT

GLADIATOR

CROUCHING TIGER,
HIDDEN DRAGON

TRAFFIC

ERIN BROCKOVICH

ALMOST FAMOUS

WONDER BOYS

Answer on page 340

```
D  I  S  C  I  P  L  E  S  P  M  P  M  I  G
S  H  K  S  P  R  S  P  T  M  B  R  T  R  V
I  N  T  E  R  R  U  P  T  E  D  P  R  S  P
J  S  H  K  S  P  R  S  P  M  O  T  H  E  R
S  H  A  K  E  S  P  E  A  R  E  P  T  M  B
S  H  S  H  K  S  P  R  T  M  B  R  T  R  V
T  R  S  M  A  N  M  T  R  N  I  L  O  I  V
T  T  T  S  H  K  S  P  R  M  T  R  X  V  B
U  R  S  E  P  T  E  M  B  E  R  C  D  R  R
R  Z  T  R  S  H  K  S  P  R  M  T  R  X  E
V  N  T  A  R  Z  A  N  M  T  R  X  S  L  D
Y  M  S  L  P  S  H  K  S  P  R  P  Y  X  I
J  T  S  Y  O  B  X  Y  P  E  E  L  S  B  C
D  R  X  M  T  R  S  H  K  S  P  R  J  D  Z
B  E  A  U  T  Y  C  M  A  T  R  I  X  R  S
```

AMERICAN <u>BEAUTY</u>

THE <u>MATRIX</u>

THE <u>CIDER</u> HOUSE RULES

TOPSY-<u>TURVY</u>

SLEEPY HOLLOW

BOYS DON'T CRY

TARZAN

ONE DAY IN <u>SEPTEMBER</u>

THE RED <u>VIOLIN</u>

THE OLD <u>MAN</u> AND THE SEA

MY MOTHER DREAMS THE SATAN'S <u>DISCIPLES</u> IN NEW YORK

KING <u>GIMP</u>

GIRL, <u>INTERRUPTED</u>

ALL ABOUT MY <u>MOTHER</u>

<u>SHAKESPEARE</u> IN LOVE

Answer on page 340

P	P	B	E	A	U	T	I	F	U	L	M	P	S	S
R	R	P	R	N	C	M	N	S	T	R	S	R	M	R
I	V	E	L	I	Z	A	B	E	T	H	N	I	S	E
V	T	P	R	S	N	L	S	B	N	N	S	N	N	T
A	F	F	L	I	C	T	I	O	N	S	T	C	S	S
T	J	P	R	D	C	M	R	S	T	S	R	E	T	N
E	D	C	M	R	S	S	M	A	E	R	D	F	R	O
P	P	R	S	N	J	S	Z	N	R	T	R	R	S	M
P	E	R	S	O	N	A	L	S	D	S	Y	A	D	G
Z	G	O	O	D	P	R	S	N	L	S	B	N	N	S
E	L	E	C	T	I	O	N	J	D	Y	N	N	U	B
J	P	R	P	N	D	S	N	N	R	S	R	D	Y	S
C	O	N	F	I	D	E	N	T	I	A	L	N	S	D
Z	P	R	S	N	D	S	B	N	R	S	Q	X	Y	Z
H	U	N	T	I	N	G	T	C	I	N	A	T	I	T

SAVING <u>PRIVATE</u> RYAN

LIFE IS <u>BEAUTIFUL</u>

ELIZABETH

GODS AND <u>MONSTERS</u>

THE <u>PRINCE</u> OF EGYPT

AFFLICTION

WHAT <u>DREAMS</u> MAY COME

THE <u>PERSONALS</u>

THE LAST <u>DAYS</u>

<u>ELECTION</u> NIGHT

BUNNY

TITANIC

GOOD WILL <u>HUNTING</u>

L.A. <u>CONFIDENTIAL</u>

AS <u>GOOD</u> AS IT GETS

Answer on page 341

```
B  S  N  O  W  J  D  W  I  S  H  B  O  N  E
S  S  W  S  H  B  N  M  N  K  Y  Z  B  R  S
E  T  S  E  S  O  R  H  G  N  I  N  N  U  R
P  R  T  S  H  R  N  M  B  K  J  Z  D  R  S
I  P  B  E  N  C  N  G  M  Y  E  K  N  O  M
R  S  W  S  H  N  I  N  E  M  Z  B  R  K  D
T  Z  T  S  H  B  N  M  N  S  Y  Z  J  R  M
S  B  M  O  O  S  E  G  N  K  M  C  B  S  A
K  R  T  S  H  B  N  Z  E  B  R  A  D  T  R
M  S  W  S  H  G  N  M  N  K  M  Z  B  R  L
O  G  N  O  C  R  N  Z  N  W  M  G  S  R  E
Z  N  W  M  G  S  F  A  N  G  D  B  S  D  Y
R  S  S  S  H  T  N  X  N  Y  M  D  B  S  D
T  I  N  R  S  T  E  E  L  Z  N  W  M  G  S
J  D  S  S  D  S  R  X  B  Y  N  K  Y  R  D
```

SNOW DOGS	RUN FOR THE ROSES	MARLEY & ME	WHITE FANG
WISHBONE: DOG DAYS WEST	MONKEY TROUBLE	SALT WATER MOOSE	RIN TIN TIN
RUNNING FREE	BEN	ZEBRA IN THE KITCHEN	JAWS OF STEEL
RACING STRIPES	NINE LIVES	CONGO	

Answer on page 341

M	O	N	T	Y	M	N	T	K	C	A	L	B	H	M
C	H	R	C	T	R	V	R	T	P	T	N	T	G	M
V	M	C	H	A	R	A	C	T	E	R	X	H	M	D
I	C	H	R	C	T	R	P	T	V	S	G	O	N	E
R	G	H	E	A	L	I	N	G	H	L	N	M	T	M
T	R	J	Z	R	T	R	P	S	D	R	G	E	Y	A
U	P	S	T	N	E	I	T	A	P	T	P	T	B	G
E	T	B	T	R	V	R	T	P	T	N	T	G	L	R
J	M	A	G	U	I	R	E	J	Z	R	T	R	C	F
H	R	C	T	R	V	R	T	P	T	N	T	G	M	A
I	N	D	E	P	E	N	D	E	N	C	E	L	K	R
J	Z	C	R	R	S	R	N	P	M	N	D	R	F	G
E	M	M	A	R	T	G	N	I	L	S	G	H	R	O
S	H	R	C	T	R	V	R	T	P	T	N	T	G	M
D	E	N	I	H	S	C	T	V	A	T	I	V	E	S

THE FULL MONTY

MEN IN BLACK

VISAS AND VIRTUE

CHARACTER

GERI'S GAME

A STORY OF HEALING

THE LONG WAY HOME

THE ENGLISH PATIENT

FARGO

SHINE

EVITA

JERRY MAGUIRE

INDEPENDENCE DAY

EMMA

SLING BLADE

Answer on page 341

```
T  D  A  R  K  N  E  S  S  L  A  Y  L  O  K
R  D  R  K  N  S  S  B  R  T  H  N  G  K  N
Q  u  Y  R  A  I  D  T  N  S  G  N  I  K  D
U  H  R  K  N  S  H  B  R  T  H  N  G  H  Y
E  J  B  R  E  A  T  H  I  N  G  D  S  T  T
S  B  R  V  K  S  H  T  R  K  H  M  G  S  T
T  D  B  R  A  V  E  H  E  A  R  T  R  S  U
B  R  V  K  S  H  T  R  K  H  M  G  S  B  N
P  O  C  A  H  O  N  T  A  S  D  T  R  A  S
Z  R  D  K  J  H  S  R  N  H  Y  G  S  B  F
R  E  S  T  O  R  A  T  I  O  N  S  T  E  T
J  B  D  L  J  G  S  R  Y  S  Y  B  S  T  R
P  O  S  T  I  N  O  D  L  J  G  S  R  Y  S
S  N  S  P  P  S  T  S  T  C  E  P  S  U  S
S  E  N  S  E  S  N  S  P  O  L  L  O  P  A
```

THE GHOST AND THE DARKNESS

KOLYA

THE NUTTY PROFESSOR

QUEST

WHEN WE WERE KINGS

BREATHING LESSONS: THE LIFE AND WORK OF MARK O'BRIEN

DEAR DIARY

BRAVEHEART

APOLLO

POCAHONTAS

THE USUAL SUSPECTS

RESTORATION

BABE

SENSE AND SENSIBILITY

IL POSTINO: THE POSTMAN

Answer on page 341

```
L  F  F  O  R  R  E  S  T  Y  F  C  T  N  Y
I  R  B  R  D  W  Y  F  D  K  I  N  G  S  R
N  R  S  P  E  E  D  B  R  D  W  Y  F  C  O
E  S  J  D  R  S  H  G  L  D  O  O  W  R  T
B  T  B  R  D  W  Y  F  C  T  N  S  H  V  S
B  R  O  A  D  W  A  Y  C  J  N  D  H  Y  S
B  T  R  S  J  R  Y  F  O  V  I  V  R  U  S
J  Z  D  R  D  W  Y  F  C  T  G  S  H  V  R
L  I  E  B  E  R  M  A  N  W  Y  F  C  T  K
B  Z  D  R  D  W  Y  F  C  T  G  S  H  T  N
F  I  C  T  I  O  N  O  E  V  A  H  S  J  A
M  Z  D  T  D  W  Y  F  C  T  G  S  H  Z  R
A  P  H  R  O  D  I  T  E  T  Y  L  M  D  F
W  Z  D  L  D  W  K  F  C  N  G  F  G  R  T
W  A  L  K  I  N  G  R  L  E  A  V  I  N  G
```

DEAD MAN <u>WALKING</u>   A CLOSE <u>SHAVE</u>   TOY <u>STORY</u>   ED <u>WOOD</u>

<u>LEAVING</u> LAS VEGAS   <u>LIEBERMAN</u> IN LOVE   <u>FORREST</u> GUMP   PULP <u>FICTION</u>

MIGHTY <u>APHRODITE</u>   ONE <u>SURVIVOR</u> REMEMBERS   THE LION <u>KING</u>   BULLETS OVER <u>BROADWAY</u>

ANNE <u>FRANK</u> REMEMBERED   ANTONIA'S <u>LINE</u>   SPEED

Answer on page 341

```
M  M  W  O  N  D  E  R  F  U  L  J  S  D  J
A  D  F  U  G  I  T  I  V  E  F  G  T  N  U
D  N  B  U  R  N  T  S  R  T  S  I  L  S  S
N  S  P  H  L  D  P  H  B  R  T  H  D  S  T
E  S  B  L  U  E  J  T  R  E  V  O  R  P  I
S  P  R  J  L  S  P  M  B  N  T  H  R  H  C
S  H  P  R  I  S  C  I  L  L  A  P  T  L  E
J  L  J  N  L  M  P  R  B  S  T  H  L  D  S
S  D  B  I  R  T  H  D  A  Y  H  D  P  N  R
D  P  J  H  L  B  P  H  B  R  S  H  D  O  N
N  H  J  U  R  A  S  S  I  C  J  R  S  I  O
E  J  P  H  L  D  P  H  B  R  T  H  D  S  I
G  R  L  P  H  I  L  A  D  E  L  P  H  I  A
E  S  G  R  L  D  P  C  X  Q  T  M  N  V  I
L  S  R  O  N  A  I  P  P  L  A  N  R  S  V
```

THE MADNESS OF KING GEORGE

LEGENDS OF THE FALL

A TIME FOR JUSTICE

FRANZ KAFKA'S IT'S A WONDERFUL LIFE

MAYA LIN: A STRONG CLEAR VISION

BURNT BY THE SUN

TREVOR

THE ADVENTURES OF PRISCILLA, QUEEN OF THE DESERT

BOB'S BIRTHDAY

BLUE SKY

SCHINDLER'S LIST

THE PIANO

JURASSIC PARK

PHILADELPHIA

THE FUGITIVE

Answer on page 341

I	N	N	O	C	E	N	C	E	D	B	T	F	R	T
D	B	T	F	R	H	W	R	D	L	R	R	M	S	R
R	H	W	R	D	S	P	E	U	Q	O	P	E	T	O
E	T	F	R	H	W	R	D	B	T	F	R	D	R	U
D	N	P	R	O	M	I	S	E	P	R	M	H	S	S
I	D	D	B	T	F	R	W	R	D	B	T	O	R	E
R	C	D	O	U	B	T	F	I	R	E	R	W	S	R
S	H	F	R	H	W	D	B	T	F	R	S	A	H	S
U	N	F	O	R	G	I	V	E	N	F	C	R	W	D
I	N	D	O	C	H	I	N	E	R	S	N	D	R	S
J	A	L	U	C	A	R	D	S	N	C	T	S	D	E
D	B	T	F	R	S	C	N	T	C	R	S	Y	S	V
C	R	Y	I	N	G	P	V	T	N	E	C	S	L	I
T	F	R	S	C	J	D	B	T	F	R	R	V	V	L
A	L	A	D	D	I	N	D	R	I	V	E	R	S	R

THE AGE OF INNOCENCE

THE WRONG TROUSERS

BELLE EPOQUE

I AM A PROMISE: THE CHILDREN

OF STANTON ELEMENTARY SCHOOL

MRS. DOUBTFIRE

BLACK RIDER

DEFENDING OUR LIVES

UNFORGIVEN

HOWARDS END

BRAM STOKER'S DRACULA

ALADDIN

THE CRYING GAME

SCENT OF A WOMAN

A RIVER RUNS THROUGH IT

INDOCHINE

Answer on page 342

```
V  I  N  N  Y  V  N  N  Y  A  M  A  N  A  P
M  H  C  N  S  F  K  S  T  R  C  S  B  C  M
M  O  H  I  C  A  N  S  B  T  R  S  S  S  B
Z  H  C  N  S  F  K  S  T  R  C  T  I  T  E
R  R  O  M  N  I  B  U  S  G  H  R  L  R  C
E  C  J  N  S  F  K  S  T  R  C  K  E  C  O
T  S  S  T  A  I  R  C  A  S  E  S  N  S  M
E  B  Z  N  S  F  R  S  T  R  C  B  C  B  E
P  T  B  E  A  U  T  Y  R  C  T  T  E  T  S
D  H  C  N  S  F  K  S  T  R  C  S  B  C  R
F  I  S  H  E  R  T  C  R  E  S  I  U  O  L
G  H  C  N  S  F  K  S  T  R  C  S  B  C  K
S  H  A  D  O  W  B  G  S  Y  Y  S  G  U  B
Z  H  C  N  S  F  K  S  T  R  C  S  J  C  K
J  U  D  G  M  E  N  T  B  G  S  Y  J  F  K
```

MY COUSIN <u>VINNY</u>

THE <u>PANAMA</u> DECEPTION

EDUCATING <u>PETER</u>

THE LAST OF THE <u>MOHICANS</u>

DEATH <u>BECOMES</u> HER

OMNIBUS

MONA LISA DESCENDING A <u>STAIRCASE</u>

THE <u>SILENCE</u> OF THE LAMBS

TERMINATOR: <u>JUDGMENT</u> DAY

BUGSY

JFK

BEAUTY AND THE BEAST

THELMA & <u>LOUISE</u>

THE <u>FISHER</u> KING

IN THE <u>SHADOW</u> OF THE STARS

Answer on page 342

```
M  A  N  I  P  U  L  A  T  I  O  N  M  D  T
M  N  P  L  T  N  M  D  T  R  R  N  S  L  C
M  D  T  M  E  D  I  T  E  R  R  A  N  E  O
S  C  P  L  T  N  T  D  T  R  S  N  S  L  C
R  Y  D  E  C  E  P  T  I  O  N  R  G  D  S
E  R  W  A  I  T  I  N  G  D  N  C  D  R  E
K  N  F  R  T  S  E  C  N  A  D  Y  F  E  S
C  P  L  T  N  T  D  T  R  S  N  S  L  A  S
I  G  G  O  O  D  F  E  L  L  A  S  S  M  I
L  J  L  T  R  C  D  T  R  S  N  S  L  C  O
S  D  C  Y  R  A  N  O  J  H  O  P  E  Y  N
J  L  T  R  C  D  T  R  S  N  S  L  C  R  S
O  C  T  O  B  E  R  D  F  O  R  T  U  N  E
R  L  S  R  D  D  Z  R  J  N  D  L  S  R  Z
G  H  O  S  T  R  D  D  Y  C  A  R  T  L  S
```

MANIPULATION

MEDITERRANEO

SESSION MAN

CITY SLICKERS

DEADLY DECEPTION

DANCES WITH WOLVES

DICK TRACY

GHOST

GOODFELLAS

THE HUNT FOR RED OCTOBER

REVERSAL OF FORTUNE

CYRANO DE BERGERAC

AMERICAN DREAM

JOURNEY OF HOPE

DAYS OF WAITING

Answer on page 342

```
C  I  N  E  M  A  J  N  A  M  T  A  B  Z  I
B  L  N  C  X  P  R  N  C  N  D  Y  A  T  N
E  X  P  E  R  I  E  N  C  E  D  R  L  H  D
J  L  N  C  B  P  T  N  H  N  R  S  A  R  I
W  L  H  C  R  P  D  G  C  S  D  Y  N  D  A
T  H  R  E  A  D  S  P  R  N  C  N  C  S  N
B  L  N  C  X  P  R  N  C  N  D  Y  E  H  A
Y  T  E  I  C  O  S  C  P  R  N  C  N  N  J
B  G  N  G  S  T  R  Y  R  N  E  H  D  R  F
G  L  H  C  T  P  D  R  C  S  T  Y  M  Y  O
M  E  R  M  A  I  D  X  F  L  O  O  D  G  U
B  L  N  C  X  P  R  N  C  N  D  Y  T  L  R
A  B  Y  S  S  N  C  X  P  T  O  O  F  R  T
B  L  N  C  X  P  R  N  C  N  D  Y  G  Y  H
D  A  I  S  Y  N  C  L  Y  R  O  L  G  S  D
```

DRIVING MISS <u>DAISY</u>

GLORY

BORN ON THE <u>FOURTH</u> OF JULY

MY LEFT <u>FOOT</u>

THE LITTLE <u>MERMAID</u>

DEAD POETS <u>SOCIETY</u>

THE <u>ABYSS</u>

<u>INDIANA</u> JONES AND THE LAST CRUSADE

<u>HENRY</u> V

THE JOHNSTOWN <u>FLOOD</u>

COMMON <u>THREADS:</u> STORIES FROM THE QUILT

<u>CINEMA</u> PARADISO

WORK <u>EXPERIENCE</u>

BATMAN

BALANCE

Answer on page 342

```
R  A  I  N  D  D  A  N  G  E  R  O  U  S  G
D  N  G  R  S  C  N  Q  R  B  T  T  L  J  C
A  C  C  I  D  E  N  T  A  L  C  N  Q  R  B
G  N  G  F  S  C  B  D  R  R  S  T  L  J  B
A  D  N  A  W  R  B  F  R  G  S  Y  M  N  Y
T  R  M  N  S  C  O  N  Q  U  E  R  O  R  S
G  D  T  E  R  M  I  N  U  S  T  R  M  N  S
N  R  B  F  R  G  S  Y  M  N  Y  S  J  D  R
I  B  B  E  E  T  L  E  J  U  I  C  E  R  E
K  T  B  E  A  N  F  I  E  L  D  D  S  S  G
R  T  J  E  N  N  I  N  G  S  R  M  N  T  O
O  T  R  M  N  S  R  M  N  S  T  R  M  N  R
W  L  D  R  I  B  T  D  E  S  U  C  C  A  J
J  N  G  R  S  C  N  Q  R  B  T  T  L  J  C
M  I  S  S  I  S  S  I  P  P  I  D  T  O  Y
```

RAIN MAN

DANGEROUS
LIAISONS

WHO FRAMED
ROGER RABBIT?

MISSISSIPPI BURNING

WORKING GIRL

THE ACCIDENTAL
TOURIST

A FISH CALLED
WANDA

PELLE THE
CONQUEROR

THE ACCUSED

THE APPOINTMENTS
OF DENNIS
JENNINGS

BEETLEJUICE

BIRD

HÔTEL TERMINUS:
THE LIFE AND TIMES
OF KLAUS BARBIE

THE MILAGRO
BEANFIELD WAR

TIN TOY

Answer on page 342

```
M  M  M  O  O  N  S  T  R  U  C  K  P  L  E
E  N  P  L  A  T  O  O  N  D  N  C  N  G  V
M  S  H  E  A  R  T  R  S  A  E  F  Z  A
P  T  D  N  C  N  G  S  T  R  T  R  M  N  H
E  R  D  A  N  C  I  N  G  T  R  H  N  H  M
R  C  S  T  R  E  E  T  R  S  O  S  S  E  N
O  K  J  K  L  M  N  B  F  T  O  R  T  N  S
R  R  R  O  B  O  C  O  P  G  M  S  R  D  T
J  B  D  T  C  S  G  W  T  G  T  F  C  E  R
U  N  T  O  U  C  H  A  B  L  E  S  K  R  C
B  L  N  C  C  S  H  P  L  G  N  T  R  S  K
L  U  N  C  H  J  D  R  J  S  B  R  B  O  R
C  S  H  P  L  D  E  T  N  A  L  P  N  N  B
J  B  D  T  C  S  G  W  T  G  T  F  S  S  N
E  C  A  P  S  R  E  N  N  I  T  G  Z  R  S
```

YOU DON'T <u>HAVE</u> TO DIE

THE LAST <u>EMPEROR</u>

MOONSTRUCK

THE <u>UNTOUCHABLES</u>

BABETTE'S <u>FEAST</u>

DIRTY <u>DANCING</u>

HARRY AND THE <u>HENDERSONS</u>

INNERSPACE

THE MAN WHO <u>PLANTED</u> TREES

THE TEN-YEAR <u>LUNCH</u>

WALL <u>STREET</u>

YOUNG AT <u>HEART</u>

ROBOCOP

PLATOON

A <u>ROOM</u> WITH A VIEW

Answer on page 342

```
S  I  S  T  E  R  S  S  N  S  N  E  I  L  A
S  S  T  R  S  M  N  Y  M  D  N  G  H  T  S
M  C  M  O  N  E  Y  G  N  G  U  N  G  C  C
I  H  R  R  S  V  N  D  M  F  N  R  D  H  H
S  L  M  I  D  N  I  G  H  T  S  H  G  L  I
S  D  F  R  S  M  N  J  M  D  Z  G  R  D  L
I  R  I  M  A  G  E  S  M  G  S  D  E  R  D
O  N  T  Z  S  M  N  R  M  M  N  G  E  N  R
N  M  W  O  M  E  N  M  N  R  M  D  K  M  E
F  D  T  R  S  M  N  Y  M  D  N  G  T  D  N
R  N  F  D  T  R  S  A  F  R  I  C  A  N  S
J  S  T  R  S  M  N  Y  M  D  N  G  H  T  D
A  M  E  R  I  C  A  T  Y  L  F  F  T  G  W
J  S  T  R  S  M  N  Y  M  D  N  G  H  T  S
A  S  S  A  U  L  T  M  N  Y  M  W  A  H  S
```

HANNAH AND HER SISTERS

ALIENS

THE MISSION

CHILDREN OF A LESSER GOD

THE COLOR OF MONEY

TOP GUN

ROUND MIDNIGHT

ARTIE SHAW: TIME IS ALL YOU'VE GOT

THE ASSAULT

DOWN AND OUT IN AMERICA

THE FLY

A GREEK TRAGEDY

PRECIOUS IMAGES

WOMEN – FOR AMERICA, FOR THE WORLD

OUT OF AFRICA

Answer on page 343

```
W  W  I  T  N  E  S  S  N  G  H  T  R  A  N
H  N  G  H  T  B  N  T  F  L  C  H  R  L  D
H  M  S  T  H  G  I  N  H  N  O  O  C  O  C
O  B  J  H  R  B  N  S  F  H  C  H  B  L  M
N  L  B  O  U  N  T  I  F  U  L  J  L  Z  B
O  L  G  H  T  T  N  T  J  L  Z  H  R  T  L
R  Y  T  T  N  T  O  F  F  I  C  I  A  L  L
M  A  L  L  E  B  L  G  H  T  H  N  G  N  Y
B  N  G  H  T  T  N  T  J  M  A  M  F  M  S
R  M  R  A  I  N  B  O  W  B  R  B  U  B  M
E  B  J  H  R  B  N  S  F  L  L  L  T  L  A
D  L  P  I  L  G  R  I  M  L  I  L  U  L  S
I  L  G  H  T  B  N  T  F  Y  E  Y  R  Y  K
P  Y  N  G  H  T  T  N  T  S  R  S  E  S  T
S  S  A  M  A  D  E  U  S  R  Y  R  T  J  R
```

WITNESS

COCOON

PRIZZI'S HONOR

BACK TO THE FUTURE

KISS OF THE SPIDER WOMAN

RAN

THE OFFICIAL STORY

THE TRIP TO BOUNTIFUL

WHITE NIGHTS

ANNA & BELLA

BROKEN RAINBOW

MASK

MOLLY'S PILGRIM

WITNESS TO WAR: DR. CHARLIE CLEMENTS

AMADEUS

Answer on page 343

K	I	L	L	I	N	G	K	L	L	N	G	C	G	R
C	H	R	D	H	R	T	J	A	I	D	N	I	V	J
H	E	A	R	T	C	H	R	D	H	R	T	J	B	N
V	C	H	R	D	H	R	T	J	J	O	N	E	S	S
C	H	A	R	A	D	E	C	H	R	D	H	R	T	M
C	H	R	D	H	R	T	J	C	H	S	E	V	O	M
P	U	R	P	L	E	H	R	D	H	R	T	J	C	H
R	D	H	R	T	J	C	H	S	R	E	V	R	A	C
H	A	R	V	E	Y	H	R	V	Y	L	X	N	D	R
W	M	H	R	V	Y	L	X	N	D	R	E	M	A	F
W	O	M	A	N	H	R	V	Y	L	X	N	D	R	X
R	V	Y	L	X	N	D	R	C	D	R	E	V	I	R
E	N	D	E	A	R	M	E	N	T	R	V	Y	L	X
G	H	H	R	V	Y	L	X	N	D	R	R	V	Y	L
A	L	E	X	A	N	D	E	R	F	F	F	U	T	S

THE KILLING FIELDS

A PASSAGE TO INDIA

PLACES IN THE HEART

INDIANA JONES AND THE TEMPLE OF DOOM

CHARADE

DANGEROUS MOVES

PURPLE RAIN

THE STONE CARVERS

THE TIMES OF HARVEY MILK

FAME

THE WOMAN IN RED

THE RIVER

TERMS OF ENDEARMENT

THE RIGHT STUFF

FANNY & ALEXANDER

Answer on page 343

M	F	F	L	A	S	H	D	A	N	C	E	S	N	D
E	L	D	N	G	R	S	L	Y	F	L	S	H	D	N
R	S	C	H	O	I	C	E	T	E	A	D	N	U	S
C	H	L	N	T	O	O	T	S	I	E	S	N	D	C
I	D	D	A	N	G	E	R	O	U	S	L	Y	J	Z
E	N	S	N	G	R	S	L	Y	F	L	S	H	D	N
S	C	G	C	T	E	R	R	E	S	T	R	I	A	L
J	G	A	G	P	R	Y	L	Y	K	L	S	R	G	J
H	N	N	N	O	F	F	I	C	E	R	Y	S	N	N
L	D	D	D	J	R	Y	Y	Y	K	L	S	D	D	R
T	H	H	H	V	I	C	T	O	R	I	A	F	H	U
N	V	I	V	J	R	Y	Y	Y	K	L	S	V	V	T
E	C	Y	C	M	I	S	S	I	N	G	D	H	C	E
Y	T	N	T	J	R	Y	Y	Y	K	L	S	R	T	R
D	R	F	E	E	L	Y	N	T	S	L	R	I	G	L

TENDER MERCIES

YENTL

FLASHDANCE

BOYS AND GIRLS

HE MAKES ME FEEL LIKE DANCIN'

SUNDAE IN NEW YORK

THE YEAR OF LIVING DANGEROUSLY

RETURN OF THE JEDI

GANDHI

E.T.: THE EXTRA-TERRESTRIAL

AN OFFICER AND A GENTLEMAN

TOOTSIE

VICTOR-VICTORIA

SOPHIE'S CHOICE

MISSING

Answer on page 343

```
P  L  A  N  E  T  P  L  R  E  H  T  O  N  A
P  L  N  T  S  H  C  K  N  G  T  N  G  Q  S
S  H  O  C  K  I  N  G  C  H  R  T  S  B  N
J  L  N  R  S  G  J  K  N  I  G  E  B  L  O
Q  L  N  T  S  H  C  K  N  G  T  N  G  Q  G
U  C  C  H  A  R  I  O  T  S  G  D  T  S  N
E  H  N  T  S  H  C  K  N  G  T  N  G  Q  A
S  R  M  N  D  F  S  R  E  D  I  A  R  T  T
T  T  G  E  N  O  C  I  D  E  T  N  G  L  D
T  S  T  N  G  L  D  W  G  O  L  D  E  N  F
W  E  R  E  W  O  L  F  W  R  W  L  F  H  G
H  N  T  S  H  C  K  N  G  Z  C  R  A  C  R
H  A  R  M  O  N  Y  L  N  T  S  H  C  K  D
P  L  N  T  S  H  C  K  N  G  T  N  G  Q  S
A  R  T  H  U  R  N  T  S  H  J  R  E  D  S
```

IF YOU LOVE THIS PLANET

JUST ANOTHER MISSING KID

A SHOCKING ACCIDENT

TANGO

TO BEGIN AGAIN

QUEST FOR FIRE

CHARIOTS OF FIRE

RAIDERS OF THE LOST ARK

REDS

ON GOLDEN POND

ARTHUR

AN AMERICAN WEREWOLF IN LONDON

CLOSE HARMONY

CRAC

GENOCIDE

Answer on page 343

C	L	O	S	E	C	L	D	E	N	C	H	D	N	C
D	N	C	H	B	M	C	C	A	R	T	H	Y	B	L
P	R	T	M	N	B	L	N	C	H	T	T	D	N	C
R	A	P	A	R	I	C	I	O	P	R	A	G	A	G
Z	R	T	M	N	B	L	N	J	H	T	T	D	N	D
P	O	R	T	M	A	N	T	H	R	A	G	G	E	N
B	R	T	N	N	B	Z	N	C	J	T	T	D	N	S
B	L	A	N	C	H	E	T	T	T	H	R	F	P	P
D	N	C	H	B	R	S	T	T	R	E	P	P	U	H
T	B	U	L	L	O	C	K	T	H	R	F	P	P	H
O	D	N	C	H	B	Z	N	C	J	T	T	D	N	S
V	R	V	N	O	R	E	H	T	V	N	A	N	O	R
I	F	N	C	H	J	Z	R	C	J	S	T	H	N	R
R	S	J	O	H	A	N	S	S	O	N	C	H	J	Z
E	D	N	C	H	B	Z	R	C	J	S	E	K	I	P

CYNTHIA ERIVO

SCARLETT JOHANSSON

SAOIRSE RONAN

CHARLIZE THERON

GLENN CLOSE

MELISSA MCCARTHY

YALITZA APARICIO

LADY GAGA

RUTH NEGGA

NATALIE PORTMAN

ISABELLE HUPPERT

CATE BLANCHETT

ROSAMUND PIKE

SANDRA BULLOCK

JUDI DENCH

Answer on page 343

M	E	P	H	I	S	T	O	V	T	E	L	O	I	V
M	P	H	S	T	L	B	R	T	Y	S	X	T	N	N
O	R	D	I	N	A	R	Y	T	S	S	S	S	E	T
J	P	R	S	T	M	B	N	T	F	S	X	Y	R	N
R	D	C	P	R	S	Y	N	I	V	L	E	M	D	S
A	L	H	D	P	R	S	Y	M	L	V	P	L	L	I
G	L	I	L	L	I	B	E	R	T	Y	D	R	L	X
I	R	N	L	T	L	B	R	T	Y	S	L	L	R	T
N	L	A	R	B	E	L	I	E	V	E	L	B	L	E
G	B	S	D	P	R	S	Y	M	L	V	R	R	B	E
T	R	D	O	L	L	A	R	H	T	Y	N	N	R	N
M	P	H	S	T	L	B	R	T	Y	S	X	T	N	N
E	R	U	T	U	F	H	T	Y	E	R	I	P	M	E
M	P	H	S	T	L	B	R	T	Y	S	X	T	N	N
D	A	U	G	H	T	E	R	L	B	R	T	F	L	Y

MEPHISTO

VIOLET

ORDINARY PEOPLE

TESS

RAGING BULL

SIXTEEN CANDLES

MELVIN AND HOWARD

COAL MINER'S DAUGHTER

THE EMPIRE STRIKES BACK

THE DOLLAR BOTTOM

THE FLY

BACK TO THE FUTURE

FROM MAO TO MOZART: ISAAC STERN IN CHINA

KARL HESS: TOWARD LIBERTY

MOSCOW DOES NOT BELIEVE IN TEARS

Answer on page 344

B	E	I	N	G	B	K	K	K	R	A	M	R	O	N
J	J	Z	Z	B	R	R	R	R	M	N	C	T	R
Z	N	E	I	L	A	M	A	M	A	W	A	Y	M	M
Z	R	M	N	C	T	R	M	R	N	C	T	N	R	R
Z	S	T	L	L	N	R	E	R	R	N	C	T	R	R
A	S	R	J	Z	D	M	R	M	B	O	A	R	D	M
J	R	M	N	C	T	N	T	N	C	T	N	T	N	N
D	R	O	M	A	N	C	E	C	H	L	T	S	E	B
M	N	C	T	N	T	N	C	T	N	T	N	N	T	S
T	R	I	B	U	T	E	C	T	N	D	L	I	H	C
J	N	Z	T	R	T	S	C	Q	N	P	N	Y	L	S
D	R	U	M	G	S	T	A	L	L	I	O	N	Y	L
M	N	C	T	N	T	N	C	T	N	T	N	N	T	S
P	C	L	Y	P	S	H	N	T	R	E	T	N	U	H
A	P	O	C	A	L	Y	P	S	E	P	C	L	Y	P

KRAMER VS. KRAMER

ALL THAT JAZZ

APOCALYPSE NOW

NORMA RAE

BREAKING AWAY

ALIEN

BEING THERE

A LITTLE ROMANCE

BEST BOY

BOARD AND CARE

EVERY CHILD

PAUL ROBESON:
TRIBUTE TO AN
ARTIST

THE TIN DRUM

THE BLACK STALLION

THE DEER HUNTER

Answer on page 344

```
C O N D O R F H F A T H E R B
H N D K R C H F S S P R M N N
H A N D K E R C H I E F S T R
N N D K R C H F S S P R M N N
H N S T R T H G I A R T S R B
R I S T R G H T D L V R R Y U
D E L I V E R Y S T R G H F D
S T R G H T D L V R R Y G F D
S D L V R R G Y A D I R F D Y
S U P E R M A N D L S G R F G
E J R G H R D L S G R E L I N
R R S U I T E R D L S G R D Y
P T R G H T D L V R R S Y A D
X R H E A V E N D L S G R D Y
E D H G H T D L V G N I M O C
```

COMING HOME

MIDNIGHT EXPRESS

HEAVEN CAN WAIT

DAYS OF HEAVEN

CALIFORNIA SUITE

THE BUDDY HOLLY STORY

DEATH ON THE NILE

THE FLIGHT OF THE GOSSAMER CONDOR

GET OUT YOUR HANDKERCHIEFS

SCARED STRAIGHT

SPECIAL DELIVERY

TEENAGE FATHER

THANK GOD IT'S FRIDAY

SUPERMAN

ANNIE HALL

Answer on page 344

W	A	R	S	J	L	J	U	L	I	A	W	R	S	D
N	T	W	R	K	C	S	T	L	G	R	F	I	N	D
E	N	C	O	U	N	T	E	R	S	S	T	L	G	R
J	T	W	F	K	B	S	Y	H	G	C	I	S	U	M
G	O	O	D	B	Y	E	W	F	K	B	S	Y	H	G
G	T	W	H	K	B	R	Y	E	L	T	S	A	C	B
M	A	D	A	M	E	W	F	K	B	S	Y	H	G	Y
W	F	K	B	S	Y	H	G	G	T	W	H	K	B	T
N	I	N	E	T	E	E	N	R	L	I	F	E	D	I
D	G	K	B	R	Y	J	G	G	T	W	H	K	B	V
Y	K	C	O	R	D	G	K	B	R	Y	J	F	R	A
B	R	Y	J	G	G	N	E	T	W	O	R	K	L	R
H	G	K	B	R	Y	J	G	G	T	W	H	K	B	G
B	O	U	N	D	G	J	R	X	T	S	T	J	B	D
D	G	K	B	R	Y	J	G	G	T	W	H	M	E	N

STAR WARS

JULIA

CLOSE ENCOUNTERS OF THE THIRD KIND

THE GOODBYE GIRL

A LITTLE NIGHT MUSIC

GRAVITY IS MY ENEMY

I'LL FIND A WAY

MADAME ROSA

THE SAND CASTLE

WHO ARE THE DEBOLTS? AND WHERE DID THEY GET NINETEEN KIDS?

YOU LIGHT UP MY LIFE

ROCKY

NETWORK

ALL THE PRESIDENT'S MEN

BOUND FOR GLORY

Answer on page 344

C	A	S	A	N	O	V	A	B	R	N	N	R	O	B
O	C	S	N	V	R	G	N	H	R	L	N	C	L	R
L	M	H	A	R	L	A	N	R	T	L	N	R	S	O
O	J	S	T	V	R	H	N	N	R	M	N	R	L	M
R	J	S	D	R	V	N	O	I	G	E	R	R	G	E
T	C	S	N	V	R	G	N	H	R	L	N	C	L	N
L	E	I	S	U	R	E	F	N	U	M	B	E	R	N
C	S	N	V	R	G	N	H	R	L	N	C	L	J	S
T	S	E	N	N	H	R	L	N	C	S	W	A	J	H
T	C	S	N	V	R	G	N	H	R	L	N	C	L	V
L	Y	N	D	O	N	N	V	R	K	I	N	G	R	L
B	C	S	N	V	R	G	N	H	R	L	N	C	L	L
A	F	T	E	R	N	O	O	N	N	V	R	G	N	F
T	C	S	N	V	R	G	N	H	R	L	N	C	L	T
N	A	S	H	V	I	L	L	E	N	H	R	R	U	N

A STAR IS BORN

CASANOVA

THE OMEN

BLACK AND WHITE IN COLOR NOIRS

HARLAN COUNTY, USA

IN THE REGION OF ICE

LEISURE

NUMBER OUR DAYS

KING KONG

LOGAN'S RUN

ONE FLEW OVER THE CUCKOO'S NEST

BARRY LYNDON

JAWS

DOG DAY AFTERNOON

NASHVILLE

Answer on page 344

```
S  N  S  H  M  P  Z  L  S  H  A  M  P  O  O
S  U  N  S  H  I  N  E  H  M  P  Z  L  R  S
T  N  S  H  M  P  Z  L  G  U  Z  A  L  A  R
B  R  E  V  E  R  E  S  T  D  S  H  T  R  L
R  S  H  M  P  Z  L  C  H  E  M  A  G  S  E
U  M  P  Z  L  H  N  D  B  R  G  F  T  H  G
N  R  H  I  N  D  E  N  B  U  R  G  N  T  N
E  C  H  N  T  W  N  G  D  F  T  H  R  G  A
L  R  G  O  D  F  A  T  H  E  R  S  A  T  P
C  H  N  T  W  N  G  D  F  T  H  R  L  S  Y
C  H  I  N  A  T  O  W  N  D  F  T  I  B  B
C  H  N  T  W  N  G  D  F  T  H  R  C  Y  S
O  R  I  E  N  T  N  G  D  F  T  H  E  R  T
E  A  R  T  H  Q  U  A  K  E  T  W  N  T  A
C  H  N  T  W  N  O  N  R  E  F  N  I  H  G
```

SHAMPOO	GREAT GREAT ISAMBARD KINGDOM BRUNEL	THE GODFATHER PART II	MURDER ON THE ORIENT EXPRESS
THE SUNSHINE BOYS			
ANGEL AND BIG JOE	THE MAN WHO SKIED DOWN EVEREST	THE TOWERING INFERNO	EARTHQUAKE
DERSU UZALA		THE GREAT GATSBY	ALICE DOESN'T LIVE HERE ANYMORE
THE END OF THE GAME	THE HINDENBURG	CHINATOWN	

Answer on page 344

C	H	A	S	E	C	T	I	G	E	R	C	H	S	T
W	H	S	P	R	S	M	N	D	Y	S	C	B	R	T
Z	R	S	T	B	N	M	R	E	P	A	P	S	C	B
N	I	G	H	T	S	M	N	D	Y	S	C	B	R	T
W	H	S	P	N	D	Y	S	C	Y	C	V	B	R	M
W	H	I	S	P	E	R	S	S	P	N	D	Y	S	O
W	H	S	P	N	D	Y	S	H	C	U	O	T	L	N
S	P	N	D	Y	S	T	C	H	M	N	D	S	R	D
D	R	E	X	O	R	C	I	S	T	C	H	M	N	A
N	W	H	S	P	N	D	Y	S	R	W	A	Y	H	Y
I	M	C	A	B	A	R	E	T	S	T	V	R	T	S
M	N	D	W	H	S	P	N	D	Y	S	D	R	T	S
M	R	K	I	N	G	S	C	R	D	G	N	I	T	S
W	H	S	P	R	S	M	N	D	Y	S	C	B	R	T
A	M	A	R	C	O	R	D	M	D	O	T	N	O	T

AMARCORD

HARRY AND TONTO

CLOSED MONDAYS

HEARTS AND MINDS

ONE-EYED MEN ARE KINGS

CABARET

THE STING

THE EXORCIST

THE WAY WE WERE

CRIES AND WHISPERS

A TOUCH OF CLASS

DAY FOR NIGHT

PAPER MOON

THE PAPER CHASE

SAVE THE TIGER

Answer on page 345

B	O	L	E	R	O	B	W	O	R	L	D	W	R	L
F	R	N	K	W	R	L	D	C	W	K	N	A	R	F
C	O	W	B	O	Y	W	R	L	D	C	P	R	N	C
R	N	K	W	R	L	P	R	I	N	C	E	T	O	N
K	W	R	L	D	C	P	R	N	L	M	L	G	H	T
T	S	B	U	T	T	E	R	F	L	I	E	S	R	M
N	P	R	L	D	C	P	R	N	L	M	L	G	G	A
U	D	D	I	S	C	R	E	E	T	R	G	L	S	R
A	W	R	L	D	C	P	R	N	L	M	L	G	H	J
J	D	L	I	M	E	L	I	G	H	T	S	R	T	O
W	R	L	D	C	P	R	N	L	M	L	G	H	S	E
C	A	N	D	I	D	A	T	E	L	M	L	G	H	T
P	O	S	E	I	D	O	N	R	S	L	O	R	A	C
K	W	R	L	D	C	P	R	N	L	M	L	G	H	T
G	O	D	F	A	T	H	E	R	D	D	R	E	A	M

THE <u>BOLERO</u>

<u>FRANK</u> FILM

THE GREAT AMERICAN <u>COWBOY</u>

<u>PRINCETON</u>: A SEARCH FOR ANSWERS

THE <u>GODFATHER</u>

THE <u>POSEIDON</u> ADVENTURE

TRAVELS WITH MY <u>AUNT</u>

<u>BUTTERFLIES</u> ARE FREE

THE <u>CANDIDATE</u>

THE <u>DISCREET</u> CHARM OF THE BOURGEOISIE

A CHRISTMAS <u>CAROL</u>

LIMELIGHT

MARJOE

NORMAN ROCKWELL'S WORLD—AN AMERICAN <u>DREAM</u>

THIS TINY <u>WORLD</u>

Answer on page 345

C	O	N	N	E	C	T	I	O	N	C	N	N	C	T
C	R	N	C	H	F	D	D	L	R	B	R	M	S	T
A	R	E	N	R	E	R	U	T	C	I	P	L	R	B
L	N	C	L	B	R	M	S	T	C	K	M	S	T	G
E	L	N	N	B	R	O	O	M	S	T	I	C	K	S
X	N	E	C	H	F	D	D	L	R	B	R	M	S	T
A	C	L	H	D	D	L	R	E	M	M	U	S	C	F
N	H	I	L	P	A	T	T	O	N	D	D	L	H	I
D	L	S	H	A	F	T	D	L	R	B	R	M	L	D
R	L	N	C	H	F	D	D	L	R	B	R	M	L	D
A	S	H	E	L	L	S	T	R	O	M	H	P	S	L
J	T	S	D	A	U	G	H	T	E	R	K	L	T	E
H	O	S	P	I	T	A	L	C	R	N	C	H	F	R
C	Q	C	R	N	C	H	K	C	R	U	N	C	H	G
G	A	R	D	E	N	K	L	T	R	E	T	U	L	K

THE FRENCH <u>CONNECTION</u>

<u>FIDDLER</u> ON THE ROOF

THE LAST <u>PICTURE</u> SHOW

NICHOLAS AND <u>ALEXANDRA</u>

SENTINELS OF <u>SILENCE</u>

BEDKNOBS AND <u>BROOMSTICKS</u>

<u>SUMMER</u> OF '42

THE <u>GARDEN</u> OF THE FINZI-CONTINIS

THE <u>HOSPITAL</u>

KLUTE

SHAFT

THE <u>CRUNCH</u> BIRD

THE <u>HELLSTROM</u> CHRONICLE

PATTON

RYAN'S <u>DAUGHTER</u>

Answer on page 345

A	I	R	P	O	R	T	S	T	Y	R	O	T	S	R
S	T	R	N	G	R	S	V	T	R	N	S	C	R	M
A	R	S	T	R	A	N	G	E	R	S	Z	J	D	W
R	G	R	R	G	S	S	V	H	R	W	S	T	R	O
O	N	Z	D	K	C	O	T	S	D	O	O	W	L	M
T	T	R	T	G	W	S	T	C	K	N	S	C	R	E
L	C	R	O	M	W	E	L	L	W	S	T	C	K	N
S	T	R	N	G	R	S	V	T	R	N	S	C	R	M
L	E	T	R	N	G	N	O	I	C	I	P	S	U	S
M	T	R	N	H	R	S	Q	T	R	F	S	D	R	R
V	E	T	E	R	A	N	S	S	A	L	W	A	Y	S
T	T	G	N	B	R	N	V	Y	R	R	S	Q	R	Z
B	R	O	N	C	H	O	N	B	R	K	L	U	T	E
S	T	R	N	G	R	S	V	T	R	N	S	C	R	M
S	T	I	N	G	J	G	R	E	A	S	E	J	Z	D

AIRPORT

LOVE STORY

TORA! TORA! TORA!

WOMEN IN LOVE

LOVERS AND OTHER STRANGERS

WOODSTOCK

CROMWELL

INVESTIGATION OF A CITIZEN ABOVE SUSPICION

INTERVIEWS WITH MY LAI VETERANS

IS IT ALWAYS RIGHT TO BE RIGHT?

LET IT BE

THE RESURRECTION OF BRONCHO BILLY

KLUTE

THE STING

GREASE

Answer on page 345

C	C	T	H	O	U	S	A	N	D	S	C	M	C	H
A	S	T	H	S	N	D	M	G	C	S	S	A	S	O
S	S	M	A	R	O	O	N	E	D	D	S	G	S	R
S	D	P	R	B	R	D	M	G	C	Y	D	I	D	S
I	Y	L	K	N	E	I	D	O	R	B	Y	C	Y	E
D	T	D	P	R	B	R	D	M	G	C	Y	D	T	S
Y	H	A	R	T	H	U	R	R	D	M	G	C	H	C
J	S	D	P	R	B	R	D	M	S	U	T	C	A	C
Y	N	S	T	H	S	N	D	M	G	C	S	S	C	T
L	D	O	L	I	V	E	R	L	R	E	T	N	I	W
L	C	S	R	H	S	J	D	M	G	C	Z	S	Z	C
O	T	J	U	L	I	E	T	H	S	J	D	R	S	T
D	S	S	R	H	S	J	D	M	F	U	N	N	Y	S
D	J	S	T	H	S	N	D	M	G	C	S	S	D	J
T	O	U	G	H	T	H	S	N	D	D	G	R	I	T

BUTCH <u>CASSIDY</u> AND THE <u>SUNDANCE</u> KID

HELLO, <u>DOLLY</u>

ANNE OF THE <u>THOUSAND</u> DAYS

THEY SHOOT <u>HORSES</u>, DON'T THEY?

MAROONED

THE <u>MAGIC</u> MACHINES

THE PRIME OF MISS JEAN <u>BRODIE</u>

TRUE <u>GRIT</u>

<u>ARTHUR</u> RUBINSTEIN – THE LOVE OF LIFE

<u>CACTUS</u> FLOWER

IT'S <u>TOUGH</u> TO BE A BIRD

OLIVER

THE LION IN <u>WINTER</u>

ROMEO AND <u>JULIET</u>

<u>FUNNY</u> GIRL

Answer on page 345

B	Y	B	A	B	B	L	L	B	U	L	L	I	T	T
L	P	R	D	C	R	W	N	C	M	L	T	J	R	N
P	R	O	D	U	C	E	R	S	C	R	W	N	C	H
L	P	R	D	C	R	W	N	C	M	L	T	J	R	N
C	R	O	W	N	D	C	R	T	C	E	J	B	U	S
L	P	R	D	C	R	W	N	C	M	L	T	J	R	N
P	J	J	O	U	R	N	E	Y	L	T	J	N	J	Y
E	R	R	D	C	R	W	N	C	M	L	R	I	R	L
A	N	B	L	U	S	T	E	R	Y	D	N	G	N	R
C	Y	R	D	C	R	W	N	C	M	L	Y	H	Y	A
E	D	C	A	M	E	L	O	T	B	D	D	T	D	H
S	N	R	D	C	R	W	N	C	M	L	N	D	N	C
D	I	N	N	E	R	B	D	E	D	Y	L	C	D	R
L	P	R	D	C	R	W	N	C	M	L	T	J	R	N
R	T	E	N	A	L	P	R	S	E	T	A	E	R	C

BULLITT

THE PRODUCERS

ROSEMARY'S BABY

THE SUBJECT WAS ROSES

THE THOMAS CROWN AFFAIR

WAR AND PEACE

CHARLY

JOURNEY INTO SELF

WHY MAN CREATES

WINNIE THE POOH AND THE BLUSTERY DAY

PLANET OF THE APES

IN THE HEAT OF THE NIGHT

CAMELOT

BONNIE AND CLYDE

GUESS WHO'S COMING TO DINNER

Answer on page 345

```
D  O  C  T  O  R  R  G  R  A  D  U  A  T  E
G  R  D  T  D  Z  N  S  T  N  D  T  R  N  S
M  D  Z  N  R  D  W  D  S  D  N  A  H  V  S
O  R  D  O  Z  E  N  G  T  R  S  T  R  V  Y
D  D  Z  N  R  D  W  D  S  L  D  N  A  T  S
E  R  D  T  D  Z  N  S  T  N  T  R  R  N  S
R  R  A  N  D  E  R  S  O  N  H  D  S  N  S
N  R  D  T  D  Z  N  S  T  N  F  T  R  Y  X
D  T  D  Z  N  S  R  S  N  I  A  R  T  M  O
R  D  T  D  Z  N  S  T  N  D  T  R  N  S  B
R  E  D  W  O  O  D  S  X  P  P  R  I  X  R
G  R  D  T  D  Z  N  S  T  N  D  T  R  N  S
S  E  A  S  O  N  S  Z  N  S  F  L  O  O  W
G  R  D  T  D  Z  N  S  T  N  D  T  R  N  S
V  O  Y  A  G  E  D  W  O  M  A  N  Z  N  S
```

<u>DOCTOR</u> DOLITTLE	THE DIRTY <u>DOZEN</u>	CLOSELY WATCHED <u>TRAINS</u>	WHO'S AFRAID OF VIRGINIA <u>WOOLF</u>?
THE <u>GRADUATE</u>	A PLACE TO <u>STAND</u>	THE <u>REDWOODS</u>	GRAND <u>PRIX</u>
THOROUGHLY <u>MODERN</u> MILLIE	THE <u>ANDERSON</u> PLATOON	A MAN FOR ALL <u>SEASONS</u>	FANTASTIC <u>VOYAGE</u>
COOL <u>HAND</u> LUKE	THE <u>BOX</u>		A MAN AND A <u>WOMAN</u>

Answer on page 346

```
F  O  R  T  U  N  E  F  R  T  E  M  A  G  G
T  M  R  R  W  H  P  P  N  D  W  N  G  S  Z
H  A  P  P  E  N  E  D  R  T  S  G  N  I  W
Z  H  R  R  W  H  P  P  N  D  W  N  V  G  Z
T  O  M  O  R  R  O  W  W  H  P  P  N  D  N
W  H  P  P  N  D  Z  H  G  R  E  A  T  R  R
C  Z  H  I  V  A  G  O  P  N  D  Z  H  V  O
C  H  R  R  W  H  P  P  N  D  W  N  V  G  B
I  P  P  N  D  Z  R  G  N  I  L  R  A  D  S
S  Z  H  R  R  W  H  P  P  N  D  W  N  V  G
U  R  W  S  A  N  D  P  I  P  E  R  N  D  W
M  D  H  R  R  W  H  P  P  N  D  W  N  V  G
B  C  L  O  W  N  S  N  D  T  H  C  T  A  P
L  D  H  R  R  W  H  P  P  N  D  W  N  V  G
B  A  L  L  O  U  R  S  T  B  S  L  O  O  F
```

BORN FREE

THE FORTUNE COOKIE

A FUNNY THING HAPPENED ON THE WAY TO THE FORUM

THE WAR GAME

WILD WINGS

A YEAR TOWARD TOMORROW

THE SOUND OF MUSIC

DOCTOR ZHIVAGO

DARLING

SHIP OF FOOLS

CAT BALLOU

THE GREAT RACE

A PATCH OF BLUE

A THOUSAND CLOWNS

THE SANDPIPER

Answer on page 346

```
Q U E E N Q N R B N N I B O R
R S V L T Q N R G T M M R C S
A D V E N T U R E S N R G T M
G S V L R Q N R L T M S R T S
R O O S E V E L T R E V I L A
R S V L R Q N R M T M N R Z S
R G R A G T I M E R G G N S D
E L B Q T R S G B M I H G H A
C S A C I R E M A T R T H T L
R B Q T R S G B G F L M T M A
O R P A R I S W S G S N M N M
F S V L R Q N R L T M S R T O
W N M O N E Y J D V S M E N R
G S V L R Q N R L T M S R T S
W E S T E R N W S T T U O B A
```

THE ELEANOR ROOSEVELT STORY

TO BE ALIVE

ADVENTURES OF DON JUAN

THE ADVENTURES OF ROBIN HOOD

THE AFRICAN QUEEN

AIR FORCE

THE ALAMO

ALEXANDER'S RAGTIME BAND

ALL ABOUT EVE

ALL QUIET ON THE WESTERN FRONT

ALL THAT MONEY CAN BUY

ALL THE KING'S MEN

AMA GIRLS

AMERICA AMERICA

AN AMERICAN IN PARIS

Answer on page 346

```
J  A  M  P  H  I  B  I  O  U  S  C  N  T  A
S  N  C  H  R  S  M  D  W  Y  P  R  T  N  N
R  M  S  I  A  M  R  S  E  I  N  N  A  T  A
O  D  M  I  D  W  A  Y  W  Y  P  R  T  N  S
H  W  A  D  V  E  R  S  E  M  D  W  Y  P  T
C  S  C  H  R  S  M  D  W  Y  P  R  T  N  A
N  Y  B  E  A  U  T  I  F  U  L  Q  T  C  S
A  Q  B  C  H  L  C  I  T  A  U  Q  A  K  I
B  C  C  H  R  S  M  D  W  Y  P  R  T  N  A
A  P  A  R  T  M  E  N  T  M  D  W  Y  P  Z
R  S  C  H  R  S  M  D  W  Y  P  R  T  N  D
I  Z  C  O  N  T  E  S  S  A  D  W  Y  P  R
S  Q  H  R  S  M  D  B  A  C  H  E  L  O  R
E  C  C  H  R  S  M  D  W  Y  P  R  T  N  D
J  T  R  U  T  H  S  D  J  D  N  U  O  R  A
```

AMPHIBIOUS FIGHTERS

ANASTASIA

ANCHORS AWEIGH

ANNA AND THE KING OF SIAM

ANNIE GET YOUR GUN

ANTHONY ADVERSE

THE APARTMENT

AQUATIC HOUSE PARTY

ARISE, MY LOVE

AROUND THE WORLD IN DAYS

THE AWFUL TRUTH

THE BACHELOR AND THE BOBBY-SOXER

THE BAD AND THE BEAUTIFUL

THE BAREFOOT CONTESSA

THE BATTLE OF MIDWAY

Answer on page 346

B	A	T	T	L	E	G	R	O	U	N	D	B	T	L
B	T	L	G	R	N	D	B	C	K	T	V	R	C	T
B	E	L	L	S	D	B	R	Y	R	T	N	U	O	C
B	Y	C	V	R	N	D	B	C	K	T	C	L	T	T
T	E	K	C	E	B	J	O	V	E	R	C	O	A	T
N	R	C	G	R	N	D	B	C	K	T	V	R	S	S
B	N	C	O	U	N	T	R	Y	F	P	R	L	N	Y
I	R	G	R	N	D	B	C	K	T	V	R	I	R	T
C	C	A	N	O	N	Y	M	O	U	S	S	V	C	U
Y	S	C	G	R	N	D	B	C	K	T	S	E	S	D
C	S	N	A	R	C	I	S	S	U	S	D	S	S	D
L	B	G	R	N	D	B	C	K	T	V	K	G	B	R
E	L	O	R	P	H	E	U	S	M	B	L	A	C	K
R	C	C	G	R	N	D	B	C	K	T	V	R	S	S
M	K	E	F	I	W	K	J	D	Z	E	S	U	O	H

BATTLEGROUND

BEAR COUNTRY

BECKET

THE BELLS OF ST. MARY'S

THE BESPOKE OVERCOAT

THE BEST YEARS OF OUR LIVES

BEYOND THE LINE OF DUTY

BICYCLE THIEVES

THE BIG COUNTRY

THE BIG HOUSE

BIRDS ANONYMOUS

THE BISHOP'S WIFE

BLACK FOX

BLACK NARCISSUS

BLACK ORPHEUS

Answer on page 346

S	P	R	T	I	R	I	P	S	S	W	N	A	W	S
B	L	S	S	M	B	R	K	F	S	T	Y	S	T	R
S	A	N	D	Y	B	L	O	S	S	O	M	S	J	Z
B	L	S	S	M	B	R	K	F	S	T	Y	S	T	R
E	D	U	C	A	T	I	O	N	B	B	B	S	B	D
B	L	S	S	M	B	R	K	F	R	L	R	O	R	L
Y	E	S	T	E	R	D	A	Y	V	O	V	U	V	U
B	L	S	S	M	B	R	K	F	S	O	S	N	S	O
B	R	A	V	E	S	M	B	R	N	D	N	D	N	S
B	L	S	S	M	B	R	K	F	S	T	Y	S	T	Z
B	R	E	A	K	F	A	S	T	S	M	B	R	T	T
B	L	S	S	M	B	R	K	F	S	T	Y	S	T	R
D	B	B	R	O	K	E	N	L	S	S	M	B	R	J
O	R	S	S	M	B	R	K	F	S	T	Y	S	T	R
G	K	B	R	I	D	G	E	R	K	F	N	W	O	T

THE BLACK SWAN

BLITHE SPIRIT

BLOOD AND SAND

BLOOD ON THE SUN

BLOSSOMS IN THE DUST

BODY AND SOUL

BORED OF EDUCATION

BORN YESTERDAY

A BOY AND HIS DOG

BOYS TOWN

THE BRAVE ONE

BREAKFAST AT TIFFANY'S

BREAKING THE SOUND BARRIER

THE BRIDGE ON THE RIVER KWAI

BROKEN LANCE

Answer on page 346

S	R	A	E	B	B	C	A	L	A	M	I	T	Y	R
C	S	B	L	N	C	L	M	T	Y	C	H	M	P	N
M	L	C	O	U	R	A	G	E	O	U	S	C	R	G
A	S	B	L	N	C	L	M	T	Y	C	H	M	P	O
D	T	C	A	S	A	B	L	A	N	C	A	S	N	T
A	S	B	L	N	C	L	M	T	Y	C	H	M	P	R
M	C	H	G	L	L	L	L	A	G	A	H	C	R	E
C	S	B	L	N	C	L	M	T	Y	C	H	M	P	C
C	H	A	M	P	I	O	N	C	H	G	L	L	T	N
J	S	B	L	N	C	L	D	N	A	L	S	I	Z	O
C	H	I	C	K	E	N	M	T	Y	C	H	M	P	C
Z	S	B	L	N	C	L	C	I	T	I	Z	E	N	R
C	I	M	A	R	R	O	N	T	Y	C	H	M	P	D
D	S	B	L	N	C	L	R	S	S	U	C	R	I	C
B	R	I	G	A	D	E	D	T	E	C	N	A	H	C

BUSY LITTLE BEARS

CALAMITY JANE

CALL ME MADAM

CAPTAINS COURAGEOUS

CASABLANCA

THE CAT CONCERTO

CHAGALL

CHAMPION

A CHANCE TO LIVE

THE CHARGE OF THE LIGHT BRIGADE

THE CHICKEN

CHURCHILL'S ISLAND

CIMARRON

THE CIRCUS

CITIZEN KANE

Answer on page 347

```
W  A  X  W  C  L  E  O  P  A  T  R  A  W  X
D  M  S  L  M  D  A  M  S  E  L  M  T  T  R
M  A  T  T  E  R  H  O  R  N  C  L  P  T  E
M  S  L  M  C  L  P  T  M  T  T  R  W  X  M
C  S  H  B  D  S  R  A  B  E  H  S  B  R  O
O  S  L  M  C  L  P  T  M  T  T  R  W  X  C
W  C  B  A  R  R  I  E  R  M  C  L  P  T  X
B  T  M  C  L  P  T  V  Z  C  I  T  I  R  C
O  R  L  M  C  L  P  T  M  T  T  R  W  X  Y
Y  C  C  U  C  A  R  A  C  H  A  F  G  Y  R
M  S  L  M  C  L  P  T  M  T  T  R  W  Z  A
H  S  A  R  C  L  P  H  J  R  T  S  N  M  N
L  M  C  L  P  R  E  V  O  C  H  J  R  T  O
M  S  L  M  C  L  P  T  M  T  T  R  W  X  R
C  O  U  N  T  R  Y  L  S  N  I  S  U  O  C
```

CITY OF <u>WAX</u>

CLEOPATRA

CLIMBING THE <u>MATTERHORN</u>

<u>COME</u> AND GET IT

COME BACK, LITTLE <u>SHEBA</u>

THE COUNTRY <u>COUSIN</u>

THE <u>COUNTRY</u> GIRL

<u>COVER</u> GIRL

THE <u>COWBOY</u> AND THE LADY

<u>CRASH</u> DIVE

CRASHING THE WATER <u>BARRIER</u>

THE <u>CRITIC</u>

LA <u>CUCARACHA</u>

<u>CYRANO</u> DE BERGERAC

A <u>DAMSEL</u> IN DISTRESS

Answer on page 347

```
D  D  J  R  E  T  N  I  A  P  R  L  I  N  E
A  N  L  N  D  S  T  N  T  N  D  C  L  R  T
N  G  E  G  D  A  Y  B  R  E  A  K  J  D  Z
G  R  G  R  R  S  T  N  T  N  D  C  L  G  S
E  S  N  S  S  T  N  A  I  F  E  D  S  R  E
R  N  A  N  D  V  R  C  D  F  N  T  R  S  S
O  G  R  D  I  V  O  R  C  E  C  D  F  N  O
U  L  D  N  D  V  R  C  D  F  N  T  R  G  R
S  D  D  E  S  T  I  N  A  T  I  O  N  L  G
R  V  D  O  D  S  W  O  R  T  H  D  S  D  L
D  E  C  L  A  R  A  T  I  O  N  R  F  V  D
L  D  N  D  V  R  C  D  F  N  T  R  G  S  V
C  Y  R  A  I  D  D  F  N  W  O  M  A  N  S
D  S  N  G  V  R  C  D  F  N  T  R  G  R  S
D  E  S  I  G  N  D  S  Y  R  O  T  C  I  V
```

DANGEROUS	DAYS OF WINE AND ROSES	DESIGN FOR DEATH	DIVORCE ITALIAN STYLE
THE DARK ANGEL	DECLARATION OF INDEPENDENCE	DESIGNING WOMAN	DODSWORTH
DAY OF THE PAINTER		DESTINATION MOON	THE DOT AND THE LINE
DAYBREAK IN UDI	THE DEFIANT ONES	THE DIARY OF ANNE FRANK	
	DESERT VICTORY		

Answer on page 347

```
P  P  A  R  A  D  E  R  D  M  B  N  D  G  F
R  D  M  B  P  R  D  S  Y  L  L  E  L  L  R
G  A  N  T  R  Y  R  M  M  R  N  D  R  N  E
J  D  Z  B  P  R  D  S  E  C  C  E  C  C  G
E  X  O  D  U  S  N  K  N  D  L  S  D  L  N
N  S  V  B  P  D  B  S  E  N  N  T  N  N  A
D  O  U  B  L  E  B  B  L  D  O  B  M  U  D
S  V  B  P  D  B  S  N  N  T  N  B  B  L  D
L  I  N  C  O  L  N  F  C  T  S  T  C  A  F
S  V  B  P  D  B  S  N  N  T  N  B  B  L  D
F  A  N  T  A  S  I  A  F  R  D  N  D  G  S
F  R  D  N  D  G  F  E  R  D  I  N  A  N  D
F  A  R  E  W  E  L  L  F  N  T  S  Z  J  D
S  V  B  P  D  B  S  N  N  T  N  B  B  L  D
D  A  U  G  H  T  E  R  R  S  E  S  O  O  G
```

A <u>DOUBLE</u> LIFE

DUMBO

EAST OF <u>EDEN</u>

EASTER <u>PARADE</u>

ELMER <u>GANTRY</u>

THE <u>ENEMY</u> BELOW

EXODUS

THE FACE OF <u>LINCOLN</u>

FACING YOUR <u>DANGER</u>

THE <u>FACTS</u> OF LIFE

FANTASIA

A <u>FAREWELL</u> TO ARMS

THE FARMER'S <u>DAUGHTER</u>

FATHER <u>GOOSE</u>

<u>FERDINAND</u> THE BULL

Answer on page 347

F	I	G	H	T	I	N	G	W	H	M	S	T	P	S
W	H	M	S	T	P	S	C	R	K	S	P	E	T	S
W	H	O	M	C	K	E	E	R	C	G	S	L	G	H
G	W	H	M	S	T	P	S	C	R	K	S	G	S	R
T	R	G	A	S	L	I	G	H	T	G	S	A	L	E
Y	G	W	H	M	S	T	P	S	C	R	K	T	G	A
T	W	H	M	S	T	P	S	C	R	K	S	E	H	D
I	R	A	G	R	E	E	M	E	N	T	R	S	T	I
N	G	W	H	M	S	T	P	S	C	R	K	Z	R	N
R	L	D	I	G	I	G	R	T	N	A	I	G	D	E
E	J	W	H	M	S	T	P	S	C	R	K	S	N	S
T	R	G	I	U	S	E	P	P	I	N	A	L	S	S
E	D	L	I	B	E	R	T	Y	G	L	S	V	S	R
J	W	H	M	S	T	P	S	C	R	K	S	D	G	D
F	O	R	B	I	D	D	E	N	T	G	L	A	S	S

THE FIGHTING LADY

FIRST STEPS

FOR WHOM THE BELL TOLLS

FORBIDDEN GAMES

A FORCE IN READINESS

FRENCHMAN'S CREEK

FROM HERE TO ETERNITY

GASLIGHT

GATE OF HELL

GENTLEMAN'S AGREEMENT

GIANT

GIGI

GIUSEPPINA

GIVE ME LIBERTY

GLASS

Answer on page 347

```
G  R  T  G  N  I  O  G  S  R  E  L  L  I  M
O  L  L  G  L  D  F  N  G  R  C  N  Y  N  X
L  D  G  O  L  D  F  I  N  G  E  R  R  S  D
D  N  B  G  D  F  F  R  G  V  C  G  Y  R  N
E  G  D  F  F  R  G  S  H  T  R  A  E  E  I
N  R  G  R  A  N  D  A  D  C  N  Y  N  R  W
D  N  Z  B  G  D  F  F  R  G  V  C  G  Y  R
C  A  N  Y  O  N  D  S  Z  S  E  P  A  R  G
F  N  Z  B  G  D  F  F  R  G  V  C  G  Y  R
G  O  O  D  B  Y  E  N  D  O  S  U  R  A  C
B  F  N  Z  B  G  D  F  F  R  G  V  D  S  G
E  X  P  E  C  T  A  T  I  O  N  S  R  D  S
D  N  Z  B  G  D  F  F  R  G  V  C  G  Y  R
M  C  G  N  T  Y  H  E  I  R  E  S  S  G  R
M  C  G  I  N  T  Y  G  R  T  T  A  E  R  G
```

THE GLENN <u>MILLER</u> STORY

GONE WITH THE <u>WIND</u>

GRAND <u>CANYON</u>

GREAT <u>EXPECTATIONS</u>

<u>GOING</u> MY WAY

THE GOOD <u>EARTH</u>

<u>GRANDAD</u> OF RACES

THE <u>GREAT</u> LIE

THE <u>GOLDEN</u> FISH

<u>GOODBYE</u>, MR. CHIPS

THE <u>GRAPES</u> OF WRATH

THE GREAT <u>MCGINTY</u>

GOLDFINGER

THE GREAT <u>CARUSO</u>

THE <u>HEIRESS</u>

Answer on page 347

```
W  W  Z  I  E  G  F  I  E  L  D  S  H  W  S
A  L  D  L  P  H  N  H  V  N  L  Y  R  H  L
L  T  D  O  L  P  H  I  N  D  S  W  O  H  S
T  Z  L  D  L  P  H  N  H  V  N  L  Y  R  H
Z  N  N  A  V  A  R  O  N  E  R  T  H  H  D
P  H  N  H  V  N  L  Y  R  H  G  V  E  V  T
A  N  N  I  V  E  R  S  A  R  Y  N  A  N  E
R  P  H  N  H  V  N  L  Y  R  H  L  V  L  L
J  O  R  D  A  N  M  G  H  T  Y  Y  E  Y  M
P  H  N  H  V  N  L  Y  R  H  G  H  N  H  A
M  G  H  T  Y  D  M  O  O  R  G  M  L  M  H
M  I  G  H  T  Y  F  R  S  C  H  L  Y  L  D
P  H  N  H  V  N  L  N  O  O  N  T  R  T  S
A  N  G  R  Y  F  R  S  C  H  L  R  F  R  T
F  R  I  S  C  O  D  Z  J  Y  E  V  R  A  H
```

THE GREAT <u>WALTZ</u>

THE GREAT <u>ZIEGFELD</u>

THE GREATEST <u>SHOW</u> ON EARTH

GREEN <u>DOLPHIN</u> STREET

THE GUNS OF <u>NAVARONE</u>

HAMLET

12 <u>ANGRY</u> MEN

HAPPY <u>ANNIVERSARY</u>

THE <u>HARVEY</u> GIRLS

<u>HEAVENLY</u> MUSIC

HELLO, <u>FRISCO</u>, HELLO

HERE COMES MR. <u>JORDAN</u>

HERE COMES THE <u>GROOM</u>

THE HIGH AND THE <u>MIGHTY</u>

HIGH <u>NOON</u>

Answer on page 348

```
H  C  C  O  M  E  D  Y  C  M  D  Y  H  R  C
O  M  C  M  D  Y  H  S  P  E  E  L  S  L  W
L  D  M  D  Y  H  S  H  R  R  C  T  M  R  S
E  Y  H  U  R  R  I  C  A  N  E  H  N  R  T
J  H  D  M  D  Y  H  S  H  R  R  C  T  M  R
D  P  L  A  Y  D  R  E  L  T  S  U  H  G  T
F  R  N  T  O  M  O  R  R  O  W  H  T  R  S
L  N  C  S  D  R  T  R  E  V  A  E  B  N  E
Y  C  R  M  D  Y  H  S  H  R  R  C  T  C  W
I  H  A  R  I  Z  O  N  A  H  S  H  R  H  C
N  C  C  R  M  D  Y  H  S  H  R  R  C  C  N
G  G  C  H  I  C  A  G  O  Y  H  S  H  G  E
G  F  R  M  D  Y  H  S  H  R  R  D  Y  F  E
E  V  R  E  S  D  Y  H  S  H  R  R  C  L  R
G  F  R  M  D  I  N  F  O  R  M  E  R  N  G
```

A <u>HOLE</u> IN THE HEAD	HOW TO <u>SLEEP</u>	I WON'T <u>PLAY</u>	IN OLD <u>CHICAGO</u>
THE HORSE WITH THE <u>FLYING</u> TAIL	THE HUMAN <u>COMEDY</u>	I'LL CRY <u>TOMORROW</u>	IN WHICH WE <u>SERVE</u>
HOW <u>GREEN</u> WAS MY VALLEY	THE <u>HURRICANE</u>	IN <u>BEAVER</u> VALLEY	THE <u>INFORMER</u>
HOW THE <u>WEST</u> WAS WON	THE <u>HUSTLER</u>	IN OLD <u>ARIZONA</u>	

Answer on page 348

M	E	L	O	D	Y	M	L	D	Y	W	R	L	D	J
J	Z	B	L	W	R	I	N	V	A	D	E	R	S	L
E	C	U	O	D	M	L	D	Y	W	R	L	D	J	Z
M	L	D	Y	W	R	L	D	J	H	P	P	N	D	J
H	A	P	P	E	N	E	D	R	D	D	L	R	O	W
J	Z	B	Y	W	R	L	H	J	H	P	P	N	D	J
J	E	Z	E	B	E	L	L	K	J	H	N	A	O	J
M	L	D	Y	W	R	L	D	E	H	P	P	N	D	J
B	E	L	I	N	D	A	W	N	L	R	E	G	A	E
D	L	D	Y	W	R	L	D	T	H	P	P	N	D	J
R	D	L	D	Y	W	R	L	U	J	H	P	P	N	D
E	L	M	I	N	E	S	J	C	R	F	O	Y	L	E
K	R	L	D	Y	W	R	L	K	J	H	P	P	N	L
O	G	D	Y	W	R	L	D	Y	H	P	P	N	G	S
J	N	L	A	R	G	O	J	D	S	U	I	L	U	J

INTERRUPTED MELODY

THE INVADERS

IRMA LA DOUCE

IT HAPPENED ONE NIGHT

IT'S A MAD, MAD, MAD, MAD WORLD

JEZEBEL

JOAN OF ARC

JOHNNY BELINDA

JOHNNY EAGER

THE JOKER IS WILD

JULIUS CAESAR

KENTUCKY

KEY LARGO

KING SOLOMON'S MINES

KITTY FOYLE

Answer on page 348

```
P  R  P  R  I  N  C  E  S  K  I  E  H  S  H
S  H  K  P  R  N  C  L  P  T  R  D  C  K  S
C  K  P  R  N  C  A  R  T  A  P  O  E  L  C
H  S  H  K  P  R  N  C  L  P  T  R  D  C  K
A  B  B  U  S  I  N  E  S  S  L  P  T  R  D
N  S  S  H  K  P  R  N  C  L  D  O  C  K  S
C  N  W  E  S  T  R  T  S  R  I  A  F  F  A
E  S  H  K  P  R  N  C  L  P  T  R  D  C  K
S  S  S  T  E  A  M  B  O  A  T  S  S  S  L
R  T  S  H  K  P  R  N  C  L  P  T  T  T  I
B  L  O  S  S  O  M  S  R  N  C  R  R  R  B
R  T  S  H  K  P  R  N  C  L  P  N  O  N  E
U  N  D  E  R  W  O  R  L  D  R  G  N  G  R
Z  A  N  Z  I  B  A  R  D  N  R  Z  G  Z  T
B  E  G  G  A  R  S  H  K  P  R  N  Z  N  Y
```

THE STUDENT PRINCE IN OLD HEIDELBERG

CLEOPATRA

SEVEN CHANCES

BIG BUSINESS

A WOMAN OF AFFAIRS

WEST OF ZANZIBAR

GO WEST

STEAMBOAT BILL, JR.

LIBERTY

THE DOCKS OF NEW YORK

BROKEN BLOSSOMS

UNDERWORLD

BEGGARS OF LIFE

THE STRONG MAN

THE SON OF THE SHEIK

Answer on page 348

S	E	C	R	E	T	S	C	R	T	W	Y	W	A	Y
W	N	T	D	N	G	W	A	N	T	E	D	R	T	Z
S	P	R	M	C	Y	N	R	T	H	N	H	R	N	S
B	N	R	E	G	N	A	D	S	H	H	T	R	O	N
R	D	R	M	C	Y	N	R	T	H	N	H	R	N	S
E	N	E	M	P	E	R	O	R	S	H	D	W	P	R
A	G	S	P	R	M	C	Y	R	T	T	E	T	T	S
C	R	I	N	H	E	R	E	N	T	S	U	S	S	N
H	S	G	S	P	R	M	C	Y	R	H	R	H	H	O
S	H	S	P	R	M	C	Y	R	T	D	O	D	D	R
S	U	P	R	E	M	A	C	Y	R	W	P	W	W	T
D	R	M	C	Y	N	R	T	S	D	S	A	S	S	I
S	H	A	D	O	W	S	G	S	T	R	M	R	R	C
S	D	W	S	P	F	R	T	Q	S	G	X	G	G	D
E	U	G	O	R	J	D	K	O	O	B	R	S	P	Y

TOP SECRET

A MOST WANTED MAN

THE SPY GONE NORTH

CLEAR AND PRESENT DANGER

BREACH

SPY

THE EMPEROR AND THE ASSASSIN

FLAME & CITRON

INHERENT VICE

NO WAY OUT

BLACK BOOK

THE AGE OF SHADOWS

MISSION: IMPOSSIBLE - ROGUE NATION

THE BOURNE SUPREMACY

EUROPA EUROPA

Answer on page 348

A	V	I	L	D	S	E	N	D	S	N	M	L	L	P
M	M	L	L	R	D	C	T	R	S	T	R	G	A	S
P	I	Y	D	O	C	T	E	R	T	R	S	R	L	G
R	D	L	L	R	D	C	T	R	S	T	K	S	D	R
L	S	K	L	L	R	D	C	T	R	S	T	R	S	D
E	N	P	R	E	R	S	T	U	R	G	E	S	N	D
E	S	R	D	N	R	C	T	R	S	T	T	Y	S	E
J	T	S	Z	Z	S	K	S	A	Y	O	R	P	T	M
R	R	A	F	F	L	E	C	K	B	R	G	M	R	M
U	B	J	G	O	D	A	R	D	M	D	W	S	B	E
P	R	Z	D	R	D	T	R	E	W	K	Y	T	R	R
A	G	N	D	N	D	C	T	R	S	T	T	Y	G	I
K	C	M	E	A	D	O	W	S	T	Y	R	K	M	C
T	C	Y	W	R	B	E	R	G	M	A	N	N	N	H
B	E	R	T	O	L	U	C	C	I	K	P	R	B	G

JOHN G. AVILDSEN   JOHN STURGES   BEN AFFLECK   TOM TYKWER

GEORGE MILLER   ROLAND EMMERICH   ANG LEE   SHANE MEADOWS

CHAN-WOOK PARK   SHEKHAR KAPUR   BERNARDO BERTOLUCCI   JEAN-LUC GODARD

PETE DOCTER   ALEX PROYAS   INGMAR BERGMAN

Answer on page 348

C	O	N	J	U	R	I	N	G	T	J	S	H	P	R
P	H	A	N	T	A	S	M	P	S	A	C	O	H	E
E	X	O	R	C	I	S	T	H	M	W	R	R	N	K
D	M	C	N	D	Y	M	N	N	J	S	M	R	T	C
S	C	S	V	N	T	G	N	I	R	S	P	O	S	I
H	N	C	N	D	Y	M	N	T	H	C	H	R	M	W
I	J	S	C	R	M	H	M	A	E	R	C	S	C	M
N	R	O	R	P	H	A	N	A	G	E	D	S	N	C
I	N	C	N	D	Y	M	N	T	H	N	G	N	J	N
N	G	S	H	N	S	H	N	G	M	M	S	R	R	J
G	D	S	R	O	M	S	R	Y	P	I	D	R	N	R
D	J	V	N	S	T	H	I	N	G	T	S	Z	G	N
R	K	O	N	D	Y	M	N	T	H	N	G	E	D	G
B	R	J	Z	C	A	N	D	Y	M	A	N	J	R	D
C	D	M	S	E	V	E	N	T	H	Z	S	R	D	Y

THE <u>CONJURING</u>

MISERY

THE <u>WICKER</u> MAN

LITTLE SHOP OF <u>HORRORS</u>

CRONOS

THE <u>EXORCIST</u>

JAWS

THE <u>SEVENTH</u> DAY

SCREAM

THE <u>RING</u>

THE <u>SHINING</u>

THE <u>ORPHANAGE</u>

CANDYMAN

PHANTASM

THE <u>THING</u>

Answer on page 349

```
C  R  Y  N  Q  Q  T  S  N  T  E  S  N  U  S
N  T  B  L  K  U  N  T  B  L  K  M  R  M  D
B  L  K  M  R  M  I  B  L  K  M  R  M  Y  B
C  R  Y  I  N  G  D  E  D  G  H  T  R  S  O
I  D  G  H  T  R  S  H  T  P  S  T  N  B  Y
N  G  W  O  M  A  N  P  S  T  N  B  L  L  Y
E  H  Q  T  T  A  C  T  U  A  L  L  Y  G  G
M  T  N  O  T  E  B  O  O  K  W  D  D  I  N
A  R  N  T  B  L  K  M  R  P  S  T  A  D  P
G  W  E  D  D  I  N  G  M  R  M  N  M  G  O
H  J  D  I  A  M  R  E  M  J  T  N  S  H  S
T  D  N  T  B  L  K  M  R  P  S  T  R  T  T
D  A  U  G  H  T  E  R  S  M  R  P  S  R  I
T  J  Z  S  R  L  K  M  R  P  T  H  G  I  N
M  O  O  N  S  T  R  U  C  K  K  M  R  P  O
```

MOONSTRUCK

BEFORE SUNSET

BIG NIGHT

GIANT

THE CRYING GAME

DAUGHTERS OF THE DUST

THE QUIET MAN

THE LITTLE MERMAID

ABOUT A BOY

MONSOON WEDDING

CINEMA PARADISO

IL POSTINO

A MAN AND A WOMAN

THE NOTEBOOK

LOVE ACTUALLY

Answer on page 349

```
S  E  V  E  N  T  H  C  C  L  R  D  R  M  M
C  H  R  C  T  R  P  R  S  O  P  R  S  T  U
C  R  E  M  A  D  A  M  Z  S  L  D  R  M  R
H  J  D  R  C  T  R  P  R  S  C  O  N  Q  D
A  S  O  T  S  I  H  P  E  M  X  N  R  D  H
R  D  C  O  N  Q  U  E  R  O  R  R  S  T  O
A  L  E  X  A  N  D  E  R  R  S  T  G  H  F
C  J  D  R  C  T  R  P  R  S  T  S  A  E  F
T  R  D  A  N  G  E  R  O  U  S  R  P  R  I
E  S  P  R  B  R  B  R  N  C  H  R  C  H  C
R  Z  D  R  C  T  R  P  R  K  T  G  H  T  I
J  P  A  R  A  S  I  T  E  D  G  N  R  S  A
B  A  R  B  A  R  I  A  N  J  D  Z  R  Z  L
J  D  R  C  T  R  P  R  S  R  C  T  R  U  G
H  A  N  D  K  E  R  C  H  I  E  F  S  Q  B
```

THE SEVENTH SEAL

BLACK AND WHITE IN COLOR

MADAME ROSA

BURNT BY THE SUN

CHARACTER

THE BARBARIAN INVASIONS

GET OUT YOUR HANDKERCHIEFS

THE TIN DRUM

MEPHISTO

FANNY AND ALEXANDER

DANGEROUS MOVES

THE OFFICIAL STORY

BABETTE'S FEAST

PELLE THE CONQUEROR

PARASITE

Answer on page 349

R	S	R	C	K	T	M	N	W	Z	R	G	N	I	S
C	K	T	D	P	O	P	P	I	N	S	W	Z	R	D
R	R	G	A	S	W	K	T	M	N	W	Z	R	R	G
O	C	N	M	R	R	N	A	M	E	R	I	C	A	N
C	K	W	K	T	M	N	W	Z	R	R	G	M	N	S
K	T	K	T	M	N	N	I	A	R	S	W	K	W	W
E	M	R	C	K	T	M	N	W	Z	R	W	I	T	G
T	N	W	I	Z	A	R	D	L	N	D	N	K	S	W
M	H	T	R	Z	J	D	N	S	R	G	R	R	N	H
A	W	H	A	W	A	I	I	M	L	D	R	G	T	A
N	B	R	C	K	T	M	N	L	A	N	D	T	S	R
H	L	J	R	C	K	T	M	O	W	Z	R	D	Z	D
B	E	S	S	I	E	D	Z	U	R	D	N	G	H	R
H	L	J	R	C	K	C	K	I	M	N	W	Z	R	V
A	R	E	P	O	T	M	N	S	Z	R	H	A	T	B

A <u>STAR</u> IS BORN

<u>SING</u> STREET

MARY <u>POPPINS</u>

MEET ME IN ST. <u>LOUIS</u>

AN <u>AMERICAN</u> IN PARIS

<u>SWING</u> TIME

ROCKETMAN

A NIGHT AT THE <u>OPERA</u>

LA LA <u>LAND</u>

A <u>HARD</u> DAY'S NIGHT

TOP <u>HAT</u>

SINGIN' IN THE <u>RAIN</u>

THE <u>WIZARD</u> OF OZ

BLUE <u>HAWAII</u>

BESSIE

Answer on page 349

L	O	V	E	T	R	T	R	O	U	B	L	E	T	P
C	S	T	W	Y	P	J	H	C	A	E	B	D	R	T
P	O	L	L	Y	A	N	N	A	C	S	M	K	B	S
P	L	Y	N	N	H	N	D	R	D	M	S	I	L	P
C	K	D	L	L	R	H	U	N	D	R	E	D	K	I
A	D	N	T	O	C	S	T	W	Y	R	D	N	D	N
S	N	P	R	J	R	C	S	T	W	Y	N	A	N	N
T	P	P	B	D	T	D	S	T	W	Y	P	P	P	E
A	P	D	L	C	S	T	W	Y	G	C	P	P	P	R
W	D	P	A	J	A	M	A	R	I	S	D	E	D	S
A	R	C	S	T	W	Y	L	S	T	B	R	D	R	S
Y	S	L	I	F	E	B	U	J	D	N	S	J	S	D
S	P	D	L	C	S	M	G	H	O	L	I	V	E	R
P	D	L	C	S	T	W	Y	R	D	S	J	S	D	Z
C	E	R	T	A	I	N	J	Z	D	G	N	U	O	Y

THIS BOY'S <u>LIFE</u>

TO SIR, WITH <u>LOVE</u>

THE <u>TROUBLE</u> WITH ANGELS

POLLYANNA

THE MOON-SPINNERS

IN SEARCH OF THE CASTAWAYS

KIDNAPPED

<u>LORD</u> JEFF

<u>YOUNG</u> DONOVAN'S KID

THAT <u>CERTAIN</u> AGE

ONE <u>HUNDRED</u> MEN AND A GIRL

MAD ABOUT <u>MUSIC</u>

<u>OLIVER</u> TWIST

<u>BEACH</u> PARTY

<u>PAJAMA</u> PARTY

Answer on page 349

```
B  N  V  E  N  G  E  A  N  C  E  D  G  R  G
J  R  V  N  G  N  C  D  R  G  N  S  L  H  R
I  C  I  G  N  C  D  W  E  N  K  Q  O  S  I
N  N  Z  D  N  C  D  R  G  N  S  S  T  N  N
G  V  J  D  G  Q  Q  U  I  E  T  R  Q  V  F
L  R  K  R  D  E  V  R  S  N  Q  T  R  R  E
O  S  V  R  S  N  J  N  O  G  A  R  D  S  R
U  T  C  N  V  R  I  M  I  T  A  T  I  O  N
R  N  E  N  G  L  I  S  H  C  N  S  T  N  A
I  D  C  N  S  T  D  A  G  G  E  R  S  D  L
O  G  C  O  N  V  E  R  S  A  T  I  O  N  R
U  R  S  T  N  T  T  N  K  R  D  R  G  N  S
S  S  C  O  N  S  T  A  N  T  N  G  L  S  H
C  N  S  T  N  T  T  N  K  R  D  R  G  N  S
T  I  N  K  E  R  J  Z  T  U  O  L  L  A  F
```

LADY VENGEANCE

INGLOURIOUS BASTERDS

THE IMITATION GAME

THE MAN WHO KNEW TOO MUCH

THE QUIET AMERICAN

INFERNAL AFFAIRS

TINKER TAILOR SOLDIER SPY

GHOST IN THE SHELL

THE CONSTANT GARDENER

BRIDGE OF SPIES

ENTER THE DRAGON

THE ENGLISH PATIENT

MISSION: IMPOSSIBLE - FALLOUT

THE CONVERSATION

HOUSE OF FLYING DAGGERS

Answer on page 349

```
J  O  N  A  H  L  R  A  N  G  E  R  J  D  Z
J  N  H  R  N  G  R  T  X  S  T  Y  R  S  O
B  A  L  L  O  U  R  S  A  X  E  T  J  R  P
R  J  N  H  R  N  G  R  T  X  S  T  R  T  S
A  N  O  U  T  L  A  N  D  D  S  O  G  R  A
N  H  R  N  G  R  T  X  S  T  Z  Q  T  S  S
D  P  M  O  N  T  A  N  A  Z  R  R  Q  I  O
E  S  H  R  N  G  R  T  X  S  T  R  E  R  R
D  S  M  O  U  N  T  A  I  N  S  R  D  J  A
J  N  H  R  N  G  R  T  X  S  R  S  V  N  B
S  I  L  V  E  R  A  D  O  A  H  X  P  H  R
G  H  T  N  N  Z  D  R  T  S  T  S  O  P  A
C  A  L  A  M  I  T  Y  R  C  L  M  S  S  B
J  D  G  H  T  N  N  Z  D  R  T  S  S  S  S
G  U  N  F  I  G  H  T  E  R  T  Y  E  N  A
```

JONAH HEX

TEXAS RANGERS

THE MASK OF ZORRO

THE LONE RANGER

CAT BALLOU

BRANDED

THE GUNFIGHTER

SIERRA

OUTLAND

BARBAROSA

CALAMITY JANE

SILVERADO

MONTANA

POSSE

BROKEBACK
MOUNTAIN

Answer on page 350

```
R  T  W  S  P  S  P  I  E  L  B  E  R  G  L
E  R  G  E  B  R  D  E  M  I  L  L  E  F  R
L  N  T  T  L  D  K  E  N  N  E  D  Y  Y  L
K  T  R  H  G  L  K  N  N  D  Y  F  R  D  E
N  H  H  T  G  T  E  G  D  D  R  O  F  J  E
I  T  I  C  L  C  C  S  T  Q  Y  G  R  T  Y
W  C  T  H  D  H  H  D  T  W  Y  L  R  W  Y
J  H  C  C  W  C  C  K  U  R  O  S  A  W  A
W  C  H  K  G  K  K  R  T  J  Z  S  R  D  D
Y  K  C  R  O  R  R  J  A  C  O  B  S  O  N
L  R  O  S  L  S  S  S  T  W  Y  L  R  W  Y
E  S  C  W  D  W  W  J  K  R  T  N  K  R  T
R  W  K  R  W  R  N  A  E  L  Y  Q  N  W  Y
D  K  R  T  Y  T  W  Y  L  R  W  Y  Q  A  X
T  A  R  A  N  T  I  N  O  Y  L  R  W  Y  M
```

MICHAEL MANN	IRWIN WINKLER	JOHN FORD	ORSON WELLES
STEVEN SPIELBERG	KATHLEEN KENNEDY	AKIRA KUROSAWA	SAMUEL GOLDWYN
SPIKE LEE	NINA JACOBSON	ALFRED HITCHCOCK	CECIL B. DEMILLE
QUENTIN TARANTINO	WILLIAM WYLER	DAVID LEAN	

Answer on page 350

```
R  W  D  D  W  R  S  T  L  R  S  G  N  I  K
O  R  W  R  E  S  T  L  E  R  S  L  P  W  S
J  S  R  A  S  M  W  R  S  T  L  R  D  R  H
A  T  S  N  T  L  N  O  I  L  L  I  M  S  U
M  L  T  S  L  H  O  O  S  I  E  R  S  T  S
M  R  L  J  R  D  R  H  M  P  H  N  X  L  T
D  U  R  H  A  M  Q  R  A  G  I  N  G  R  L
P  H  O  E  N  I  X  H  M  P  H  N  X  P  E
M  R  L  J  R  D  L  A  R  U  T  A  N  H  R
H  M  P  H  N  X  P  R  S  T  L  R  P  N  H
R  R  C  A  D  D  Y  S  H  A  C  K  M  X  L
M  O  P  H  N  X  P  R  S  T  L  R  P  R  H
H  R  C  P  S  L  A  P  S  H  O  T  J  O  Q
X  T  H  K  X  D  R  E  A  M  S  P  O  R  T
S  G  D  X  Y  M  R  L  J  R  D  P  H  N  X
```

MAJOR LEAGUE

WHEN WE WERE KINGS

THE WRESTLER

THE HUSTLER

MILLION DOLLAR BABY

SLAPSHOT

HOOP DREAMS

CADDYSHACK

THE NATURAL

ROCKY

BULL DURHAM

RAGING BULL

FIELD OF DREAMS

HOOSIERS

RISING PHOENIX

Answer on page 350

```
N  E  U  G  A  L  P  J  S  R  E  V  I  R  F
P  N  G  N  S  X  N  T  G  B  W  L  N  G  F
P  A  I  N  T  E  R  F  L  M  S  L  F  M  I
E  N  G  N  S  Q  N  T  G  B  W  O  S  G  L
N  B  M  O  N  T  A  G  E  D  S  R  R  D  M
G  N  G  N  S  R  N  T  G  B  W  L  N  R  L
U  G  N  S  M  G  N  I  L  W  O  B  D  S  Y
I  Z  N  G  N  S  M  P  T  G  B  W  L  N  R
N  G  H  O  M  E  C  O  M  I  N  G  B  W  L
S  Z  N  G  N  S  M  P  C  I  R  C  U  S  D
J  M  U  S  C  L  E  P  T  G  B  W  L  N  S
F  R  G  G  N  T  A  P  E  S  S  R  C  T  H
S  E  A  R  C  H  I  N  G  B  W  L  A  N  S
J  D  F  R  G  G  N  P  T  G  B  T  G  B  W
F  O  R  G  O  T  T  E  N  J  E  S  R  N  T
```

NEVER SORRY

RIVERS AND
TIDES: ANDY
GOLDSWORTHY
WORKING WITH TIME

HOW TO SURVIVE A
PLAGUE

THIS IS NOT A FILM

THE PAINTER AND
THE THIEF

MARCH OF THE
PENGUINS

KURT COBAIN:
MONTAGE OF HECK

CAVE OF
FORGOTTEN
DREAMS

BOWLING FOR
COLUMBINE

MUSCLE SHOALS

CIRCUS OF BOOKS

BOYS STATE

HOMECOMING: A
FILM BY BEYONCÉ

THE WAR TAPES

SEARCHING FOR
SUGAR MAN

Answer on page 350

K	D	H	E	L	M	E	T	S	E	P	A	C	S	E
B	I	S	R	G	N	T	S	H	L	D	R	T	R	T
G	R	N	S	S	E	R	G	E	A	N	T	T	Y	E
B	D	S	G	H	M	B	R	G	R	G	T	T	S	R
R	O	G	T	S	J	Z	N	N	I	A	R	T	Q	N
S	S	D	R	G	N	T	S	H	L	D	R	T	R	I
D	H	S	Y	R	B	E	R	E	T	S	G	N	H	T
T	N	S	R	G	N	T	S	H	L	D	R	D	N	Y
N	D	S	H	O	U	L	D	E	R	D	T	H	D	Y
E	H	G	E	T	T	Y	S	B	U	R	G	C	H	M
L	C	H	A	M	B	U	R	G	E	R	P	R	C	I
I	R	S	R	G	N	T	S	H	L	D	R	G	R	G
S	G	S	H	E	N	A	N	D	O	A	H	H	G	H
S	H	S	R	G	N	T	S	H	L	D	R	R	H	T
C	O	U	R	A	G	E	T	S	H	L	D	S	G	Y

THE GREAT ESCAPE

THE STEEL HELMET

SERGEANT YORK

FROM HERE TO ETERNITY

THE TRAIN

RUN SILENT, RUN DEEP

THREE KINGS

THE RED BADGE OF COURAGE

SHENANDOAH

HAMBURGER HILL

SHOULDER ARMS

A MIGHTY HEART

BODY OF LIES

GETTYSBURG

THE GREEN BERETS

Answer on page 350

V	V	K	I	N	G	D	O	M	D	W	N	F	A	M
I	K	C	O	M	M	A	N	D	E	R	Z	R	N	O
K	N	D	W	N	F	Q	N	G	D	H	R	B	T	D
I	G	H	A	R	B	O	R	V	J	G	Z	S	O	G
N	S	D	W	N	F	S	N	G	D	E	V	R	I	N
G	D	V	H	D	W	N	F	T	R	K	K	E	N	I
S	O	K	U	S	D	W	N	O	L	N	N	C	E	K
K	W	N	R	F	S	N	G	V	X	G	G	K	T	J
N	N	G	S	N	G	H	J	Z	S	K	S	O	T	C
G	F	S	D	W	O	W	N	X	J	D	L	N	E	O
S	A	L	F	U	D	R	D	N	I	W	X	I	G	L
L	L	X	R	N	F	S	N	G	D	W	S	N	S	E
X	L	S	S	A	M	A	D	E	U	S	L	G	L	T
D	S	K	N	A	I	D	A	D	W	N	X	F	X	T
A	L	E	X	A	N	D	E	R	D	Z	D	S	D	E

THE VIKINGS

COLETTE

KINGDOM OF HEAVEN

PEARL HARBOR

GONE WITH THE WIND

ZERO DARK THIRTY

AMADEUS

ALEXANDER

THE RECKONING

MASTER AND COMMANDER: THE FAR SIDE OF THE WORLD

DOWNFALL

13 HOURS

QUO VADIS, AIDA?

BEN-HUR

MARIE ANTOINETTE

Answer on page 350

L	T	A	N	T	O	N	I	O	N	I	J	D	Z	S
T	E	R	T	A	R	K	O	V	S	K	Y	R	E	S
R	T	O	K	R	I	N	A	R	I	H	J	T	R	T
N	R	S	N	S	S	K	H	N	R	Y	A	Z	Y	R
A	K	J	C	E	V	J	C	K	S	Y	R	C	R	U
L	V	J	C	K	S	S	K	H	N	R	Y	A	K	F
O	S	J	A	C	K	S	O	N	R	S	R	M	V	F
N	K	V	J	C	K	S	S	K	H	N	K	E	S	A
V	R	O	S	S	E	L	L	I	N	I	V	R	K	U
S	C	V	I	S	C	O	N	T	I	N	S	O	T	T
R	E	S	N	A	I	S	J	C	K	S	K	N	C	S
S	K	H	N	R	Y	F	F	R	L	L	T	M	L	B
Z	S	K	H	N	R	Y	S	U	B	M	U	L	O	C
Z	E	F	F	I	R	E	L	L	I	H	N	R	Y	J
F	A	S	S	B	I	N	D	E	R	Z	S	K	H	N

MICHELANGELO ANTONIONI

RAINER WERNER FASSBINDER

FRANÇOIS TRUFFAUT

ANDREI TARKOVSKY

CHRISTOPHER NOLAN

RAJKUMAR HIRANI

DAVID YATES

JAMES CAMERON

PETER JACKSON

CHRIS COLUMBUS

ALAIN RESNAIS

ROBERTO ROSSELLINI

SERGIO LEONE

FRANCO ZEFFIRELLI

LUCHINO VISCONTI

Answer on page 351

C	G	N	G	S	T	R	L	V	N	E	V	E	L	E
O	D	G	A	N	G	S	T	E	R	S	T	R	L	V
N	F	A	M	E	R	I	C	A	D	R	S	C	S	S
N	G	O	D	F	A	T	H	E	R	S	A	D	P	U
E	N	G	S	T	R	L	V	G	Q	S	R	H	C	S
C	F	I	C	T	I	O	N	F	I	L	E	L	S	P
T	T	N	G	S	T	R	L	N	S	A	D	R	T	E
I	S	N	G	S	T	R	O	Q	T	T	R	T	S	C
O	C	T	N	G	S	T	R	L	C	N	N	T	C	T
N	R	S	C	A	R	F	A	C	E	T	R	N	R	S
D	C	O	N	F	I	D	E	N	T	I	A	L	F	S
Z	J	D	G	O	O	D	F	E	L	L	A	S	C	C
D	E	P	A	R	T	E	D	N	G	S	T	R	T	R
N	G	S	T	R	C	T	N	K	I	L	L	I	N	G
T	R	A	I	N	I	N	G	G	S	T	R	C	T	N

THE FRENCH CONNECTION

OCEAN'S ELEVEN

AMERICAN GANGSTER

THE USUAL SUSPECTS

TRAINING DAY

THE DEPARTED

THE KILLING

CASINO

ONCE UPON A TIME IN AMERICA

PULP FICTION

SCARFACE

L.A. CONFIDENTIAL

GOODFELLAS

HEAT

THE GODFATHER

Answer on page 351

P	W	T	R	S	D	S	R	E	T	A	W	W	T	F
D	A	H	W	K	N	S	W	L	K	R	T	R	L	T
S	R	G	R	D	O	M	I	N	O	T	R	O	T	B
R	N	W	E	K	N	S	W	L	K	R	W	J	B	J
E	R	L	K	T	U	R	N	E	R	Z	B	A	B	A
K	H	W	K	N	S	W	L	K	R	T	R	D	T	M
L	S	H	A	W	K	I	N	S	M	N	H	D	H	E
A	G	K	N	S	W	L	K	R	S	R	W	E	W	S
W	S	A	R	M	S	T	R	O	N	G	K	R	K	R
H	W	K	N	S	W	L	K	R	T	R	N	L	N	M
T	I	B	B	E	T	H	W	K	N	S	S	E	S	O
W	K	N	S	W	L	K	R	T	R	N	C	Y	C	N
C	O	L	T	R	A	N	E	W	L	K	G	S	G	K
H	W	K	N	S	W	L	K	R	T	R	T	R	T	R
E	L	M	A	N	K	R	T	R	N	T	A	G	U	C

MUDDY WATERS	XAVIER CUGAT	HOT LIPS PAGE	THELONIOUS MONK
FATS DOMINO	MISCHA ELMAN	LOUIS ARMSTRONG	CANNONBALL ADDERLEY
T-BONE WALKER	LAWRENCE TIBBETT	HOWLIN' WOLF	
ELMORE JAMES	SCREAMIN' JAY HAWKINS	JOHN COLTRANE	BIG JOE TURNER

Answer on page 351

C	C	J	D	Z	R	H	W	N	I	R	A	M	K	N
A	R	C	O	H	E	N	F	L	D	M	J	S	T	O
R	L	F	L	D	M	J	D	Z	R	H	W	R	N	T
L	N	D	L	L	R	R	E	L	L	I	D	R	B	A
I	D	L	D	M	J	D	Z	R	H	G	R	L	R	E
N	L	F	E	L	D	M	A	N	D	Z	R	N	W	K
K	R	J	D	Z	R	H	W	R	N	W	O	R	B	R
R	I	C	K	L	E	S	D	Z	R	H	W	C	R	C
R	J	D	Z	R	H	W	R	H	A	W	N	K	C	H
H	O	W	A	R	D	Z	D	Z	R	H	W	L	K	O
G	K	R	J	D	Z	R	H	W	R	H	R	S	L	N
R	J	D	R	K	R	J	D	Z	D	M	T	M	S	G
L	D	O	R	A	C	A	R	E	L	L	D	I	M	T
N	C	R	J	D	Z	R	H	W	R	Z	R	H	M	H
K	Z	R	H	A	R	T	Z	R	H	W	R	Z	H	S

WILL SMITH

MICHEAL KEATON

GEORGE CARLIN

CHEECH MARIN

TOMMY CHONG

CHRIS ROCK

KEVIN HART

STEVE CARELL

SACHA BARON COHEN

PHYLLIS DILLER

MARTY FELDMAN

DON RICKLES

CURLY HOWARD

JOE E. BROWN

GOLDIE HAWN

Answer on page 351

S	S	G	N	I	D	A	R	T	D	M	V	S	R	S
T	T	G	R	N	D	H	S	J	R	K	O	S	P	L
R	R	D	U	M	B	E	R	N	C	U	H	R	I	G
A	B	R	N	D	H	S	J	R	P	N	K	O	S	R
N	G	G	D	E	K	A	N	R	N	D	N	S	T	T
G	L	B	R	N	D	H	S	T	R	S	R	D	R	E
E	V	J	S	P	I	N	A	L	D	S	B	A	B	M
L	S	K	R	E	J	B	R	N	D	H	G	I	G	O
O	P	G	R	O	U	N	D	H	O	G	L	R	L	S
V	N	B	R	N	D	H	S	T	R	S	V	P	V	D
E	L	A	N	C	H	O	R	M	A	N	S	L	S	B
S	D	R	N	D	H	S	T	R	S	V	T	A	T	O
L	E	B	O	W	S	K	I	L	B	S	R	N	R	R
R	N	D	H	S	T	R	S	S	V	R	B	E	B	A
A	U	T	O	M	O	B	I	L	E	S	G	Q	G	T

FOUR LIONS TRADING PLACES THE BIG LEBOWSKI GROUNDHOG DAY

DUCK SOUP SOME LIKE IT HOT ANCHORMAN AIRPLANE

DR. STRANGELOVE DUMB AND DUMBER BORAT THIS IS SPINAL TAP

PLANES, TRAINS AND AUTOMOBILES THE NAKED GUN THE JERK

Answer on page 351

```
D  I  A  B  O  L  I  Q  U  E  D  B  G  D  F
D  D  B  L  Q  D  R  S  S  D  G  O  R  B  U
G  B  R  E  D  R  O  B  B  R  N  B  R  L  G
U  L  D  B  L  Q  D  R  S  E  F  M  B  Q  I
I  Q  D  N  A  L  S  I  Q  D  R  S  U  G  T
L  G  R  D  B  L  Q  D  R  S  Q  S  L  L  I
T  L  S  T  R  S  Q  R  E  D  D  A  L  T  V
J  T  E  B  B  L  Q  D  R  S  Q  S  I  B  E
R  B  C  L  D  R  E  S  S  E  D  T  T  L  S
A  L  R  L  B  L  Q  D  R  S  Q  R  T  L  R
E  L  E  T  B  R  D  S  T  U  H  S  R  T  B
F  T  T  Q  F  E  M  A  L  E  S  Q  R  I  G
T  T  R  B  L  Q  D  R  S  Q  S  S  R  G  L
A  T  T  R  A  C  T  I  O  N  S  D  R  L  T
T  R  C  T  N  S  C  R  T  N  S  S  D  T  B
```

DIABOLIQUE	BULLITT	FATAL ATTRACTION	DRESSED TO KILL
THE FUGITIVE	THE BIRDS	CAPE FEAR	EYES WIDE SHUT
GONE GIRL	THE GUILT	JACOB'S LADDER	SINGLE WHITE FEMALE
BORDER	SHUTTER ISLAND	SECRET WINDOW	

Answer on page 351

```
S  S  B  O  U  R  N  E  B  R  N  S  L  D  J
T  T  C  R  T  N  K  N  W  P  R  G  W  I  D
A  L  R  C  T  A  D  L  O  S  D  S  M  S  J
L  G  R  T  N  K  N  W  P  Q  R  A  R  T  T
A  T  P  E  R  E  G  R  I  N  E  S  S  L  H
G  H  C  U  R  T  A  I  N  R  T  T  R  G  I
C  R  T  N  K  N  W  P  R  G  K  L  E  T  R
N  O  T  O  R  I  O  U  S  T  N  G  H  H  T
G  R  T  N  K  N  W  P  Q  L  E  T  T  R  Y
L  A  B  Y  R  I  N  T  H  G  W  H  O  L  B
N  O  R  T  H  W  E  S  T  T  H  R  W  R  P
R  T  N  K  N  W  P  N  H  H  R  L  S  U  Q
D  E  T  R  A  P  E  D  R  R  L  Q  O  R  W
G  R  T  N  K  N  W  P  J  L  S  S  D  S  G
L  Y  N  D  O  N  N  S  Q  R  J  D  S  G  R
```

STALAG 17

THE BOURNE ULTIMATUM

LETTERS FROM IWO JIMA

ZERO DARK THIRTY

LE PETIT SOLDAT

PEREGRINE

BARRY LYNDON

THE DEPARTED

DUCK SOUP

THE LIVES OF OTHERS

NOTORIOUS

PAN'S LABYRINTH

NORTH BY NORTHWEST

THE MAN WHO KNEW TOO MUCH

TORN CURTAIN

Answer on page 352

W	L	D	P	K	L	L	Y	K	F	R	S	K	N	V
C	W	A	C	D	L	I	W	R	E	C	W	B	S	A
B	L	F	R	S	K	N	K	L	L	L	P	R	T	L
E	B	S	Y	O	B	W	O	C	W	C	L	V	L	L
J	R	R	S	K	N	K	L	L	K	L	L	Y	B	E
A	M	F	O	R	S	A	K	E	N	D	B	P	R	Y
M	S	M	S	L	N	K	L	L	B	T	R	N	M	S
I	T	M	I	L	L	I	O	N	R	P	M	O	S	K
G	N	S	M	S	L	N	K	J	M	R	S	M	T	I
O	S	F	R	S	K	N	K	R	S	I	T	A	N	D
S	P	O	U	T	L	A	W	S	T	E	N	L	S	K
S	T	K	L	L	Y	S	K	N	N	S	S	A	P	E
S	E	P	T	E	M	B	E	R	S	T	P	K	T	N
B	S	T	K	L	L	Y	T	R	P	K	T	R	S	A
B	R	I	M	S	T	O	N	E	T	B	T	R	N	J

NED KELLY

DOWN IN THE VALLEY

COWBOYS & ALIENS

THE PALE DOOR

THREE AMIGOS

BRIMSTONE

JANE GOT A GUN

THE KID

FORSAKEN

A MILLION WAYS TO DIE IN THE WEST

THE ALAMO

WILD WILD WEST

PRIEST

SEPTEMBER DAWN

AMERICAN OUTLAWS

Answer on page 352

F	A	I	R	Y	T	A	L	E	F	R	M	M	M	J
F	R	O	N	T	I	E	R	F	R	N	G	I	G	I
P	L	L	Y	S	N	I	P	P	O	P	H	G	H	N
N	E	W	S	I	E	S	P	L	L	Y	T	H	T	G
S	C	P	L	L	Y	R	T	N	V	G	Y	T	Y	L
P	O	L	L	Y	A	N	N	A	D	S	J	Y	J	E
L	S	C	P	L	L	Y	R	T	N	V	N	T	N	L
N	G	S	E	C	R	E	T	A	R	I	A	T	G	K
H	S	L	O	N	G	S	T	O	C	K	I	N	G	N
S	U	Z	P	L	L	Y	R	T	N	V	N	T	N	U
Z	S	G	R	N	A	V	I	G	A	T	O	R	S	R
R	G	D	O	Z	P	L	L	Y	R	R	C	H	Z	H
S	S	S	D	L	S	C	P	L	L	D	A	Q	R	S
D	I	A	R	I	E	S	Y	R	T	L	L	E	S	H
L	Y	R	N	I	H	P	L	O	D	P	H	N	B	S

FAIRYTALE: A TRUE STORY

JINGLE ALL THE WAY

HONEY, I SHRUNK THE KIDS

YOGI BEAR

DOLPHIN TALE

HUGO

MARY POPPINS

NEWSIES

POLLYANNA

THE MIGHTY DUCKS

SECRETARIAT

THE PRINCESS DIARIES

PIPPI LONGSTOCKING

FLIGHT OF THE NAVIGATOR

DAVY CROCKETT: KING OF THE WILD FRONTIER

Answer on page 352

S	S	C	C	T	N	I	N	C	E	P	T	I	O	N
S	T	T	T	I	V	N	S	H	N	G	F	T	R	S
T	D	A	R	Y	T	H	N	G	E	R	U	T	U	F
E	Y	S	R	S	D	Y	N	S	H	N	T	R	S	D
G	S	D	N	S	H	N	L	E	N	N	U	T	F	O
U	S	W	V	N	S	H	N	G	F	T	R	R	L	D
L	D	V	A	N	I	S	H	I	N	G	R	D	T	Y
E	W	R	T	N	D	E	N	I	Z	E	N	W	N	S
D	N	A	N	D	R	O	M	E	D	A	D	W	R	S
F	S	W	V	N	S	H	N	G	F	T	R	R	S	E
F	L	A	T	L	I	N	E	R	S	T	R	P	D	Y
S	W	V	N	D	O	W	N	S	T	R	E	A	M	S
S	H	N	A	G	E	M	O	M	R	E	C	U	A	S
M	F	S	W	V	N	S	H	N	G	F	T	R	R	S
M	E	T	R	O	P	O	L	I	S	S	H	N	G	F

INCEPTION

STAR WARS

METROPOLIS

BACK TO THE FUTURE

2001: A SPACE ODYSSEY

DELUGE

THE TUNNEL

THE VANISHING SHADOW

THE LOST CITY

THE FLYING SAUCER

THE ANDROMEDA STRAIN

THE OMEGA MAN

FLATLINERS

DENIZEN

DOWNSTREAM

Answer on page 352

W	O	N	D	E	R	L	A	N	D	P	S	S	S	R
C	A	N	A	S	T	A	S	I	A	D	T	T	T	E
B	R	E	A	D	W	I	N	N	E	R	R	O	R	T
P	S	C	P	T	N	P	N	G	N	R	Y	R	Y	E
P	T	N	I	A	T	P	A	C	D	Y	P	Y	P	P
R	R	J	D	T	N	P	N	R	N	S	K	R	N	S
I	Y	S	A	U	S	A	G	E	R	C	G	D	G	H
N	P	D	T	N	P	N	R	N	S	N	A	L	U	M
C	N	R	E	D	L	I	N	E	T	R	C	T	C	Z
E	G	R	T	A	O	B	M	A	E	T	S	T	N	P
T	R	G	P	E	N	G	U	I	N	P	S	C	P	J
T	U	R	J	D	T	N	P	N	R	N	S	T	E	P
R	G	N	D	Z	C	I	T	C	R	A	P	R	B	T
P	R	N	E	T	N	P	N	R	N	S	R	W	R	R
S	S	C	J	S	R	J	D	T	N	Y	R	N	D	B

LOONEY TUNES

TOM AND JERRY

ARCTIC DOGS

THE PEBBLE AND
THE PENGUIN

STEAMBOAT WILLIE

PETER PAN

ALICE IN
WONDERLAND

THE BREADWINNER

TOY STORY

CAPTAIN
UNDERPANTS

SAUSAGE PARTY

THE LITTLE PRINCE

MULAN

REDLINE

ANASTASIA

Answer on page 352

W	E	A	T	H	E	R	W	T	H	P	P	S	T	Y
W	T	H	P	S	P	R	K	L	H	O	R	T	G	S
E	L	K	R	A	P	S	H	R	L	T	G	R	P	D
T	H	P	S	P	R	K	L	L	D	R	O	Z	R	P
S	I	S	T	E	R	S	Y	K	L	P	T	N	T	A
H	W	T	H	P	S	P	R	K	L	H	Y	C	Y	R
H	E	A	R	T	B	E	A	T	S	T	S	A	S	T
W	T	H	P	S	P	R	K	L	H	Y	T	B	T	Y
F	I	G	H	T	I	N	G	R	S	S	R	I	R	J
D	W	T	H	P	S	P	R	K	L	H	D	N	D	Y
D	R	E	A	M	G	I	R	L	S	H	R	W	R	D
D	W	T	H	P	S	F	R	O	Z	E	N	D	M	A
H	A	M	I	L	T	O	N	F	R	Z	N	P	G	L
P	D	W	T	H	P	S	P	R	K	L	H	D	R	T
P	E	T	E	R	T	H	D	L	I	W	E	L	D	I

PORGY AND BESS

STORMY WEATHER

THE FIVE
HEARTBEATS

POLLY

SPARKLE

SISTER ACT

HOUSE PARTY

LADY SINGS THE
BLUES

CABIN IN THE SKY

THE FIGHTING
TEMPTATIONS

DREAMGIRLS

IDLEWILD

PETER PAN

FROZEN

HAMILTON

Answer on page 352

1. AWARD-WINNING ACTORS (FEMALE)

L	L	A	W	R	E	N	C	E	A	W	P	R	E	B
S	L	A	S	W	A	K	L	W	W	I	O	N	S	L
T	E	S	W	A	N	K	B	U	I	L	R	L	O	A
R	B	U	L	L	K	C	W	I	N	H	T	E	R	N
E	M	C	M	R	D	A	N	D	S	R	M	M	O	C
E	S	L	A	R	S	O	N	T	L	O	A	N	E	H
P	M	R	R	E	N	C	O	L	E	M	N	B	U	E
M	B	U	L	L	O	C	K	S	T	N	E	C	O	T
T	T	A	C	O	L	M	A	N	C	O	T	I	L	T
W	I	T	H	E	R	S	P	O	O	N	M	U	I	L
M	O	O	R	E	W	T	H	R	S	P	N	O	O	M
M	R	R	E	N	M	C	D	O	R	M	A	N	D	S
M	I	R	R	E	N	C	T	L	L	A	R	D	S	R
S	W	K	N	B	U	L	L	O	S	T	O	N	E	M
C	O	T	I	L	L	A	R	D	I	R	R	E	N	S

2. DIRECTORS

S	C	O	T	T	N	L	A	N	S	C	O	S	T	T
P	M	C	H	E	A	U	X	S	C	O	R	C	E	S
I	N	O	N	O	L	A	N	L	A	P	N	O	B	U
E	B	R	T	O	N	M	Y	A	K	P	Z	R	Z	I
L	H	L	L	E	R	B	I	G	E	O	L	S	O	M
B	U	R	T	O	N	S	C	O	T	L	T	E	S	I
E	C	O	P	P	L	O	L	A	G	A	R	S	W	C
R	C	R	O	O	J	S	C	O	B	T	R	E	S	H
G	H	M	I	Y	A	Z	A	K	I	M	R	S	E	E
W	C	S	S	E	C	S	E	S	G	E	B	G	E	A
W	L	O	W	S	K	O	T	T	E	C	R	E	O	U
O	G	R	W	I	S	G	H	E	L	L	E	R	A	X
O	D	C	A	R	O	V	R	N	O	A	Y	W	G	L
D	U	V	E	R	N	R	N	I	W	C	O	I	P	A
D	U	V	E	R	N	A	Y	S	C	O	T	G	C	O

3. AWARD-WINNING ACTORS (MALE)

O	L	D	M	A	N	A	L	D	E	G	K	R	H	W
W	H	T	A	K	R	A	F	I	F	X	F	E	O	H
M	A	L	E	K	N	B	I	C	T	H	T	D	R	I
B	R	E	G	E	A	R	H	A	R	P	D	M	N	T
A	B	W	L	E	B	A	D	P	I	I	P	A	I	A
P	I	I	E	C	R	H	I	R	D	T	G	Y	S	K
B	C	S	W	O	M	A	P	I	L	T	H	N	Y	E
R	H	T	N	A	P	M	F	O	M	M	A	E	N	R
I	D	U	S	H	I	R	D	I	N	F	R	I	H	T
D	P	F	O	N	D	A	G	E	S	O	P	L	O	D
G	F	O	O	X	X	I	C	F	D	I	E	O	F	O
E	M	X	C	O	N	A	U	I	G	H	M	E	F	Y
S	D	X	H	D	U	J	A	R	D	I	N	F	M	X
E	L	W	I	S	L	E	W	T	I	S	W	T	A	A
M	C	C	O	N	A	U	G	H	E	Y	K	E	N	R

4. CLASSIC MOVIES

V	R	T	G	I	O	B	B	O	Y	H	O	D	N	F
E	V	E	R	T	I	G	O	F	G	H	T	P	O	A
C	P	R	S	G	O	D	Y	F	A	T	H	R	T	C
A	C	O	O	F	I	G	H	T	V	R	T	G	O	O
S	A	T	G	I	F	G	O	F	G	H	T	I	R	Z
A	S	O	O	E	F	I	O	L	F	P	A	R	I	S
B	A	R	D	L	L	I	D	T	G	O	O	D	O	N
L	B	I	F	D	L	D	P	L	R	T	E	P	U	O
A	A	O	A	K	O	A	M	I	N	D	N	R	S	T
N	N	U	T	B	R	O	Y	S	H	O	O	T	B	R
C	N	S	G	O	D	F	A	T	H	E	R	E	J	U
A	C	M	E	C	S	A	B	L	A	N	C	D	A	I
J	A	M	Z	D	E	P	A	R	T	E	D	J	Z	O
K	A	N	E	W	N	D	O	W	L	I	S	Z	Z	U
A	J	Z	Z	W	I	N	D	O	W	P	A	Z	I	S

5. FAMOUS ACTORS

G	O	L	D	B	E	R	G	G	L	D	B	R	G	H
A	G	R	B	O	F	R	E	H	A	N	K	S	M	E
R	B	R	E	G	M	N	S	T	E	W	C	T	P	P
B	E	R	G	M	A	N	H	E	P	B	R	C	T	B
O	M	F	C	O	O	L	V	I	R	E	R	A	O	U
A	N	R	H	N	P	T	I	T	F	I	O	R	I	R
C	R	E	P	R	H	P	B	U	R	N	L	R	E	N
H	R	M	L	O	L	I	V	I	E	R	R	O	R	C
A	O	N	I	E	S	T	E	W	E	R	T	L	S	H
P	E	P	N	C	R	S	U	I	M	S	E	L	M	A
L	B	R	E	G	S	T	E	W	A	R	T	T	T	P
I	S	T	W	A	R	T	M	O	N	R	E	O	H	L
N	N	P	O	I	T	I	E	R	P	S	M	I	T	H
G	R	B	O	C	H	P	L	I	N	M	N	O	R	O
M	O	R	I	T	A	R	C	R	U	I	S	E	B	E

6. CLASSIC MOVIES WITH SINGLE-WORD TITLES

R	O	C	C	A	S	A	B	L	A	N	C	A	R	C
C	A	S	B	L	A	N	C	T	T	A	N	I	C	N
K	I	C	I	N	D	E	R	E	L	L	A	S	S	D
Y	G	O	S	T	G	H	O	S	T	F	I	P	L	R
R	G	H	O	S	T	S	C	T	S	N	V	U	E	E
W	P	S	Y	C	H	S	K	B	G	T	O	R	E	L
I	G	D	F	E	L	Y	Y	A	O	A	Y	M	P	L
N	O	T	I	T	A	N	I	C	O	S	A	A	E	A
G	S	S	P	E	R	A	M	N	D	I	G	N	R	N
S	U	P	E	R	M	A	N	B	F	A	E	S	S	O
W	N	G	S	S	L	L	E	B	E	P	R	L	R	B
F	A	N	T	A	S	I	A	O	L	E	S	E	C	O
C	I	N	D	R	E	E	L	D	L	A	V	P	K	D
O	B	A	T	M	A	N	V	Y	A	G	R	E	Y	Y
T	T	A	N	I	C	S	T	P	S	Y	C	H	O	O

7. SCI-FI MOVIES

```
C O N T A C T C N T A T C W W
M M I N R E P T I O M A Z E E
A T F D R U N N E R M Z E S S
T R E E I S N W P I C E R T W
R A R R V M N K E Y T R O W O
I X O W A L I E N T R T R O N
X M B A L G R V I T T Y S R R
A U O T G G R A V I T Y Y L L
I N C E P T I O N T I O N D D
M D O D N T A C T G R A L R M
A E P R M O N K E Y S W I B N
T N A R R V A L W E S W F O K
S N O W P I E R C E R O E C Y
X W S T S R L D G R A R Y P E
U N D E R W A T E R A L I R S
```

8. HORROR & SUSPENSE MOVIES

```
N O P S Y C H R I G H T C A F
N O S F E R A T U Q U I E S R
L G Y L G H T H O U S S E E A
B B C A B B A B A D O O K K N
F L H K N G C B I N E T B R K
I D O B R L I G H T H O U S E
F R N K S T E N B R D I E Y N
C A B I N E T I N V S U B L S
B A B A D F O L L O W S O K T
A O C L I G R I C A B B I N E
Q U I E T L G H T B F H P P I
D T B A K O N G G R O D S Y N
O I N V S V I B L I L E Y S P
U P Y F R H E R E D I T A R Y
K I N V I S I B L E S L C O Y
```

9. NOTABLE MOVIES

```
F A N T A S T I C S P E R M V
E F N T S A T I C F A T H E R
A N W I F E M A R T N I A S N
T T E F E T U R E E T I P S S
U A E M S S I A H M H E N I P
R S K F R T H E R M E R T A U
E I T I A N G R B I R D H H R
S C V V I G I L I G I L E U N
P T P R N R D E M P T I R M O
A S P B R D G R E E N B P A V
P U A F N T A S T C B R A R A
S U P E R N O V A F A T N T P
E P E R D M P T I O N E T I A
R E R E D E M P T I O N E A P
S R S P E R N O V B R D R N R
```

10. DIRECTORS

```
G G R V E S C O L R I N S G S
R R D S H C O L L I N S G R N
A E P E B L L S E G P E R A G
P A R K S P R A K G S R I Y L
V V R I G S G D A S H R E A T
P E E B L E S J E N K N P S O
F S D V E R N A Y R E S E E N
U F U Q E T F U Q U A R R D D
Q U V E R N A Y J E N K R S V
R S I N G L E T O N F Q Y   E
A T R C L L I N S C O L L R R
R O N S J E N K I N S P R E N
S R E G R E E V E S E S R E E Y
E Y S S I N G E L T N K S S F
S T T D U V E R N A Y L R E Q
```

11. MUSICALS

```
B R O W S T C K B N G C A C M
B R O O M S T I C K S D D A C
A P C R P A C I F I C D A N M M
N J A L H O U S E L A P C E E
G L B D A N C E R J Z U E L L
L B Y R N T H J A Z B R R O T
P A C I F I C P U R P P J T P
B R O M S T I C K L G L A S A
R A O J A I L H O U S E I R C
K S P R I N S P R P A R J I I
O P A S P R I N G A D O A N W
O L T Y A B R T H J Z A Z G A
L A B Y R I N T H E O T Z L G
S D P A T C R G D O O N A A O
T Y J Z Y B B R I G A D O O N
```

12. ADVENTURE MOVIES

```
C C O C O C O L O G A N I D G
S M U R A I D R V E R H A U D
A D V N T U R E S D R I V N N
A D V E N T U R E S C I V K K
Z O O T P I A S N G K E E I I
S A M U R A I J D R I V E R R
T R E A S R E E W N N R D K K
A V N G E R B R M S G I O S J
A V E N G E R S K N D R O N U
A D V N T U O R E S H R D O N
C V I L Z O W T C I V I L P G
M I S S I O N T R A S U R E L
Z O O T P I A T R E A S U R E
H A R D A D V N T R U E S S R
C O C C O Z O O T O P I A K I
```

13. SUPERHERO MOVIES

```
P A N T E R W O W D E W R B N
A P S U P E R M A N N O N A V
N T R Z A N A M S E R N I T E
T H O R T H R K P I G D H M N
H I N C R D B L S A V E N A G
E T K N I G H T R A G R O N R
R I N C R D I B E L S S H A S
S A A V E N G E R S A V E N G
H K I N I N C R E D I B L E S
Z T B A T M N W O B R E R S H
A A M E R I C A A O O E R H A
M R S T R N G E T M N O R A Z
R Z P N T H E R W O N D R M A
R A G N A R O K S T R A G S M
R N T A R Z A S T R A N G E A
```

14. JAMES BOND MOVIES

```
T H U N D E R B A L L E D E S
W T H N D R B A L L V E I W V
I H S E C R E T R U S S A I I
C N O Y S K Y F A G G D M T E
E D C E G O L D E O L I O W W
A R T S S E C R E L D M N C R
M B O M T L O V E D F O D E T
O A C O H T O P U F N B S L I
O L T O U G O L D I G D E V S
N L O R N S G S I N E S A E K
R O P A D I O M O G R N D A Y
A C U K R S L I V E V I W E F
K T S E B K D I A R U S S I A
E O S R L Y E D I M O N D S L
R P Y N L F N E V E R N E V L
```

15. ANIMATED MOVIES

```
M A R Y M A C Y T R M P B D Y
T R M P B B O D Y P O T N M T
T A R T T H R N E I G A B E R
R R T B R E A D W I N N E R P
I T R M A C L O R A L G I M L
P U M R M A I R Y T A L G A T
L R P O P N N Y N E I E B I S
E P O N O B E M B I T D I D C
T N P A T H U R T R P L E T R
S Y O B R E A D W A N N E R A
P O N E I G H B O R K L M U L
M E Y R M A I A D T T B O L T
A R O T H U R M T H I B A L P
T R P L E T S B C U O R N P N
K L A U S T N I G R L E A T E
```

16. FAMILY MOVIES

```
W I Z F A R D R A M O H N A A
W I Z A R D G R L I N O C H L
K A R C A T E A I L O O N E P
P O T T R E B R C H K K I D S
C H R O N I C L E S S E R C G
S E R R I E S R A E M O N H O
G E A Y W S A A C R O W G R N
R R L P I E L M K I R I R O I
I A C R Z P O T T E R Z I N E
C M E E R R N O R S E R N I S
H O L N D I E N T P A D C C K
N N A T A E A A B I R C H L A
P A R E N T C B G R I N C S R
P A C T O R Y K K A R A T E T
G O O N I E S R M O N A G R E
```

17. WESTERNS

```
N O O N S T G E C O C H N O N
S W E T G R S S D O L L A O
W B A S T A G E C O A C H L U
E R O E R U N F O L R G I V N
S V U G E L I B E L T Y B U F
T O B R A V O G R A T G I N R
D S W O S W E E T R A S S F G
L T S V U G L Y S S E A R O I
I A T O R B A L A D S E A R V
B G W D E A D W O O D G I G E
E C R S W E T G R A S G R I T
R O S W E E T G R A S S U V N
T A T S T G E C O A C H S E E
Y C B A L L A D B A G I A N T
A S E A R C H E R S E R C H R
```

18. COMING-OF-AGE MOVIES

```
B P P R E T T Y G R F F I T G
R R B R E K F A S T A D P C R
E T S I X T E E N S M A C R A
A T M E R D G R I O Z T E F
K Y A D A Z G E D I S E U T F
F M N E M M E R M A I D S U I
A R D G R E N W W I C H R R T
S E P C R E A T U R E S E S I
T M E R M M A I S J O R N T Y
E A C E M P I F A M O U S A H
M I T P R I T T Y S T A R D O
P D J O U R N E Y H O L S H L
R S U E D E G E P I C T U R E
E M R P I R E D A Z D H O L S
D G R E E N W I C H J O R E Y
```

19. SPY/INTRIGUE MOVIES

```
I S L T S A L T S D A G G E R
N D A G G E I S H A D W S L T
F M A T A D E O E R E X P R M
O N E E A D S H A D O W L E A
R P P R L O T O G C O O L X T
M P R T L I O T L E A R L E A
A T O M I C E X E R E L S S D
N P T R E O T I N F O D M A O
T M O T D M A T A D R S H A R
A L C L I E D A T N O M C F E
I N O O R E X P R E S S I R G
D A L G E R S L T E X P N O L
D A G R E S H A D D O W F N E
P A T R I O T P R L O T O T I
M A T A D R E A G E L I R E S
```

20. THRILLERS & MYSTERIES

```
P P L K A W A T E R R E B D R
L L A N M A L T S E C A O O E
A C I I R I S H M A N N U U B
C E C V S P T L I G H T B B E
I I R E B E C C A P S Y T T C
I N V S I B A L S T E P S E C
I V I S I B B L R R B E C C H
N S S M T H I R D T E M S I I
V I I K N I N E S C H A I N N
I B B P R E E B E C C L A A A
S L E S P O T L I G H T N T T
I E L Y C A B I N T E E I O O
B S T C R B E C C A E S S W W
L T H H A V A N I S H E S N N
E E C O V N I S H E S C R N A
```

21. COMEDIES

```
S I C K P H I P L A D E W L B
O F I C T M E A N I O N A L O
M H S R L D M R E A N T I R O
E P P L S H A E O L D S T I K
T P R I A D E N L L P H I P S
H F I C F I C T I O N O N H M
I T N A E L S S S C O O G I A
N A G O T L D P H A L A F L R
G T S A Y V E L P L I L I D T
S M E T H I N G L O C H A E L
P H I L A D E L P H I A T L P
A P R E N T S S C H O R I P R
L A T R A V E L S O R O O I E
M S F E T Y W A I T I L N A N
M S C H O O L G G O L D G L D
```

22. COMEDIC ACTORS

```
K E A T O N F E F R S E M L W
E A R X C H A P I N E X A R I
C H A P L I N N E R L A R D L
A R R E Y M U E L R L S X D L
C A R R E Y M L D R E T I N I
T S E L E R S S S M R A X A A
M U R R A Y I N I E S O N S M
O W I L I A M D M U R A A Y S
F E R R E L L I D I L L E R M
N E L S N F E L R E L L M R T
N I E L S E N L M A R T I N I
K E T T O N M R X M R T I N N
B R O O K S A L L E W I S I H
E B R O K S S W B I L L E E R
H A B A O H A R A L I N N L A
```

23. MOVIE COMPOSERS/CONTRIBUTORS TO SOUNDTRACKS

```
W A W A X M A N W A X H M A N
P R I E V I N P R P R E V I N
T W L L A M S P R B R V I N
I W I E W S T E I N E R E B B
O T A I O M K I N B N M W M E
M S M M W E B B E R I A E R R
K R S T A C H A P R I N T O N
I M N A M A M A N C I N I E S
N J J S T O T H T S T A R E T
R R O T A O T S T T E J A N E
M A N C N I S N E W M A N N I
W E E B B E R H E I R R L A N
W A S M A N S T E N E R B R M
C H A C H A P L I N P E E I J
S T O T H A R T S T O T H R R
```

24. SPORTS MOVIES

```
R P R Y K I C K B X B E R G C
E M M O V E S O V E L A D E R
D I G U G S T O S P A C E N U
B K I N G C P I B Y D O U N S
E R O G R E A T W A E T E R H
L V A B S I T Y K I S N P I N
T W A L E R B O Y V A R S W Y
R P R O O K I E O O K I E A P
E M O O V E S P C E P E D T R
D E M D R E D B L T R E D E O
B B E L T K I C K B O X E R F
K I N G P I N D I G G S T B A
D I A R I E S V A R R S I O M
V A R S I T Y D I A A R I Y K
D I G G S T O W N R M O O K I
```

25. DOCUMENTARIES

M	M	I	N	D	I	N	G	I	S	E	N	S	E	A
I	D	E	N	T	C	A	L	I	D	E	N	T	I	M
H	O	U	S	E	A	P	O	L	O	A	P	O	L	A
B	L	A	K	F	I	A	M	A	Z	I	N	G	S	Z
M	N	D	I	N	G	S	T	A	R	D	E	O	M	N
P	L	A	C	E	S	C	O	N	T	W	I	R	E	G
B	L	C	K	F	I	S	H	S	L	O	G	W	A	W
I	D	E	N	T	I	C	A	L	A	P	H	O	L	I
I	D	N	T	I	C	L	P	L	A	C	B	E	S	C
C	N	T	R	L	I	F	E	A	A	P	O	L	L	O
B	L	W	C	K	F	I	S	H	S	E	R	S	E	N
S	T	A	R	D	O	M	S	T	R	D	O	M	M	T
O	A	L	B	L	K	F	S	H	W	A	L	N	T	R
L	R	T	E	B	L	A	C	K	F	I	S	H	E	O
O	L	Z	A	I	D	N	T	I	C	L	R	A	R	L

26. WAR MOVIES

C	O	M	C	I	N	G	S	N	S	N	I	P	E	R
H	A	W	H	A	W	K	S	S	U	H	E	R	N	O
B	R	A	R	V	E	H	E	U	R	T	F	H	G	E
C	O	M	I	N	G	B	T	R	V	P	U	R	A	N
S	N	I	S	P	R	E	H	V	I	R	R	I	G	G
B	E	A	T	I	F	N	I	I	V	I	Y	E	E	A
D	R	U	M	F	U	J	N	R	O	V	A	S	M	G
P	R	I	A	T	E	M	T	M	R	T	T	F	E	N
H	H	A	S	B	E	I	N	S	J	E	E	U	N	M
E	R	L	H	B	E	A	U	T	I	F	U	L	T	E
R	E	B	R	A	V	E	H	E	A	R	T	L	S	T
O	O	P	R	I	V	A	O	T	E	D	R	Y	U	D
E	E	F	U	R	P	P	R	I	V	A	T	E	R	R
S	S	D	F	R	Y	U	S	B	E	U	A	T	V	N
H	R	E	O	E	S	B	E	N	J	A	M	I	N	U

27. HISTORICAL DRAMAS

M	E	S	C	S	I	L	A	H	T	R	G	O	Y	H
E	D	A	H	A	C	I	K	U	S	A	R	W	M	A
S	N	D	I	G	S	S	R	R	I	S	E	N	R	M
S	K	I	C	R	K	T	H	A	C	K	A	W	I	I
I	I	C	A	C	A	G	O	H	A	M	T	O	S	L
A	R	M	G	O	T	R	O	Y	R	O	E	A	N	T
H	K	I	O	D	Y	B	K	R	K	R	S	O	M	O
R	R	I	S	N	G	R	E	A	S	T	T	T	E	N
H	A	C	K	S	A	W	H	A	M	R	T	O	S	N
H	M	I	L	T	O	B	J	O	J	O	A	N	I	J
D	U	N	K	I	R	K	C	H	I	M	C	A	H	O
T	N	B	S	T	O	N	E	H	A	A	C	K	S	N
T	O	M	B	S	T	O	N	E	J	N	T	R	O	E
T	M	B	S	T	N	E	B	R	A	V	H	A	R	T
B	R	A	V	E	H	E	A	R	T	R	M	O	A	N

28. CRIME MOVIES

P	P	L	H	L	S	C	I	T	Y	S	C	O	S	H
N	I	A	S	A	T	F	R	I	O	U	S	S	O	U
E	N	W	T	W	A	R	I	D	E	T	S	T	T	S
S	E	L	L	L	N	C	R	S	C	O	R	E	L	T
P	S	S	E	E	D	S	T	A	N	W	I	N	Y	L
I	C	S	O	S	T	A	N	D	I	N	G	D	R	E
S	O	F	T	S	I	P	O	R	T	R	I	D	R	R
N	D	R	V	E	N	L	A	I	L	E	F	S	S	I
S	O	F	T	L	Y	C	R	V	W	N	U	P	O	D
T	R	D	E	R	C	R	O	E	N	S	R	E	E	R
R	I	D	E	R	P	O	N	T	S	C	I	N	N	S
E	L	A	W	L	S	S	L	A	W	P	O	I	N	T
E	S	T	C	R	O	W	N	R	E	E	U	D	R	A
T	S	T	R	E	T	S	C	A	N	O	S	O	F	N
S	C	S	C	A	N	N	E	R	S	C	A	N	E	R

29. FANTASY MOVIES

W	I	Z	A	R	D	B	B	R	I	D	E	R	I	D
F	E	L	W	S	H	I	P	T	W	E	R	S	T	O
F	B	E	S	A	B	E	A	S	T	L	G	E	N	D
E	B	A	N	D	A	T	S	C	R	Y	S	C	A	D
L	E	B	S	T	N	D	A	T	R	T	A	R	D	R
L	E	G	E	N	D	W	L	O	O	W	W	Y	R	A
O	C	B	A	N	I	T	S	W	L	I	A	S	A	G
W	C	A	N	S	T	O	N	E	A	L	R	T	G	O
S	A	N	N	E	S	E	X	R	B	L	D	A	N	N
H	L	W	I	Z	Z	A	R	S	R	L	R	L	S	S
I	B	W	I	L	L	O	W	D	Y	O	O	B	L	L
P	R	S	C	I	S	R	R	H	A	N	B	D	S	A
L	L	A	B	Y	R	I	N	T	H	O	E	I	E	Y
E	X	C	A	L	I	B	U	R	B	R	D	E	E	E
S	C	I	S	S	O	R	H	A	N	D	S	E	R	R

30. AWARD-WINNING ACTORS (FEMALE)

T	K	K	I	D	M	A	N	A	B	E	R	Y	P	P
H	D	T	H	R	O	N	B	E	E	R	R	A	Y	A
E	M	H	R	O	R	O	B	E	R	T	S	M	T	L
R	A	U	F	O	S	T	R	R	R	S	W	C	O	T
O	N	N	R	B	E	R	T	S	Y	S	A	D	M	R
N	B	T	F	S	P	L	T	R	O	W	N	R	P	O
T	A	N	O	A	B	R	R	Y	L	A	K	M	S	W
M	C	D	O	R	M	A	N	D	H	T	B	A	O	H
F	T	O	S	A	T	E	R	H	U	H	T	N	N	N
B	E	L	A	N	G	E	B	T	E	O	S	D	D	T
A	S	T	T	D	N	D	Y	S	W	M	A	L	K	E
T	B	E	E	O	R	Y	F	O	S	P	T	N	E	R
E	H	H	U	N	T	E	R	U	N	S	T	G	E	S
S	T	H	R	O	N	K	I	D	F	O	S	T	E	R
R	O	T	A	N	D	Y	R	O	B	N	E	R	T	S

31. COMEDIC ACTORS

```
P M M C R C Y S M T A L L C B
R R U N I A E L U S O N E N E
Y P R M A R T T R H A U M M L
O H P C A R S A R M A R M X U
R Y H O P E N K A Y E C O R S
A P Y C R Y S T Y A L M N O H
C A R E Y N R U A Y L E M M I
M A T T H A U M T T H A U C A
O Y C A E S R C R W I L D E R
O O N I E L S E N C S A E R R
R R B L U S H I B E L U S M I
E P R Y R N R R C R Y S T A L
C R C A E S A R Y S T A L R R
B E L H S I M A T T A U H X R
N E L S N L E M N M R U P H Y
```

32. ANIMAL MOVIES

```
Y Y E L L E R E L L E Y R M M
F S H A G G S O N D E E R R I
R B E S O U N D E R N A J I L
E G T S H A G G Y G O R I L O
E R H I S T A L L L I L O S N
H I B E N J I Y E L L I E E R
H L B E A N J I Y E L N Y A S
O L S T T A L I O B N G E B E
O A B N I A R B E E J I R I B
C S H G O R I L L A S Y L S I
H F O Y N L L E R R B E I C S
F L C K A S O U D E R A N U C
R I H F L I C K A B E R G I U
E K H O C H S T A L L M O T I
S T A L L I O N Y E A G L I T
```

33. HEROIC CHARACTERS

```
F L L A W R E N C E W B S C B
I A M A L L Y S I T H A T A L
N W M A L L O Y J O B L A L A
C N W A L L L A C C S L R H I
H C M L L O W Y T I T I L A N
W E B T E R E S M I E Y I N E
J O A D F C B F I B R O N C E
O F N C H L S F I B C H G A B
N R I P L L T I B B S E Y L A
E S T A R A E L I S N G S H I
S M I T H H R W N S O L O A L
W A L L C A E E C A L L A N E
W A L L A C E B P R I P L E Y
L W R E N N C S E R P L E T O
C A L L A H A N B A L L I E Y
```

34. THRILLERS

```
C O N F I D E N T I A L C P E
H C H I N A T A W N K L T U E
I S B U K S P K E C C A P E T
N S O M L E C E N F A D E N T
A G D R U I F D T E N R S R E
T M Y O T V G R I F D T E R V
O V E L E V E T S S I M P L E
W H A M T T C O N F D E N T L
N G R F T E R S U S A P E C V
G F S U S U S P E C T S K S E
R A S U S P C T S G E F T E T
G R I F T E R S V B L V U E T
T G N K E D S I M L E M T O V
M O V E S N K R D U S I E P L
E A P E S H A M M E T T C A P
```

35. CLASSIC FILM NOIR

```
M A L T E S E S L S L E E P P
I N D M N T Y M A T E S E L M
I N D E M N I T Y T T H I R D
H N T E R O S T R N G E R S S
S L E P S T R A N G E R S H U
H O L E L O U R A K I L L R S
U L A G R R O C L A R G O O M
N S U N S I T I N D M N I T Y
T C O M C O M B O C M B O C M
E N O T R U I O U S M L T E S
R S U P A S T N K I L L E R S
S T R N G E R S S T A N G E R
S S U N S E T S U N U S E T S
N O T R I O U S K I R L L E R
I N D E M I T Y H E A T H E T
```

36. SILENT MOVIES

```
I I N T O L E R A N C E E H N
P A S S I O N P A S S O N U A
M E T R O P O L I S L P G N P
I N T L E R A I N C E H L C O
P A R A D E M G E N R A L H L
P H N T O M P H A N T N M B E
M E T R P O L T C A B T T A O
H U N C H W B S A C K O E C N
E G E N R I A L C A B M N K T
M O D E R N H O R S M N W I N
N L O S F G E N E R A L E R A
P D A D E S H R S E M E N P A
N A P O L E O C A B I N E T N
H O R S E M E N C B I N E T T
H U N C H B N O S F E R A T U
```

37. FAMOUS ACTORS

```
G P G R R A B G L E Q U I N P
U A R K I N G U A R E V E R E
N C G R C B A I L E Q U I N R
N I R I K M R N H A N D A V K
S N H O M S N N O H O S K I I
S O S T A N E E S W Q U I N N
M A G A N I D S K H E P B U S
A S D V I S G S I A R D H N E
G T R I D K L O N D A R E S Y
M A G N A N I R S A R K P I N
N N P A V I N E O G R A B L E
A W A R I K I V N O I F U R O
N Y C A S T A E M O N I R R O
I C I B N D I R G A R D N E R
I K N A B O N D I G R D N E R
```

38. MOVIES BASED ON SHAKESPEARE

```
I T T A M I N G K A T R R E R
D M O T E L O P L A W N I T I
A I H M L E C H I M E S H T C
H N O T H R L A T W L F A H H
O G I T H O N R G S F K R E A
L T O H A M L E T C T E D A R
I H D R A E O D I D H A H O D
T R A O C O S A R M I D S M R
L O A N M I D S M M E R S C E
O T H E L L O C R M E K O A N
V N T R O N E T H P L A N E T
E E S T H I N G S D A T N S I
M D S U N E R L V O E E R A L
M I D S U M M E R C A E O R A
R I H A R D C A E R S E N A S
```

39. BLOCKBUSTERS

```
A R A R M A G E D D O N B A M
Q U V E T I N F N I T Y B N R
F L A G U E H U R S B A M B I
U A T L A L D D I N E N D G N
T A A M E R I C A E E N D F
U T R W N A L A D D I N T O I
R O D Y S G S E Y C A D A L N
E S U N Q U I E T D A G N C I
O D T Y S E S E Y A L A D D T
A V O D Y S S E Y A T M A R Y
S U W A V T A R A M E E R I C
S U N D A N C E F T R E Q U I
C A V L C A D E A M E R I C A
A R M A G D D O N F T U R E S
A C A V A L C A D E A M E R I
```

40. DISASTER/APOCALYPTIC MOVIES

```
D A B Y L I G H T C C H I C A
C D A Y L I G H T R H A A C E
I N C R A C K E R E N I O V S A
I P K S E I D O N C C Y A L R
N P D A S T R O I D A C L E T
F I R E S T O R M S G H A K H
E A A S T R O I D C O R N E Q
R S F I R E I N F R N O C A U
N P T S O D S H O C K E H I A
O A M G E D D O N I N F E R K
A P O S E I D O N A S T R O E
A S T E R O I D S C O R E C Y
C Y C L N E C Y C C L O N N E
A V A L A C Y C L O N E N C H
A R M A G E D D O N I N F E R
```

41. SURVIVAL MOVIES

```
A L I V E A L O S T L I V E S
D A D R F T I N E R N I T L Y
R C E T E R N I T Y A S T A C
I C L I F H N G R E A C P G L
F A C A S T R C A P O L L O C
T C E N T R U N P A R I T O C
A N T R A C C T O I C F I N D
A N T A R C T I C A P F H I S
G A G A N S T C A N C H T I B
A R C T I C A P L O C A L Y U
I E T R N I T Y Y A G N S T R
N P P H I L L I P S E G N H I
S C N T R I O N T C R E O G E
T C E N T U R I O N S R A D D
A P H I L R I E S A D R F T T
```

42. CREATURE & MONSTER MOVIES

```
M V M M A M A A A C A S C F
L O N I L O N L R N R R C R A
L Y S L L N C L T A B C O A T
I A T L G S N I I C D T R B H
O G E I A T D G C O D I P I M
N E R O T E A A A N A C I C S
S P A N R R S T S D S B B L B
S C T F A H T O M A R B L O B
C L I C L O V R F I E L E D S
O O T T I T T A N S S C E O R
R S A C O L O S S A L S C O R
P S N A L L G A T O R S H A R
I A S S C L O V E R F I E L D
O L C D D A F A T H O M S S L
N C B A R B A R I A N B A R B
```

43. ARTHOUSE MOVIES

```
B A S R F A C E O P O P E N N
A Y H Y E S T R D A S A T H N
T W A G E S A S A M U R A I S
T D D C N F O R M S T A R T Y
T G O R I A T W A G G S E S E
L R W I G H O T S A M I R A S
S U S S D A K D O E S T C A T
H M S B A T Y T L E S E P D E
I B M E T R O P O L I S S A R
P R I G H T T T H I N G S D D
P E M T R O P L O S W A G S A
A L S C O N F O R M I S T Y
S L A G L R I A C O N F R M T
B A T T L E S H I P P R A S I
D S P A R A S I G L O R I A E
```

44. BLOCKBUSTERS

```
C I N D E R E L L A A C S D H
O C I I N D R E I L L L A L O
M C S A K E N D G M E E N T L
M V E M G E A N H C E O A A I
A D I O M O N D T S A P C T D
N T E N R E S T S R I A L T A
D F I D U E L E R W H T M R Y
M A M S B E R C L E O R T A S
E H P O L I V E N G E A N C E
N H A L I D A Y D I M O N T S
T E R R E S T R I A L P A I T
S P A R D E K L I M G H T O S
C I D E R E L L A B F I D N R
C L E O F I D D L E R P A T R
A M B R C O M M A R N W H O M
```

45. MOVIE COMPOSERS/CONTRIBUTORS TO SOUNDTRACKS

```
W K K O R N G O L D N M S H R
E R W E B E R R N E N O I O O
B N M O R R I C O N E R L R T
B G H W A R D H O W W I V N A
E L B B A R R Y A R M C E R Y
R D S I L V S T R I A C S E A
C C K M A B H O H W N O T H A
Y O U N G K R N O G O N R O Z
C N S O R Z I M W M E E I R I
N T H R T H N E A M A N S N M
I O T A O Y O R N G Z I E M
I C S H O R E S D O R E N H E
Z N R O A N N R T H W E B Z R
I T K A M E N L Z I M M R I E
M I E L E R M O R I I C O M E
```

46. MUSICALS

```
T W A Y W O O D S W A R D A J
O M P P E T T O A M M Y R G O
M U P P E T R O D K Y R O C N
M G R S E S F R D E R O U G E
Y O L I W H I T E R O C A P S
D R E A M G I L S G C R E A S
G C O I N G M U T P K P E T W
W A Y W R D G G I G Y G I G A
S P E C O L I V E R O L I V Y
G E I N G R E E S S E W A Y W
G R E A S E D R E M G R I L A
O C P R E O L V R E R O C K R
I A D R E A M G I R L S A S D
N R R E A M G R I L S C P E R
G I G I R U G E G I N G C A P
```

47. HORROR & SUSPENSE MOVIES

```
H O S T R E F L C L I V I N G
H A L W E E A N F R E K S B A
B B I R D S C A L A L I E N S
H A L L O W E E N A O F R E K
B B I R D S L M B S O R F R I
L Y L A B R I N H T K E R E N
R E P P U U L L S I N K E P V
L A B Y R I N T H L A K A P I
H A L L L O W W E C N S K U S
L I V V I N N G L A M B S L I
R B I R D S P U L B S I O L B
R E L L I C R E L I C I N S L
I N N V I S S I B N L L E I E
R E O P P L S I U N R E L O C
R E P U L S I O N C B A N N I
```

48. ROMANTIC MOVIES

```
T E E B R I D E S M A I D S S
W M E B R I D D E S M M A I D
I M M T W I L I G H T E Y L P
L A M E R M O A I D S R E E A
L E E D D A V V D D I M S N L
G G R E A S E G R R E A T D M
T F O O O T L O O S E D E E S
M E R M A I D S C C L S R D S
A L L A D D I N A L A D D I N
C L E U L L E S S U W T A E R
L C L O B L E N D E D U Y D W
O F O T T L O S S L O O S E A
U M O N M O N S T E R S S A T
D M R E M M A I D S C L O U E
S A F O O T L O O S E S C D R
```

49. AWARD-WINNING ACTORS (MALE)

```
B R O D Y B C R O W E R D O W
E H O F F M M A A N N S U W A
N I C H O L S O N R R U V A S
I N A I C C O L S I U B A S H
G I G R O N H A N K S S L S I
N P E C I N O P A C H I L H N
I H O P P K P I N S I R R I G
C R H W E N K W M M A B N N T
P B O N I G I R O N S N I G O
A S F A C E N Y D E O U G T N
C A F R R S S H W W A S I T O
I H M N K S P A C M I N R O R
N B A R D O U G L A S O O N O
O H N P K I N S A N B R N D W
W A S S H I N N G T T O S N E
```

50. DIRECTORS

```
R M H W O C N E Y T A D A R R
E R M A H O N E Y I E E R E D
I T R N T O N O C O A P P E P
C T Y G M G O R T A T A O S R
A P M A P E E L E P L M L M E
R E S C H R Z H N O E A A M A
D T R C N T I N K T A Y R N S
T C T A R A N T I N O R D C T
A P R M A H H O N N A E T H W
P P R E L S H A S R N D A Y O
Z O S R R O O N M E C P Y O O
H L C O P P O L A C H O M P D
A L R N I C H H R D E T O L E
O A R C O O F I N C H E R G L
```

51. DIRECTORS

```
Z R R D R G Z Z K B R C K U K
E E S T R O D R I G U E Z O U
M T S S F L L N N I F L I N B
E E K T U I N I L L E F R O R
C S K O R A W A S O R U K S I
K S Z N M C K Z H A N G R E C
I A N E K R C H V G H N T N K
S L Z H N H C I R K N U H H T
H T C C K V R B I N S K H G V
W A C H O W S K I W C H W U S
V R B N S K R T C H T C H A S
T O R O R O T L E D G Z H V D
R T C H I T C H C O C K S D
V B R I T C H I E Z M C K I S
R D R G Z Z I K S N I B R E V
```

52. HORROR & SUSPENSE MOVIES

```
A G I N N O C E N T S L L R N
L D F R A N K E N S T E I N A
L Z D R C L A S P N T N U S S
I L V A N I S H I N G M F Y F
Z L G D Z L L A V N H D R D R
D V A N O R O L L L M S N A N
O N N N C N T S A S E M K E K
G S F R N K S T N N N M S R S
D H E I R R A C S G O R Y X T
G N M D S M M A R D L D L W N
A G V N S E V I L Z A R F D A
R C S P N T N S M L D C S R X
D R A C U L A D R L L L M G A
S S P O N T A N E O U S R L W
A M I D S O M M A R W X R D Y
```

53. AWARD-WINNING ACTORS (MALE)

```
A H T D K A B R A H A M V G H
O R I N E D C H L S D R Y F S
R T U L G L L A V U D A H K N
H F H L S F N D W N Y D K I C
M N A T H G I O V R H R M N H
A D N O F F N D A N C E N G L
F N C H A E N Y A W K Y D S S
A K H O F F M A N D M F R L N
R K N G S L Y D R F N U F E F
I H H C N I F N R R O S S Y N
N C R N T L M H A N K S S D C
C L E M M O N N H U N K A D H
R H A B R H M N C Y E N R A C
H A C K M A N H K M G N T R C
T N I C H O L S O N S C D S A
```

54. ROMANTIC MOVIES

```
W S W H W N M D N A R E P O G
A E T A T I D M D N G H T D D
T O R P R A N A M E R I C A N
E H F P F R G W T R F R N T W
R S R E R P H L D L P H A K S
F O N N S R A E Y N M S C N
R P T E T H P P N D S H S I M
O R S D S D E M A N S H S S E
N P H L D L P H P H L D L P W
T R Y D A L M D N G H T H A T
A T S T T L O R A C H P P N D
W P H I L A D E L P H I A S D
W T R F R N T M D N G H T R R
M I D N I G H T H P P N D H P
A M R C N A M R A R T I S T S
```

55. MUSICALS

```
P S E I N N E P F V C E V B P
P N N S V G S F M E H M G L L
B E A U T Y B T F G C A V S E
F D D L R R P N D A L F S S H
D F I D D L E R D S T S V V N
M O K L H M F N L Y J Z Z A J
E S P H A N T O M V Z N E S V
A P H N T M C H C J Z S V N S
N M N N G G S N E V E S B L E
I C H C C L T T E S N S H N U
N H C H O C O L A T E J J Z L
G C P H N T M M T N H P S V B
F L S U N S H I N E Y N N F F
N T R L D D F O K L Y N N U F
O K L A H O M A M H L K O K O
```

56. HORROR & SUSPENSE MOVIES

```
T N G H T H R P H A R P O O N
H N G D E V O L H R P P N N S
G Z M B L N D N V S N S S P R
I F T S O H L I N V A S I O N
N N G H T M R S S P R A S H N
D S U S P I R I A F B R C C M
W Z M B B L N D D F R B F C O
N N W A D S H U N U A H S R O
D E D L L S S B R T H E H M R
N I G H T M A R E S P S C M D
Z M B L N D F B R C D W I O C
Z O M B I E L A N D S D R C O
N G H T M R R M T H G N B M M
B R E A T H E B R T H H A S E
T H N G E N D L E S S S F S S
```

57. SCI-FI MOVIES

```
A W C O H E R E N C E D S C W
R S W S T W R L D S C N N U E
T T R N G S S E L D N E D B S
S W C H R N C R L L R B L E T
A R L A I C E P S A S T R R W
A L N N H L T N C N G R S S O
A N N I H I L A T I O N C B R
A N N H L T N W S T W W R D L
C O N G R E S S M P O H S R D
M T L C N T C T R L L B L L A
T S C A N N E R S M T L L S B
L S C N N R S N N L T N S T O
R O L L E R B A L L S T R N L
S T R A N G E C H R N C E S B
A L A T E M S T C A T N O C D
```

58. AWARD-WINNING ACTORS (FEMALE)

```
F D H M A C L A I N E F N N D
L L P M C L N H P B R N N I D
F E B H J E P E E R T S K L N
I I R E C H P B R N K T T T W
D F N P K N K E C A P S N A Y
D B D B S E N L L I F L K M K
U R N U N G D A D N O F T K T
N S W R H A B R N D N W N Y N
A T Y N B P S T Y N O T A E K
W Y Y M C L N E F L T C H R R
A N J A C K S O N P R E H C S
Y M N L L F L T C H R F N D A
B R S T Y N N F L E T C H E R
B U R S T Y N H P B R N M N L
M T L N B R S M I N N E L L I
```

59. ADVENTURE MOVIES

```
M A G M M U S K E T E E R S R
S P R M S K T T R S S F R N C
K O D G S S G O D S G G D H F
T C N G R D N S S T R N G C R
T A S G U A R D I A N S S N N
R L F P R N C S S F R N T E C
S Y R R S S R E D I A R R R H
G P L N T T M S K T R S N F S
R S O C R R F L C K C I W S A
D E O C A I B A R A F L C N F
N L P S F N P C L Y P S Y P R
S P E S R G M S K T T R S S I
L R R S C S T A L K E R S D C
O R C C O U N T R Y F R N C A
P R I N C E S S A F A L C O N
```

60. ROMANTIC MOVIES

```
R M N W N D D N I W M S Y B S
C N A M O R M R C L R T S E E
D P R N C S S A F R C H T A I
P U R E S T R M N L L G R U N
Y S T R D Y R N M N E I D T N
A B T Y Y Y Y L E N O L Y Y A
F R D P R I N C E S S S D W S
R L W E E K E N D W K N D M M
I L Y S T R D Y Y D R T S R I
C S W S Y E S T E R D A Y C R
A M S W M B R L L S P R S L A
N R G E N T L E M E N L H G C
B C Y S T R D Y G N T L M N L
R L W N D S Y A W E D I S T E
L U M B R E L L A S F T I L N
```

61. ADVENTURE MOVIES

```
L L I K K L D R A W N O K L L
G H S T B S T R S C T C H W D
S R G H O S T B U S T E R S W
E G L D T R G L T H L W D W L
A H F U G I T I V E R L H D B
R G L D T R N W R D D T C W U
C H A B R L A H T E L H T B L
H S T L Y L T H L A I L A L L
E T O L W O D I W R F T C L I
R B M T R B B T T B E M C T T
S S I T C T C H D T S C T T T
S T C S T F U R I O U S C T H
D R B B T T M U T A M I T L U
R A B B I T G L D T P F R U S
A N W R D D G L A D I A T O R
```

62. SUPERHERO MOVIES

```
M F W D L W D E A D P O O L Z
R U T E E L S B R K B L R W L
V T C D V V P N E M H C T A W
L U H P R E D N O W R N H L K
H R M L A N R L G N N K N U G
L E N L M E R H L L B L B N R
K C T W M N A G O L A U R B D
D D R K M N G R D N S H K R N
A R G U A R D I A N S M B E N
R K W Q V R N Y H L L B L A A
K S W O L V E R I N E S D K M
M P H L L B Y G R D N S L A A
A D F T S P I D E R M R V B U
N R C A T W O M A N F T R L Q
W M N S T Y O B L L E H P E A
```

63. JAMES BOND MOVIES & ACTORS

```
E L D T D N E D L O G C S N T
C C A M L G L D N S P C T R I
N N Y R T O M O R R O W N S M
E C L R K C N C S L C N G H E
C E I W D R G A H G U O N E R
I D G O L D Y L G H T S B S D
L Y H M F D L T N S B C R D E
N L T E C A S I N O N N E N R
C G S C R G D L T L N R R S T
O H T C R A I G M A D N O M C
N T M N G H V N E C S R O S E
N S R R A N O T H E R Y M T P
E C R S P C T R C N N R Y S S
R R B R O S N A N C S N O D L
Y G W W R R M T T D A L T O N
```

64. ANIMATED MOVIES

```
S F F R A N K E N W E E N I E
H R W N N F R N K N W N N E E
R N M M O G N A R R G N P S H
E K I L S H R K W N N I C P C
K W S L S E S I R R S R H A A
L N S N S M P S N S O Q S C E
E N I S I M P S O N S M E P
I S N M L L N N M S T N P Y L
N H G S H R K S S T U N A E P
N R G N L L S N S T P N D D P
I K P M I L L E N N I U M R A
W S R F R N K W W N N E I D D
M I L L U S I O N I S T D W N
L L S N S T N P N T S R N G A
M A R N I E S B E A U T Y S P
```

65. FAMILY MOVIES

```
M R R A S C A L S P R B L M E
E S P A C S M E L B O R P D I
N C R T L K N G F L P P D E H
A L G N I K L A T E L A E G C
C S L R S C L S J M N J L S I
E F M F L I P P E D C S L R R
D L M I C S P R N C H N A D R
H P N R H R E P S A C B B A R
O P C S N H L D Y B N N Y P T
L D F T T C S P J U M A N J I
I J R S D F L P P D N C H N T
D M B E N N Y R B A B E R S D
A N S C N D R L L H L D Y S T
Y J E N C H A N T E D F L P D
C I N D R C I N D E R E L L A
```

66. ROMANTIC MOVIES

```
Y T R A M S P A R A D I S E C
P R D S E H S T L R E B B Y N
R S S L M D G D S R Y T H F C
D E F S U N R I S E R N U C O
S C S M L G D G S L M D S G U
S N P R D S E E K A T H T S N
B A B Y H S T L R T H F L S T
C R C E B E F O R E S D E R R
L F L B F R D S R F R N R D Y
D C N F S L U M D O G D G P R
D L A F R N C S S L M D G T H
L D M S N R S N M E R I S E D
O N E L R T H I E F T H F T H
C M H M F H S T L R S N R S S
S L M G O H D N U O R G T R Y
```

313

67. SCI-FI MOVIES

```
D A R T I F I C I A L C L E D
L C L L D S N S H N P P R D K
I D S P S U N S H I N E P I R
Q K E R T F C L V N D T T L R
U L R Q D A K I R P A P Q L D
I L E L Q D S T R S H P T O R
D L N Q U P G R A D E T R C B
S R I N D P T Y S N S H N E T
R B T U R B O P R R T O P E R
S Q Y V N D T T A S T R S H P
L Q D C L V E N D E T T A D T
S T A R S H I P P H S R T S E
S R N T Y P P R C I T Y K L I
K C O L B S T R S H P L M N U
V N D T T D E L E M E N T D Q
```

68. ANIMATED MOVIES

```
P D N G T E T I H W P Z N P P
N E P D D N G T N Z T O P S I
C D S P A D D I N G T O N D N
C I S T R N G S T R N T G S C
H S P D D N G T N Z P O R G R
S N M O I H C C O N I P S O E
T I P N C C H P S T Q I R D D
R S T R Y S T O R Y Q A N S I
Y P D N G T N P N C C H S R B
F I N D I N G N M N E M O M L
P D D N G T N P N C C H N M E
M O A N A S T R S T R I N G S
D R G N N C R D B L S S H P D
D R A G O N L S H E E P N G R
S T R Y D R G N M N A O G E L
```

69. MUSICALS

```
B I R D I E T T S Q P S F G H
B R D S T R R U W A S W C R R
E A S T E R V R N M P E T R F
C H C G O L Y V Y M P E R I C
C I S U M S N Y D A H N Y A T
H S H F C T R Y M M R E A H R
I C O C H C G O S P H Y R Q Y
C C P S S O U N D S P P H R R
A F C T R Y S W N Y L A Y O R
G G S A P P H I R E S C H G O
O S W N Y F C R T Y M S C T R
C H C G O F C F A C T O R Y S
A N G R Y A N G R K Y N K C H
F C T R Y Y N K C H C G A N G
C H C G R Y A N K E E R D K L
```

70. HORROR & SUSPENSE MOVIES

```
P J F I S L A N D C L R F L F
H A L N D M M O T N A H P C L
M N W P H N T M C L R S R H O
T E D M O R T U A R Y T G N W
M G R D M R T R Y P H N T R U
D R O L O C W K E D A R G P U
D D R C L P H N T M M R T R Y
E R A S E R H E A D W K F C H
K F R N Z Y E M R T R Y R H L
C D R C L D R A C U L A N A L
I P H N T M E H L L W N Z I W
W C H N S W P G R D F R Y N N
M M H A L L O W E E N Z H S N
F R N Z Y P H N T M C H T A F
F R E N Z Y Z Y M M U M R W R
```

71. ANIMATED MOVIES

```
R A T A T O U I L L E D M B I
N G H T M R R T T L L Z C H N
G I M M O N S T E R S D M B I
F N D L M T N O B M U D M S H
I C C D L M T N S C H C K N C
R R H Y E S T E R D A Y C Z C
E E C H C K N M N S T R S S U
F D K D A L M A T I A N S F Z
L I N F F A N T A S I A S P R
I B F N G H T M R E T S A E B
E L N A N O M A L I S A Z C H
S E T M N S T R N G H T M R Z
N S S N I G H T M A R E C H B
W R A G T G S P I R I T E D N
C H I C K E N W R D R A W N O
```

72. FAMILY MOVIES

```
F S D O Z E N W Y L L I W F E
R C B T H V N D V N T R S R M
I R B E E T H O V E N W L D P
D T F R D Y W L D D Z N W Y O
A D S A D V E N T U R E S S I
Y V S C B B Y P R N C S S S I
S N C B B Y X I R E T S A R U
E T D L I W P R N C S S D X M
M R F L P P R S T E I N N A L
I S F L I P P E R S C B B Y D
T F C D T M B D T M S C R T N
D L S C O O B Y B T H V N N A
E P P T N C S S S C R T D S L
B P S E C R E T F R D Y S S S
S R T R P P R I N C E S S D I
```

73. WESTERNS

```
U B H P G U I T A R G R T R T
N N C R P R S P C T G A M U Y
C C N S C U T O F F M L L E R
H H U P L O N E D T I R G R S
A G B T C S S D Y T M H W K E
I T S C A S S I D Y D T O M L
N R D S L C K R S S P M U L D
E C D T O M A H A W K H T L D
G F S S L C K R S C S K A C S
T P R O S P E C T D L M W S B
F D B N C H S T S L C L K S N
B U R I A L S K M I L L E R C
P R S P C T S L C K R S D L H
S L C K R S S S R E K C I L S
```

74. COMING-OF-AGE MOVIES

```
F E R R I S S E S R R Y S B S
F R R S P T M T T D I R U C I
R D G M N T M A R G D L P H S
E G D I R B R R H M G N E L T
S M M R P T B A D N E G R R E
S T E O P T R K S T M S B B R
R B L D N D D R P R O T A R H
S U M M E R G R T B N R D D O
F R R S S P P R B L T H E B O
L E B E R N E D E N N D S A D
R D G M N T B C H L R F R R S
B A C H E L O R D N D M E A N
G R P S G R D G R A P E S N G
G A R D E N B C H L R G R P S
F R R S C S R G N I L R A E Y
```

75. THRILLERS & MYSTERIES

```
T C H T H H C U O T H N H N N
T N G H T C R W L R T H U G I
H V V E R T I G O W G S N H G
I V R T G W N D W D R V T T H
N P L H M S S E G A W H E C T
S T P E L H A M R N I N R R C
G R S T R N G R S L N T R W R
P E E L S S T R N G D R S L A
D V S T R N G R S V O T G R W
N I B Y L E N O L R W T H T L
P R S T R N G R S P S T O C E
S D N G H T C R W L R R U H R
T D R V S R E G N A R T S P S
S V R T G S T R N G R S E T A
A N A T O M Y T P O S T D S R
```

76. COMEDIES

```
D D I C T A T O R S L P W S T
T D C T T R W S E L U T S E W
A R U T N E V N T P K N G P N
M D N G H T S L U V P M N Y Y
L K N G P N W N R N D S L A P
A S K I N G P I N T V N T R K
Y C K N G P N M N R S C R T R
O R S V N T R H H O L I D A Y
R T E N M I D N I G H T W L D
W W C T K N G P N N Y E N O M
S R R R H E A V E N W R L D W
T L E W M D N G H T D V N T R
D D T N W A N D A Y D L R O W
V W N D K N G P N D C T T R W
A D V E N T U R E W D R L S D
```

77. COMEDIC ACTORS

```
L W R C W B C S S R E T N I W
E N Y O N E L T S T L L R M R
R T D N T N S L K E S E E L C
U R N W R N S L N K N T T S D
A S A A S Y K M Y E R S R T L
L C C Y B D N G R F L D B R L
S T L L R S K L E L R E B T O
S K E L T O N K N T T S T K Y
D N G R F L D S K L T N K N D
A T K I N S O N S T L L R B N
W N T R D S H T S T I L L E R
C N W Y D N G R F L D W N T R
D A N G E R F I E L D B N N Y
B N N Y S K L T N C N D Y R S
R T R O H S S H S T T O N K D
```

78. MOVIE COMPOSERS/CONTRIBUTORS TO SOUNDTRACKS

```
G I A C C H I N O G L D M N K
L G C C H N S L T R C I R U A
A H M L S C H D S P L T L G R
S G L H A M L I S C H G L S S
S H M L S C H M N K N D S P L
T T A L P S E D U N E K N E M
G G D N T H L S H R M N S L T
G O L D E N T H A L G L D S D
G L D N T H L S H R M N R S K
L E G R A N D L G H E L Y O D
L G R N D D S G O M S L T R S
R A K S I N G R L L R E P A K
G C C H N J L N D S G L S S S
S A L T E R D D H C S H R M N
B U R W E L L S S H E R M A N
```

79. SPORTS MOVIES

```
H H O O L I G A N S V S N C H
G H L G N S D C K S D U C K S
S P I H C B S R U N N I N G S
V S N L S V V X P R S S D L S
C H P N O I S I V T H N D R S
Y R P L C M N T S D L L A S O
A A D O D G E B A L L G L T M
D D G B L L R D N H T L I H E
N C H P S R E D N U H T T N T
U R N N G S D G B L L C H D H
S R B E C K H A M V H D N R I
C H P S S N S S E R P X E X N
D A L L A S S M T H N G G P G
H L L G N S S A B O V E S R D
R E P L A C E M E N T S T S R
```

80. DOCUMENTARIES

```
B R G H T X T A X I M T I M E
T H G I R B M D N M R R D R B
M R D R B L L N V N E D I A M
M U R D E R B A L L P C T R E
S H R K R S D M C R C Y P R I
A S H S N S H I R K E R S D N
N D M C R C Y P C T R S H S S
V T D E M O C R A C Y T W R I
I S H R K R S P C T R T W R D
L S S E Y M O U R M R D R B E
S H R K R P C T R T W R S R R
P I C T U R E P R J D M B E T
S H R K R S P P A R I S R W S
N A T I O N N T N P R S D O D
B R G H T D S I H S U S C T M
```

81. SCI-FI MOVIES

```
I N D E P E N D E N C E D K O
C L V R F L D B R B L L A Q K
C F B A R B A R E L L A Q B R
L H F H R N H T D C R C R Y A
O R P A C I F I C B L C K S D
V N D R K S K N S H T R A E W
E H I D I O C R A C Y B L C K
R T C L V R F F L D D B B L C
F S D E E B E L B M U B D T R
I C S C N N R S K N S S Y B A
E N S C A N N E R D R K O C L
L C L V R F L D B S B L A C K
D E M O L I T I O N S B Y S S
S R C B L C K K S O U R C E D
F A H R E N H E I T Q S K I N
```

82. WAR MOVIES

```
K I N G D O M K N G D M G L R
W T R L G L S W A T E R L O O
G Y R O L G W S T R N W S T R
W D N K R K G E A G L E S R W
O B S T R S B R D G H N T R N
R W D U N K I R K G L R Y G W
G S L L S N B S T R S D Q L E
Q T N D N O I S U L L I U R S
H R A Q G L R Y F R F L S Y T
U N Y S B O O T Q L I S T S E
N M R K N G D M B S T R S S R
T H N T R Q A E G D I R B D N
E G B U S T E R S W S T R N D
R L K N G D M K N G D M Q R A
Y R F I R E F L I E S G R L Q
```

83. MUSICALS

```
H V Y J S T R C B R N W O T T
A C N N G N I K M P P T S H Q
I T N C F N N Y M P P T S R S
R R U N E N C H A N T E D S J
S C F C W S T C B R T K N P E
P B G V I C T O R I A W S R S
R R S C N C N M P P T S D Y T
A T T F N N T E R A B A C V E
Y M R H R S P R Y J S T R C R
Q P E W M U P P E T S W S T Q
L P E H R S P P R Y R C H R T
A T T S R O C H E F O R T N T
D S C B R T C N C N W S T P S
Y C C A N C A N Q O N C E Q E
R N C H F R T R C H F R T P W
```

84. ANIMATED MOVIES

```
G G R R T T O W E R D L I O N
N I B G W F N T S T C N R T H
T A B N R T I B B A R G F B N
S N T O L R B B T N R E R A T
N T G S N N O R T H S R Z S R
G B S H R F N T S T C N N H N
S U B M A R I N E F N E T I T
P R S P L S F N T S T S R R W
C I T S A T N A F F R T T P N
F R Z N T R T L N T R N L R I
P E R S E P O L I S S D S S D
B S H R R B B T F N T S B P D
T U R T L E K N E Z O R F L A
F N T S T C L D D N M R N S L
I N T E R N E T N T R N T D A
```

85. HISTORICAL DRAMAS

```
S R G T C C O M P T O N D M W
H E R R L M D W Y F G R S I W
R V Y O G G S H R T K N G D A
T E H H L R G T G N I K M W T
R N N S R E R K S H R T D A E
V A D H V Y Y E V A L S W Y R
N N C Q N H H C M P T N Y R S
N T M U N O N F I G U R E S G
T R T E T U D C L G L S H R T
C S N E G N S A L U G I L A C
M D Q N R D T G R Y H N D S T
P Q N R Y Y F A V O U R I T E
F L O W E R R V N N Q N S H T
M D W Y Q N N O U T P O S T R
G R Y H N I M P O S S I B L E
```

86. DIRECTORS

```
S I L A S T O R N A T O R E D
G R N G R S S T R N T R L C S
M N N A M P N K W S T S L C P
N M G N L L E A N M N A G A I
H T I M S S M T H T D C R M N
G R N G G R S S D H R U N P K
L S C D O N N E R D S L G B A
N S C T T S C T T N N M R E E
G R E E N G R A S S F N S L W
T R N T R S C T T B N D S L S
S D F E N G N D R S G S M N D
C S G R S G R N S M E N D E S
O L A N D E R S O N M N D S S
T T C M P B L L C M P L L B D
T N A C I S E D T N O S S E B
```

87. COMING-OF-AGE MOVIES

```
B R B R I G H T S S T O R Y H
L H R D Y B R G H T S T R Y D
E R H U N T E R H R O A D N R
G D H N T R H R S S H P S D S
N Y T E V L E V V H O R S E S
A V L V T B R G H T B R K L H
S L B R O O K L Y N J N G L I
T V J N G L P R N C S S D W P
R T J N G H L E L G N U J J S
P R I N C E S S S T R Y D N V
J N G L S I H R P D R E W G L
N P R N C D S S R V L V T L V
G B R K L I N H N Y D R A H Y
L J N G B R K L C L Y N J N D
S A D V E N T U R E S V L T V
```

88. CRIME MOVIES

```
C C A T C H F P R O M I S E S
T C H B L S P R M S S B N N S
C R P E R D I T I O N B R S C
H B M T C H S T C K T R F F C
B O N N I E D E N E M I E S T
P R M S S C T C H R M N C D R
N M T G N I T S T R F F C D F
W N C B R S C N T C H B W L F
O C T M E N A C E R M N O C B
R D S T R F F C P R D T L N L
B S T R O M A N C E B R F P O
T M A T C H S T I C K B L R W
T R F F C P R D T N B N N D B
R U N T O U C H A B L E S T L
C I F F A R T B B R A S C O W
```

89. FANTASY MOVIES

```
G D R K M N D A R K M A N C N
H G D R A G O N H E A R T H V
O S D R K M N D R G N H R T R
S T G B N E V E R E N D I N G
T A G H S T B S T R S F S H D
B I S T R D R E B M A H C D H
U R S T R D S T H G H L N H O
S W B S T A R D U S T S G S L
T A J H G H L N D R G B B I L
E Y U L F A U S T H G H L F O
R J M L N V R N D N G S T R W
S M A W H I G H L A N D E R G
F N N F M U M M Y G B L T F S
S J J S T R W A T T E L B O G
H S I H P R E S T I G E F S H
```

90. ANIMAL MOVIES

```
S A D V E N T U R E S M R Y W
S D L M T N S H V N L Y W L Y
A S L T Y Y T U A E B G L L L
L P N G N S N P L N S H L I L
T Y D A L M A T I O N S Y W R
Y K Y N N A P O L E O N V P D
B H O M E W A R D J R S N N P
E D L M T N S D L M N T V G E
B L W G H E A V E N L Y T N N
A M I H V N L Y J R N N Y S G
B T L T S L T T E V L E V D U
S N L Y M I G H T Y J R R W I
L S A W L L Y K N S Y U K O N
T J R L W L L R D L M T N S S
Y R D L S L T J O U R N E Y S
```

91. COMEDIC ACTORS

```
T G C H S E S A H C B L L B B
M Y B M C C R T H Y W S T A R
T L E C R N E W H A R T Y L N
O L N R B R N T T B N G T L T
M N I T K A H N K H N W S T T
L H G H S T N D T T E N R U B
I L N Y N W A H P R K R H W N
N L I W S E G L D B R G D Z G
T M L S T S L M C C A R T H Y
N L M T N T D Z P R K R T L M
N W H H D Y B G O L D B E R G
N O T S U H R B R N T T G L D
N W H R T T G T P A R K E R H
G Y L L E N H A A L H S T N S
G Y L L N H L L D Z D I A Z Y
```

92. HEROIC CHARACTERS

```
M A R L O W E M R L W G M P P
S L K W W D D N A V I L L U S
P R E J E A N S L L V N H B B
M C C L A N E D G U M P R S C
C H F L G N S L K W D D N K G
H I L S I L K W O O D Y R Y B
P P G N D R S N S R P L U W R
S S N S O C I P R E S M B L N
D G N D R S N C S T G R G K H
O B G U N D E R S O N L O R B
Y S K Y W L K R C G B W C S H
L B C O S T I G A N Q N G R O
E N V L L S C G B R R V M P B
C H P S S K Y W A L K E R C B
J F L A N A G A N F L L P D S
```

93. THRILLERS

```
D A R K D V E R T I G O D R K
C V R F G H R O D I R R O C F
T H E R E P R S N R S W N D G
G S L G H T C C I L B U P C H
S H A L L O W M N M N T C V T
W D F C R R D R R R E V O C S
W W T S H L L W G S L G H T T
O N E G G A S L I G H T T F H
D D R V R T G P B L C M N G G
N W N R N O R T H W E S T H I
I S O T N R T H W S T P B T F
W L O G S I L E N C E P B S P
P N N C P R S N R S S L N L Q
B C R V G S L G O T N E M E M
P R I S O N E R S N R T W N R
```

94. CLASSIC FILM NOIR

```
D W E E K E N D S H N G S H D
S C C S S R F F R S S E C A F
S U C C E S S I H D H L L D
S C R L T T B C F D L N L D Y
D T H G I N Q R I W W G S A N
S S C R L T D L F D I H H H G
H N G H T M R T I N N T D L H
A S P H A L T T N D D M W I T
D S C R L T G D D H O R S A M
O H L O N E L Y R L W D H D R
W N G H T M R B T S H S N S B
R G S H A N G H A I D Q G R D
S H N G S C R L T E L R A C S
D B D E A T H S H D W S C Q Y
N I G H T M A R E R B O D Y S
```

95. SILENT MOVIES

```
W G G E S T E G S T C R C S D
I R S N R S H K S U C R I C S
N D C M M N D M N T S S H K T
D B S U N R I S E W K I E H S
S D T R B C C C M M N D M N T
D C O W M N S O R P H A N S C
E R R R B C C R P H N S C H R
E C M N W O M A N G S T W O C
R S N R S S T R M G R H C W S
G G R R E B E C C A C T R R S
N C M M N D M N T S R R C B A
N R B C C S H K W N C A S C N
K N A N O O K S N D S E C C D
C M M N D M N T T S S L R R S
C O M M A N D M E N T S C B N
```

96. AWARD-WINNING ACTORS (FEMALE)

```
C B H N E A L H P B R N S M T
H N S H B N C R F T S L D L S
R C W P R D B A N C R O F T T
I R E B N S T R S N D R M R R
S F R R P S I G N O R E T N S
T T D N H B R G M N S N T L N
I J N H H A Y W A R D S Y R D
E C A W M A G N A N I M L N S
J K S N S M T H Q S M I T H T
J A C K S O N J C K S T R L R
H P B R N T Y L N R U B P E H
S T R E I S A N D B R S T R S
B R G M N J C K S N D M Y N N
W O O D W A R D R T A Y L O R
B E R G M A N C H R S T R Q D
```

97. SCI-FI MOVIES

```
S A L T E R E D P P S A V V T
C S C N D S L P H R C L D O R
S D N O C E S Q R E N P R Y O
V D R M L P H S D D D H D A P
A P S E M A G T S E S A R G E
V R P R D T R G T S P V M E R
A D Q U E S T L N T H I R G C
T T W R L D S X T I V L P P T
A R W O R L D S N N L L R R E
R P R P R T E S C A P E T D N
P R D S T N N G R T S C P S A
P R E D A T O R P I S C P T L
J D V I D E O D R O M E V N P
D T V D R M R Q P N Q S S T D
I N V A S I O N R D T R N N S
```

98. SILENT MOVIES

```
S E V E N T H Z R R D O O H C
H S H L D R E J K Y L L H R T
O Z C D E S R O H F L S H Z S
U R O S H L D R S V N T H S U
L R M C R W S E L A M E F M A
D C M S V N T H S H L D R S F
E M A P C R O W D P R T J K L
R N N J K Y L L Q L L Y K E J
J D D D F L E S H J K Y L S S
S V N T H C M R N M S K D V H
C A M E R A M A N R R O Z N D
F M L S H L D R S V O R R O Z
W O R L D S M A S K Q Z Q H R
S V N T H S H L D R R R T J S
F L S H P I R A T E K S R D J
```

99. FAMOUS ACTORS

```
B L N C S T R B L N C H G T K
L A N C A S T E R M R N I D E
E W S H N G T N B L N C A H A
T K G R A D N A R I M K N R T
H B A B L N C H T T C R N D O
Y L B L A N C H E T T H I N N
N T L M R N D G B L N C N V G
S H E A S T W O O D K H I C R
G Y L N C S T R C R D T L L N
R N K R R C A R D I N A L E T
A K R R E K C H P L N C H B G
N R C H P L N S N I L P A H C
T K W A S H I N G T O N K R R
W S H N G T N C H P L N T T N
D E N E U V E J C O L B E R T
```

100. COMING-OF-AGE MOVIES

```
C C Y S S I S R R E I D L O S
H H T R S R S S F N T L R Y A
A M T R E A S U R E S T R N L
M S K P P Y C P P R F O L D O
P B B O W E R Y B W R W Y L N
T H R G H B R D S S K N P P D
F A U N T L E R O Y S N N Y O
C R G S F L C S K I P P Y J N
Y F L C K T R S R F N T L R Y
N G C O U R A G E O U S B L S
N T R S R C P P R F L D G B L
U T C O P P E R F I E L D J D
S C P P R F L D T H R G H B R
R T H O R O U G H B R E D S J
G A B L E S F L C A K C I L F
```

101. SILENT MOVIES

```
E C M E R R Y B T R E T T E B
K N V G T R F R S H M N S C R
A R C A N A R Y S D C B N M T
S Y M Y S T R S S A D I E Y E
C N I B A C N V G T R F D S L
C O V E R E D S P R S D F T R
N V G T R M Y S T R O S R R A
P R V P R I C E C S M F E S C
N V G T R S P R R M E R S M S
N A V I G A T O R T T S H Y S
S P R R W S C B N H H H M S Y
S P A R R O W S J N I M A T R
M Y S T R S N V G G N N N T A
N V G T R M Y S T D G R D R I
M Y S T E R I O U S J S D S D
```

102. COMEDIC ACTORS

```
B D D I L L E R D L L R C B S
U B L L C K R D N A C O C L I
L L R A D N E R R D N R L L V
L I R V R S R V R S F D C A
O C V B R M O O R E B I R K D
C K E M R R N D V S F E L B D
K G R R A B N S T N F L D L M
T R S P R Y R D L L R D D L I
R G R A N I S T O N F X X C R
R R C K R C K P R Y R D V K R
O Y G R E G O R Y X R D N F E
C F B L L V K D L L R P R X N
K X R V R S D X X O F V S X J
R X D R D R B L L C K P R P S
T P P R Y O R D L L R B L R K
```

103. FAMOUS ACTORS

```
D D A L L H O F F M A N V N S
D N W Y D P R D S T N C R S P
P F T A Y L O R D S S N A V E
S R T H M P S N T H M P S N J
I D S T O N E R G R S K L L Y
R K H C K M N T H O M P S O N
C T H F F M N H C K M N D N W
K D U N A W A Y C D R F K R H
T L R R D N W Y R G R S E C A
D E P A R D I E U F R D L S C
R G R S K T N F R D V P L P K
K E A T O N R F O R D G Y R M
H F F M N T Y L R R G R S J A
R O G E R S H C K M N H F F N
H F F M N K T N R E P O O C S
```

104. AWARD-WINNING ACTORS (FEMALE)

```
H E P B U R N K L Y Y L L E K
O H P B R N L G H B T H W Y M
L P G N U O Y R H G I E L D H
L B H L D Y K L L Y G R S N T
I R D E H A V I L L A N D H O
D N C R W F R D G R S N B V O
A C C R A W F O R D E S E L B
Y R H V L L N D F N T G T L D
G W G A R S O N W Y M R S N H
S F K L L Y H L D Y R W K R L
E R F O N T A I N E D Y L O D
N D S T R P J N S D V M L G Y
O S S T R E E P S T S A Y E F
J T C R W F R D S T D N R R N
S R P D V D A V I S V N G S T
```

105. FAMOUS ACTORS

```
L L Y D G L R N O S R A G S N
P E C K P L G R B G R T J C B
F N D H P O P R T G O B R A G
C A H B B Y G R S N B R G M N
G D P O R D G B R T C G N Y B
N N P C G B B E R G M A N S O
Y O R A M B R G M N C G N T G
L F T J N H U P P E R T N W A
L F W N C H L S N N C H L R R
E N N I C H O L S O N C N T T
M D C G N Y S T W R T B R C L
M C C A G N E Y B R G M N G M
O G L L Y D G R S W O O D S M
N N S T E W A R T L L Y D N N
N Y B G R T B G R T D N A A C
```

106. FAMOUS ACTORS

```
F W N M M A N S F I E L D D N
O Y A N B L M N D L G H D N C
N M M S R B R T S G N I B A G
D N Y F C R W F R D R B R T S
A F W L B E L M O N D O W Y N
C N F D L N G L G H D N C H D
M O R E A U G R L N H G I E L
R B R T S C R W F R D N C H J
C R A W F O R D R B R T S C E
G R L N D F S T D E N C H R G
R O B E R T S F S T R G R L N
A N D E R S O N R B R T S L A
F S T R J G A R L A N D N R L
G R L N D N C H M N S F Y L T
F O S T E R L N G E N Y A W S
```

107. AWARD-WINNING ACTORS (FEMALE)

```
H E P B U R N H P B R N S H D
D R S S L R M C D R M N E D R
M O N R O E M N R G Y N Y R E
S H R P C K F R D Z L L A W S
R N R G S H E A R E R Y H N S
Z L L W G R P C K F R D Y N L
P I C K F O R D G D A Y N R E
M L L G N K R B Y M C D R M R
M C D O R M A N D C L B R T S
K R B Y D V S G Y R O N Y A G
Z E L L W E G E R Z L L W G R
R A I N E R D D A V I S D V S
M L L G N M C D R M N D K R B
K R B Y M L L G T R E B L O C
Y B R I K T M U L L I G A N N
```

108. ROMANTIC MOVIES

```
E N O U G H G H S T O R Y R Y
D R H M P R A P A R T M E N T
M A H R U D D R G N B R D T L
S T R Y B R D D R A G O N G H
R E D R O B T N C T R N S L T
L N C H B X A T L A N T I C S
C T R N S L T N L N C H B X H
I J T R A N S L A T I O N S A
N S N S B L T Y G L L W S N N
A L G A L L O W S T R N H S Y
T N L N C H B X M N V R A B T
I C L U N C H B O X H L L L H
T H M I N I V E R M N V F T I
M B S N S B L T Y T R N S Y N
S E N S I B I L I T Y H L N G
```

109. CRIME MOVIES

```
R O N I N D G D O G S D G S T
T X B L W C L L T R L D R V R
R T C H J I X A T S L W O L B
E C H N T W N W T R F R N T P
V H C O L L A T E R A L F F S
I N W T R F R N T F L C L R L
R T W A T E R F R O N T C G E
D W F R G N D M N T Y F T S E
J I N D E M N I T Y F R O L P
O D R V R C L L T R L G U P D
G R C H I N A T O W N G C T T
R V C L L T R A L F C N H C H
A R G F A L C O N G N G R H I
F J G N G S T C H W T S S T E
J S G N A G W T R F R D T H F
```

110. FANTASY MOVIES

```
C A R I B B E A N R G N E T G
O C H R N C L S P R N C G N R
N M A R G O N A U T S N D T I
A P F N T N H L L W S H I N M
N S H A L L O W S T N L R S M
D S B L D R G N B G D L B G B
R J C O M P A S S C M W B R R
P R I N C E P R N S N A T I T
C M P S S C H R N C L S G M G
R R B A G D A D C M Y M M U M
E G P R N C B G D H L B D G B
I N F O U N T A I N L G R R R
G F H L L W S C R B B D G M D
N N C H R O N I C L E S H M G
B T B G D T N S B L E D A L B
```

111. FAMOUS ACTORS

```
B N B I N O C H E C C O B B D
C W N S L T T H P B R N G S H
H D G L S S D C T E L S N I W
R L H E P B U R N P L M R G S
I L C H R T D G L S G S H L W
S M D G L S G S S A L G U O D
T N B A C A L L B C L L B C L
I D H W R D S M O L I V I E R
E C H W R D P L M R H W R D J
J D I C A P R I O M G I S H N
E P B N C H P L M R H W R D G
R R H O W A R D P L M R S M T
O H W R D P L M N N A M L L U
O W P A L M E R S M T H S M T
M R W N S L T T S M I T H H P
```

112. FAMOUS ACTORS

```
M A S T R O I A N N I P N S H
D T R C H M N T Z B R N D H A
M O N T E Z P N S S N O P R R
S C H L L B L S M P C K F R D
L B M A D O N N A B L S S M E
L S S Y D W B O D N A R B T N
E P S Y D O W P C K F R D M K
H S T P L T N D T M A S L A B
C L L A N D A U S T P L T N K
S P C K F R D K M K U M A R I
P P I C K F O R D S T P L T N
M C C N G H Y S C H L L B R N
M C C O N A U G H E Y D T R C
S T A P L E T O N S T P L T N
M S T R N N H C I R T E I D
```

113. SCI-FI MOVIES

```
S S T N A I G M N M O O N G Z
O L G F G O D Z I L L A R C L
L R N N J F A N T A S T I C D
A S T T F N T S T C S L R S L
R M M A R T I A N W L L F R L
I R F R B D D N M C H N N S A
S T W A L L W R E P O O L L C
T R R S T R L M C H N M N K E
I N T E R S T E L L A R S R R
M C H N M M O N K E Y S M N K
T E R R E S T R I A L T R S T
S T L L R F R B D D N M N K Y
F O R B I D D E N M C H N C R
R C L L F R B D A N I H C A M
E N C O U N T E R S W L L M R
```

114. FAMOUS ACTORS

```
R R H A R A D A V I T T I V C
E D F R M N H V T H V L L N N
D G W L L S F N T S L R W D C
G R F R E E M A N W A L E S A
R V F R M N S H R R U S L L I
A F S H E A R E R P R T L L N
V R S L L R S S P N I R E R E
E M S P E N C E R J E D S S D
Y N N W M N S L L R S G L H R
H S D E H A V I L L A N D V P
O P R H R D N W M N S V L L E
E N I N F A N T E N M R L L E
Y C V T T F R M N N W D R N R
S S E L L E R S S L L G S D T
L R S L L R S N A M W E N D S
```

115. FAMOUS ACTORS

```
W E L C H B R T N L L O R E N
W D M R K B U R T O N N R M T
M T C H M J H N S O R I N E D
W I D M A R K W D M R K G R D
M T C H M G R D M U H C T I M
J G O R D O N S P C K D V L L
A V L N T N J H N S S N S D D
R C J O H A N S S O N J P V U
A C N N R Y M C L N P T A L V
M V C O N N E R Y P T R C L A
W D M R K M T C H M P R E P L
M A C L A I N E M C L N K T L
B R T N W D M R K M C L V R L
M C L N V L N T R E I T I O P
V A L E N T I N O V L N T N J
```

116. FAMOUS ACTORS

```
T R A C Y T R C Y G G H R H P
P D G N S R N D N O L O E L I
H A Y D E N H Y D L L D L L D
R B B N S H N K S D B D L N G
S A R A N D O N D B R E I H E
H R R L S N M T R E G N H L O
R S N I B B O R B R N S B L N
H N K S H R R L S G M T R R D
S K N A H G S S M N S G N R T
M F N B R D H A R R E L S O N
M I F U N E G R G S S M N B R
B R D T S G S I G N O R E T B
M A T U R E H N K S G L D B R
H L D N P D G N T O D R A B D
G A S S M A N H R R L S N G T
```

117. ROMANTIC MOVIES

```
B E A U T I F U L B T M F L L
S H K S P R M N H T T A W D S
F P R S I R A P G L R N W D G
O W D D N G S S N S H H N T N
R G L R D V G L O R I A M N I
E F D A V E F R G N T T W N D
I T R N T Y S N S H N T T L D
G J R I C H T R N T Y A T L E
N N C H N S U N S H I N E D W
S H K S S P R R T R N T T Y L
E N C H A N T E D T L T A L E
M N H T T N G L D T R N T Y S
S H A K E S P E A R E G A I R
L G L D M N H T T N W D D N G
A D L I G S D Y T I N R E T E
```

118. BLOCKBUSTERS

```
F R A N K E N S T E I N F A R
G F R N K S T N G H S T R I S
F U N N Y G N E Z O R F Z S S
G R S G L D F N G R G H N S W
G O L D F I N G E R S T W U S
H G B L T F R N K S T N S R T
O G G O B L E T G B L T T R L
S G L D F N G R W S S T O N E
T R H A W A I I F R Z N H L L
J S G L D F N G R F R N K S T
G E G R M O M W S W E S T S T
N H H L L W S F R N K S T N W
I L H A L L O W S F R Z N W N
O L W N D G R S H L L W S S T
G W D N I W N G R E A S E J R
```

119. AWARD-WINNING ACTORS (MALE)

```
R S S C O F I E L D S C M R S
O C L N C S T R M R V N A B T
B F H A R R I S O N P S R R E
E L B R Y N N R B R T C V T I
R D R R E I T I O P R H I S G
T R B R B R Y N N R S L N T E
S B L N C S L L E H C S S G R
O R B O R G N I N E H S T R L
N T L A N C A S T E R B R B O
J S P C K H R R S N G N S R D
P N N I V E N B R H E S T O N
E B S C F L D G N N S S H Q A
C R G U I N N E S S B R N S R
K G R B R T S N S C H L L T B
D B R Y N N E R B R Y N N G N
```

120. BLOCKBUSTERS

```
A M J U R A S S I C J W S D S
N N M N J R S S C M C K Y T W
G S M I N E S T G N O K T R A
E P C R S D T R M P T R M P J
L N L A W R E N C E H L P P N
J S J R S S C K N G L O M C T
P O P P I N S T L R N V C M R
J R S S C H P M I C K E Y N A
H A P P E N E D M C K Y M C M
M C K Y T M P L C R S D T R P
I N T O L E R A N C E J J W S
J W S T M P L C R S D N D P N
T E M P L E D N E D A S U R C
L W R N C H P P N D C R S D J
I N D E P E N D E N C E J W S
```

121. BLOCKBUSTERS

```
M I S S I O N M S S N L D Y N
R B R T S L D R O B E R T S U
D L M T N S M N R K R M N V M
M O O N R A K E R R D R S V O
I V D S P N C C H Y D A L P M
N D R A I D E R S P S C H N M
I S D A L M A T I A N S S C H
V C R B B N P N C C H B V C L
E R P I N O C C H I O B A H Y
R B C R B B N P N C C N D M N
P B P N C C H P S Y C P I T I
C A R I B B E A N P R T S N T
J Q M N R K R R B R T R S Y U
D R M N V R J P S Y C H O Q M
P I R A T E S P S R E T E P J
```

122. DISASTER/APOCALYPTIC MOVIES

```
P K K A E P D D E L U G E D T
T G S T R M H T W V H R R L O
C S E A R T H Q U A K E T G M
A H R R C N T W S T R S D T O
P R G E O S T O R M S T R M R
M R K R K T S T R M H R C R R
I C H E A T W A V E M T R R O
D N T W I S T E R S F L D W W
H U R R I C A N E S T R M S M
D L G T M R R W K R M R O T S
I M P O S S I B L E L S T R M
G S T R M T M R R W F L D M D
K R A K A T O A S M E T E O R
T W S T R S H R R C N L F S D
R A I N H T W V D L D O O L F
```

123. CLASSIC FILM NOIR

```
S I D E W A L K N N A K E D K
P S G N K D S D W L K P S T M
P A S S A G E P N A M T S O P
C N F D N T L S C N N D C F R
F S C O N F I D E N T I A L D
Y T R S T R N G R S C N N L F
R R O C N F D N T L W R D G O
U N S T R A N G E R H S A R R
F G S T R N G R W R N G L Q C
S R F M R D G N O R W M R D E
D T I S D D N C N F D N T L R
D M R D T O M O R R O W R X R
N R E D C N F D N T L W R N Y
K W R N S D H O U S E W L K F
R E D R U M G S U D D E N S G
```

124. SURVIVAL MOVIES

```
D D E L I V E R A N C E R P E
E D N N R D L V R N C G L V L
D O N N E R D N C S V R S T G
G L C T R Z B E L O W D N C A
E C R W L W L D P H N X W L K
B L A L C A T R A Z C R W L K
D L V R N C P H N X T M R R W
C R W L B C K D E V E R E S T
S E C N A D B L D T M E R R W
D N N R P H P H O E N I X Q R
B A C K D N N R P H N X L L T
C R W L L D T O M O R R O W S
B L O O D L W L D C R W L A G
L C T R Z C L D L I W R D R T
D E E P D N C S V R S C C C Q
```

125. CREATURE & MONSTER MOVIES

```
M A N T I S M R C G N I S I R
B N T H G L N S L A N V S N E
D O O F C L T N C L A W C G D
G L X Y M G S G H A T M S L I
A L I G M N S T R X R S L X P
G S B M P S B N T Y G S A Y S
B E N E A T H S H R K S Y H R
M N T S M N S T R M G H E T R
M I G H T Y G R G N T S R M N
S H R K M O N S T E R S H R K
G O O S E B U M P S G L X Y R
M G H T Y S H R K M N S T R S
S H A R K G I N V A S I O N F
G R G B T N V S N G L S P D R
G A R G A N T U A S P D R M G
```

126. ARTHOUSE MOVIES

```
L E O P A R D L P R D P P L T
M T M O T H E R M T H R L F R
C N E S I D A R A P H R A N E
P R D S C N T R Y P T R Y T K
C O U N T R Y L V L S S T S L
R D M N P O E T R Y T G I T A
F A N T A S T I C L V L M C T
I L P R D M T H R P L S E P S
R L S S E L E V O L T M B L T
E S T L K R P L Y T M T M Y M
F T D A O R G E R D M A N N B
L L T M B K T F N T S T C T K
I K T I M B U K T U C N T G T
E R D S R T G R R D M N N R D
S J D E S I R E Q T I G E R R
```

127. CARTOONS & CARTOON CHARACTERS

```
L O O N E Y S M P S N S L R Y
F L N T S T N S N O S P M I S
Y B L L W N K L S C B Y J R Y
R J F L I N T S T O N E S V P
R B L W N K L S M P S N S D A
E B B U L L W I N K L E V S R
J B V S P N T S S Q R P N T K
B B E A V I S P S C O O B Y P
V S Q R P N T R J T S N S D P
P E A N U T S S M P O O B B O
S T M P Y S Q R P N T S J T P
S Q U A R E P A N T S S M P E
F L N T S T N S S Q R P N T Y
A N I M A T E D S M P S N S E
J E T S O N S D Y P M I T S D
```

128. DOCUMENTARIES

```
H C C I T I Z E N F O U R J E
O T W S T F G H T D R G N S T
O Z S T R N G N O G A R D D S
P N I R I S B S H R B S H R A
J F C T Z N F R S T R N G S W
R R I N T E R R U P T E R S S
I S R W N D S C R T F G H T R
H T S T R O N G F G H N Q S E
S R P R J C T S C R T F G H C
A N R E W I N D F G H N D M O
B G S C R T P R J C T F G H R
J D A M E S R C R D R C R D D
S E C R E T P R J T H G I F Q
P R J C T S T R N G B S H R R
A F G H A N S P R O J E C T D
```

129. SURVIVAL MOVIES

```
G R A V I T Y M M A R T I A N
M R T N G R V T Y L E G E N D
H I J A C K I N G H J C K N G
D S C N T H J C K N G M R T N
G R V T Y E L B I S S O P M I
I R O N D S C N T W L D R N S
L F B T D S C N T M R N F H R
O S D E S C E N T M N R L J H
N R W L D N R N S S M R I C E
R V M A R O O N E D N G E K A
E R J W I L D E R N E S S N R
F W M R T N W L D R N S S G T
N L S U R V I V O R W L D S D
I D L F B T S R V R N F R N S
R J L I F E B O A T D D L I W
```

130. ARTHOUSE MOVIES

```
L S E A L N G R I H S A B V V
S R P N T S T R M L N D D S I
D S S E R P E N T S T R M T S
N W D N S D Y W D N S T R S I
A V N S H N G S M R O T S T T
L L Z H R G L L W S C L S R Q
J V A N I S H I N G W V M T
A S V N S H N G L L W D N T R
M R G A L L O W S C L N S R A
O P S R P N T S T R M S H N N
U N W E D N E S D A Y D N S S
R T B S H R T R N S T Y G T I
D C L A S S Q H O M E C L L T
J T R N S T V N S H N L Z M R
L A Z H A R B R Q Y L L E D S
```

131. HOLIDAY MOVIES

```
W O N D E R F U L A Y R O T S
M R C L S C R G W N D R F L L
S C R O O G E Q E L C A R I M
C N N C T C T H L D Y W H T R
E R D L P H H H C N I R G G H
T R D L P H T M R R W C L R O
I B R U D O L P H S T R M N L
H C C N N C T C T M P P U C I
W R T O M O R R O W C H P H D
J L R L C A R O L G R N P W A
W T C H R L C H R S T M E H Y
I M C O N N E C T I C U T T R
F R C H R S T M S G R N C R C
E W C H R L C H R I S T M A S
D C H A R L I E W N D R F L L
```

132. ARTHOUSE MOVIES

```
M A R I A J S I L E N C E D T
T H R N S L N C M R R M Z R O
N B T H R O N E R N T H L S O
O N S T L G C L L E S M F S F
S O L A R I S P S S N B R T H
T N J S T L G U A T P S S T P
A B R T H L S S P S S N N R R
L P B R E A T H L E S S M A P
G C L L S M Z R T M F S Z Z H
I L P A S S I O N P H R R O T
A S C H L P C A L L A S T M B
P R P H T N S T L G Y A C L K
M A F I O S O R T E H P O R P
B R T H L Y S S P R Y P H T S
B E A U T I F U L J D E K I B
```

324

133. CARTOONS & CARTOON CHARACTERS

```
W O O D P E C K E R F Y L R X
T R N S F R M R S P X I L E F
D R A G O N B A L L Y G M B Y
W D P C K R C H P M N K S P N
G U M B Y R G R T Y L I M A F
P N T H R C H Y P M N K O S T
Y C H I P M U N K S F T U F Y
T R N S F R M R S R G S Y O
T P A N T H E R P W N T E L G
T F M Y T N T H L L R G R X I
N T T R A N S F O R M E R S Q
A R A N I M A N I A C S R W L
T M F U T U R A M A C H M D L
U Y M T N T F T R M T R N P I
M R R U G R A T S F L D X K H
```

134. HOLIDAY MOVIES

```
N S C R G H D D E G O O R C S
I N C C H R I S T M A S L N N
G O N G H T M R V C E N O L A
H I P R N C R S N W M N F R T
T T F R P R A N C E R P F C Q
M A N G H C H R S N E R O H S
A C K L S U A L K G M N U R A
R A F R S T N G L H E C R S N
E V V R T S O R F T M R T T T
S N W M N V R G N M B S H M A
M O M M Y V R N M R E N W S T
C H R T S M S M N S R W M N D
S N O W M A N S C N F M R S T
S C R Y G D L N N W Y N G L L
V I R G I N I A P A N G E L T
```

135. MOVIES ABOUT WOMANHOOD

```
M A G N O L I A S Y W S Y A W
B R K F S T T N T C N C T R S
B R D G T B E N C O U N T E R
M G N L Y S B R K F Y S T B C
B E A C H E S S C I N A T I T
R T M T S V Y G R B R K F S U
E B V O Y A G E R R W B L M O
A R B R D G T S T K O R O G B
K D S T E L L A D F M K U N A
F G M G N L Y S R S E F I L D
A T B R I D G E T T N S S Y C
S C P N K C H S L T M T E S R
T H T O M A T O E S B C H D G
T D M T S S T L L Y L S P N O
E C I O H C B C H S O N A I P
```

136. CARTOONS & CARTOON CHARACTERS

```
Q T S S U P E R F R I E N D S
Y S M G R L D P W R P F F R C
S E Y P O W E R P U F F G D S
T U R S Y P R F R W N D S G D
G Q F S F R U M S N R E C A R
R G S G D G T S T R D G G M T
G E R A L D J G A D G E T D A
R M S T R S G R L D G R M T V
O S Q S T M S T R S O R T S A
M T M A S T E R S G R G D R T
I R S P R F R R N D S D D G A
T S U N D E R D O G L Q O R R
M D P W R P W F F D R W U G D
T G D G T N D R D W G S G Y D
G E O R G E J D O R A T D D G
```

137. SURVIVAL MOVIES

```
M N C N O B O D Y B C B R P Y
O B T P R F C T R V N E F F Y
U D F D A G E M O G P A N N E
N Y F P R D T R P N R C C C R
T M N E P O P N C R F H H C P
A G M N T N P A N I C T F T S
I B R V N W N T P R F C E F F
N C P E R F E C T D F R N F F
J H R W V N Y N T P N S C C O
B P P R E D A T O R R C E T T
L N P R F C T P R D T M R F U
A C R E V E N A N T D N S F C
D R B L D B C H M N T T C D S
E S R E S C U E P R T N W W N
D C B L D R S C D W N N W A D
```

138. HEROIC CHARACTERS

```
K O W A L S K Y K W L S K Y R
D N B R H N T D U N B A R G
H A W K E Y E H W K Y B L K G
M L L R T R V N N R E L L I M
K O O B H H U N T C R W L D S
H S K N S B K L D R G K H C G
H O S E N F E L D C A W S R R
H W K Y K M B L L K R L N O S
D G T R A V E N W T R S F C S
O N H S N F L D G T I K L K S
K D K I M B E L N G S Y D E N
I H H S K N S K D R O D T T C
B S W I G A N D K R N N R T R
S K D N B R K W R S T B V N C
H A S K I N S L K K R I K D K
```

139. THRILLERS & MYSTERIES

```
S E C N E L I S R S W R R B S
S T A L K E R L P T I P U R A
S L K R S T L K R L T L O N L
N O T O R I O U S K H S T G E
M N C H R N B R N R O N E S S
L B R N G T S O L C U T D L M
O B D L N D S C B B T Y S S A
O J G N I L L I K N T R T M N
P D B U R N I N G C L S L N T
E M N C H R N L P N B D K L N
R N M A N C H U R I A N R M D
M C H R Y N C A B I N L X S R
R E P U L S I O N D S S R X Q
S H Y L N C B S N Y L D A E D
B A D L A N D S S T L K R T S
```

140. MOVIES ABOUT WOMANHOOD

```
L O V E G S O M E W H E R E R
B R D G S G R K W V S S T V S
E N G L I S H S K E E R G N E
W D D N G S T B R D G S T G I
B R I D G E S T S E V I W B R
B R D G S L C S B L C K M R A
S E A T T L E C R K C U L D I
G S W D D N G S D G R K K G D
W E D D I N G S G R O O M S B
G W D D N G S H S G H S T R R
G H O S T B R D G S G H S T D
T S C N M I M I T A T I O N G
G H S T T B R D G S J L D L S
J U L I A T S W D D N G S C N
B R D G S D T U S C A N T S C
```

141. DISASTER/APOCALYPTIC MOVIES

```
T T R N D M E T I M E P R S V
O W S V I I E P M O P T R T O
R S U T P R F C T V L N R W L
N T C W V P E R F E C T X S S
A R Y S L T R P R F C T A T A
D G T T C D N U O R G X N R N
O R T R N X P L P R F C D G O
J N P E X P L O D E D A R R D
T D S D P S D N F R N C E N E
W L T P O S E I D O N S A D V
I G W S T P R F C T S T S M A
S R S F R A N C I S C O R S W
T N T S T R M T D L S T R M W
E D R R L A D I T D M R O T S
R S T R M G R P R F C T G N D
```

142. MOVIES ABOUT WOMANHOOD

```
P P R E T T Y P R T Y L I A M
R S N S B L T Y P R T T Y W R
T E D U C A T I N G W R F R T
T N T T N S N S B L T Y U K R
S E N S I B I L I T Y D N N A
P R T T Y W R K N G S Q N G E
B A R E F O O T B R F T Y Q H
S N S B L T Y E P R T T Y R S
S G N I K R O W L Y N A M O W
P R T T Y T R S N S B L T Y S
W E D D I N G C N O T T I N G
S N S B L T Y R B P R T T Y C
G O O D B A R T T R U L Y S R
P R T T Y N D S N S B L T Y T
S E C R E T S L S D N E G E L
```

143. DIRECTORS

```
U A L B R A B R A M S B R M D
S L C K W R G H T L P S N Q R
S G K O N Q B A Y P I N N B I
E W R G H T B R D S L C K R B
L S L E T E R R I E R F V R D
I G B S N S D W R G H T S D S
C S L C K S D R B R G M A K D
K R F A V R E A U B G B S N R
W R G H T D R S L C K D R B B
S O D E R B E R G H D R B N R
G B S N J W R G H T I I H S O
S L C K S D R B R H G B S N H
D A R A B O N T L L U P I N O
W R G H T D R S L C K G B S N
C O E N B N T H G I R W D R B
```

144. DISASTER/APOCALYPTIC MOVIES

```
A R M A G E D D O N J D E A D
C G H T D K N O W I N G D C S
W C C A U G H T D R K N S G R
O G D R K N S S P R P H C H E
R H D A R K N E S S G R N T T
L T P R P H C Y G R N L N D F
D E L U G E R T C A P M I D A
P R P H C Y T R H D R K N S S
P R O P H E C Y D Y S R U O H
S C W D R K N S S C L L S N C
D G G O O D B Y E C L L S N G
A H P R P H C Y G R N L N D H
Y T G R E E N L A N D D F T T
S P R P H C Y T R D R K N S S
J C O L L I S I O N D L G F T
```

145. CLASSIC FILM NOIR

```
N T L E G N A N S L E E P S R
A H P T F L L M N M T H L T H
M L P H A N T O M T H L M H S
E M M P T F L L Y S L T H L A
N R E C K O N I N G M H L M L
P T F L L M Y S T R Y E M H C
M Y S T E R Y R C K D L R N T
R C K N M Y S T R Y N M T A H
N I A G A R A N G D G A H M L
N G R P T F L L R N R D L U M
P O S S E S S E D G S N M H L
M Y S T R Y P M C R S G S R J
D A N G E R O U S S C I N A P
D P T F L L D N G R S D T R S
P I T F A L L J D R U O T E D
```

146. DISASTER/APOCALYPTIC MOVIES

```
U C S E D I L L O C N C O R W
N S C N T G N N G H G S U S M
I S C A S S A N D R A S T C N
O D C O N T A G I O N D R S N
R R M N S T R S G C D R E N A
N G P L A G U E S S V V A D M
C N T G N S T N D S I C K R O
N G B M N S Q R S N R S C W W
I R W A R N I N G D U S A R D
G S T R N S T N D R S N L N R
H M N S T R S C R N Y D O G A
T T M O N S T E R S D R N S W
C N T G N M N S T R S S E T R
D N A T S R N I A R T S W R W
```

147. CARTOONS & CARTOON CHARACTERS

```
M I C K E Y V E C V Y F O O G
H N G R S N L L S L H N G R N
D O N A L D T M P T Y N N U B
D V H N G R R E R R H N G R R
Z L C A R E N R D N T R F F D
R T H N G R N D E G O O R C S
E R R E P S A C T R F F V C D
G N T R F F C D C K T L L M T
N B N N Y V O L T R O N T O E
U D N L D H N G R D Z D R D R
H M D U C K T A L E S C N E R
T R F F C B N H N G R K D R I
S C H O O L H O U S E T C N F
H N G R T R F F C S H L K L I
A D V E N T U R E S S S T S C
```

148. HOLIDAY MOVIES

```
M N S T L Y A D I L O H L L N
I T S T L L N G H T R N G D Z
R C N U T C R A C K E R H L Y
A R G H T R N G M R S T L L N
C K R L E M O N R B D E X I M
L R S T L L N M R C L H L N D
E G S T A L L I O N D N O T R
J N G H T R S T L L N T F C H
E T G A T H E R I N G C F R O
L C G H T R N G J N G R I K L
G R T O Y L A N D J N K C R L
N K S T L L N J N G L R E S Y
I R C O M I N G J N S T L L N
J R S T L L N J U G G L E R
S G I F T N R E D N U D Z S R
```

149. WAR MOVIES

```
C O M E C G C H I M E S S S C
I N G L O U R I O U S D T T O
G L L P L P T T N L C K R R U
A P O C A L Y P S E R G N A R
L O C K E R G L L P L N G N A
G L L P L N O O T A L P L G G
P T T N I N G G L L P L V E E
N J T O M O R R O W T C N L S
O G L L P L P T T N T L S O T
T S O V E R L O R D N N T V R
T P T T N C R G J C K L R E N
A D G A L L I P O L I S N R G
P Z J C K G L L P L D N G D L
T N C O L O N E L J C K L Z V
D O Z E N D J A C K E T V N M
```

150. SURVIVAL MOVIES

```
D S H A L L O W S Z N D A O R
R O B I N S O N S H C K L T N
S H C K L T N S M U T C N A S
K A L A H A R I S N C T M D Z
S N C T M W L K N E V E S R S
T R M R S V L S H C K L T N R
S H A C K L E T O N R V V W C
S H C K L T N R B S B H O L R
S O U T H E R N S D N L I K E
J S N C T M W L K R S L D R T
T R E M O R S S H C K L T N D
S N C T M D Z V A L H A L L A
V E R T I C A L S N C T M S R
V S H C K L T N R S N C T M D
C R U S O E W L K R E K L A W
```

151. SPORTS MOVIES

```
S G I R L F I G H T M Y S T R
V S B S C T M Y S T R Y S D R
I D N O S Y T R E R O M L I G
C M Y S T R Y F D Z S B S C T
I R H E A V E N C R V B C D O
O S B S C T C R T R C A V C I
R S M Y S T E R Y D T S C R D
Y N C R D S B S C T R K T D A
P N R C R E E D S G Y E R D R
S E A B I S C U I T S T Y S V
S B S C T M Y S T R Y B S U C
P E R S O N A L T Y P A G G T
C S B S C T T Y S N C L R A R
R T S E N N A T Y S N L S R Y
R E T R A C M C U P S D G R T
```

152. ANIMAL MOVIES

```
P R J C T B D D Y G N I V I L
B E E T H O V E N B D D Y F D
P N D L R P R J C T S H L L L
B D O L I T T L E S L S F P A
P R J C T G L D F N F H L P E
P R O J E C T C L S L I P R S
P R J P R J C T P P P L P S T
A B B U D D Y R P A P O R F F
D B T H V N Q S R C R H R N L
N T L A R G E R S E F N G G P
A P R J C T R D H B D D Y G P
P B D D Y R D Z P A U L I E R
Z F L I P P E R P R J C T R D
P R J C T B T H V N N G N A F
G O L D E N J A W A Y B D D Y
```

153. AWARD-WINNING ACTORS (MALE)

```
H K H O L D E N L C O O P E R
D H L D N C R W F R D C R W R
F E R R E R M R C T R A G O B
C R W F R D M R C H S H L D N
C R A W F O R D C R W F R D K
H L D N M R C H R E I V I L O
C D M A R C H M R C H H L D N
O C R W F R D M L L L U K A S
L R M I L L A N D C R S B Y D
M H L D N M R C H Y B S O R C
A C C A G N E Y S T W H L D N
N C R W F R D M R C H S T W R
D S T E W A R T C R W F R D D
H L D N M R C H Z D O N A T S
C O O P E R M R C H D H L D N
```

154. COMEDIES

```
D C I N E S R A B B R A I N S
B D Z Z L D D B T F R B R N S
D O U B T F I R E D Y N M D T
D Z B D Z Z L D S Y G C D Y R
D E L Z Z A D E B N B L Y N E
E D B T F R R Z N M R U N A L
S Z A R I Z O N A T T E M M P
E B D Z Z L D C M D H L T I U
R J C O M E D Y D S R E G T O
T D D B T F R B R T S S P E C
B R D W B R O T H E R S R D S
L O O P B D Z Z L D P R D C R
P R D C R S B R O A D W A Y S
P O W E R S B D Z Z L D D Z D
D B T F R Z P R O D U C E R S
```

155. CARTOONS & CARTOON CHARACTERS

```
M T T H U N D E R C A T S D Z
A H H C K L B R R Y D R G N S
G N H U C K L E B E R R Y B P
O D R G N S G R G Y L S B B P
O R P O B E B D Z D L O N R A
H C K L B R R Y D R G N S N D
M O U S E S G A R G O Y L E S
D R G N S G R G Y L S D N L H
C A T D R E C E S S R H T R R
H C K L B R R Y R N L D R H U
D R A G O N S G R G Q L S C H
D R G N S N D S B R A V O D T
N D R O B O T D R G N S N S R
H C K L B R R Y G R G Y L S A
G A R F I E L D N Y K N I P L
```

156. DOCUMENTARIES

```
S M A R T E S T S M R T K S S
I N V I S I B L E S L N I N U
C N N G H M S T R C H T L S N
S I L E N C E S P L L B L H S
S T R C H T S H E R E B I N H
B Y E N O H N S T L G S N Z I
S B N C N N G H M F R N G C N
N O S T A L G I A F R N C H E
S M R T S P E L L B O U N D D
C U N N I N G H A M S N S S N
S T R C H T C N N G H M T N I
F R E N C H S T R C H T R S A
S T R T C L A U G H I N G H R
H C T I R T S F R N C H D N T
C N N G H M M N D D N U O S S
```

157. MOVIES ABOUT WOMANHOOD

```
B E C N E F P R S N L N M W N
M P R S N L C F L L F N C D E
O F P O S T C A R D S F N C M
O C H L L G D B P R S N L S O
N D A D A R P Y L L I H C R W
P R S N L C H L L V L V R D Z
P R I N C E B B O Y S V L V R
V L V R P R Y S L P R S N L D
V O L V E R C H L L A D I R F
N P R S N L V L V R G D B Y V
G O O D B Y E D Z S Y L L A S
V L V R B R D H P R S N L W R
B R I D E B R H O W A R D S D
P R S N L C H L L B R D P R D
P E R S O N A L C H L L R T P
```

158. MOVIES ABOUT WOMANHOOD

```
B W W E D D I N G W D D N G N
E D N C N G B R D S M D S S O
C C B R I D E S M A I D S C T
K H R B A Y O U D N C N G H E
H C D A N C I N G S M L R C B
A L D N C N G B R D S M D S O
M T J U L I E T H C H E Z C O
D N C N G B R D S M D S N H K
C H O C O L A T E N T B K Z D
B R D S M D S W T H T R A E H
W U T H E R I N G C M L L S D
D V N C N G D P L Y E L I M S
D E E P L Y D N C N G D P L Y
B R D S M D S V E L L I M A C
V I R G I N C M L D N C N G S
```

159. MOVIES ABOUT WOMANHOOD

```
C L O U D S C H C L T R N W Y
C H C L T C L M O N S O O N F
T S U J F L T S C H C L T T L
T R T H D R M R C L D S D Z T
E X H A L E D A L I C E J D S
C H C L T D R M R C L D S N X
J R U N A W A Y S A N G E L S
M T R T H T R F C H C L T D T
O D R M R R A F F A I R R R A
O C H C L T D S T R T H T M O
N L C H O C O L A T D Z H R L
T R T H C L D S C H C L T S F
D R E A M E R R S T I M E P H
C H C L T T R T H D R M R T L
D H T U R T N G G I V E T H T
```

160. WESTERNS

```
A P P A L O O S A P L L E S H
H S T L S V L L Y B L T L H I
B L A C K T H O R N M T T N L
D Z H S T L S Q R Z N L T G L
H O S T I L E S N D Q R I S D
H S T L S V L L Y V A L L E Y
Q T O M B S T O N E V L L Y S
K V L L Y W L V S H S T L S D
R Q S H A N G H A I L V S Z S
A H S T L S W L V S E G N A R
D R H O M E S M A N B L C K S
J A S S A S S I N A T I O N S
H A T E F U L W L S E V L O W
H S T L S V L L Y D R K R N G
P R O P O S I T I O N W L V S
```

161. MOVIES ABOUT WOMANHOOD

```
S G C A N Y O N F T R E T F A
H T S H D S V L N T N S D G B
A S V L N T N Y B S T A G T L
D B S H D S B L N D S T L S N
E Y S T E L L A L N A E M B S
S V L N T N B L N D C T T Y Y
S H D S B L N D T W L G O T A
V A L E N T I N E P R T F W W
S H D S B L N D P R S S F L L
B G T W I L I G H T Z B I G A
L T V L N T N B L N D Y C H N
O S P R O P O S A L R D E T M
N B S H D S B L N D N J R W R
D Y T W L T C I T Y V L N T N
E T A M M E T W L R I A F F A
```

162. SWASHBUCKLER MOVIES

```
M S D O O H Z R O R R O Z D Z
U C S W S H B C K L R P R T B
S R M A R K K P I R A T E B L
K L M S K T R S S C R L T D Z
E T S C A R L E T D D O O L B
T S D S W S H B C K L R Z N D
E W C A B A L L E R O Z N D R
E S M S K T R S S C R L T R S
R H M A S K P R T A D N E Z D
S B S W S H B C K L R J D N E
S H A W K D S W A N S W N D T
W M S K T R S S C R L T S C N
S W A S H B U C K L E R L R O
S W S H B C K L R S C R L T M
A D V E N T U R E S S C R L T
```

163. MOVIE COMPOSERS/CONTRIBUTORS TO SOUNDTRACKS

```
M C B B E W Z S I R R O M C C
O R W L L M S P R T M N Z R A
R P F R I E D H O F E R D P R
O N W L L M S M R S S D J N P
S T A R N O L D L C C W G T E
S R P R T M N F R P R I O R N
J S M R S S F R D L P L O G T
C O P L A N D C P D N L D R E
W L L M S P R T M N T I W C R
C O R I G L I A N O R A I R D
P R T M N M R S S H R M N P N
P R T F D E R I H S F S T N E
C O L E P R T M N M R S S T E
W L L M S C L F E N T O N R R
P O R T M A N W L L M S H J G
```

164. SWASHBUCKLER MOVIES

```
S P A N I S H C S K E L I X E
C R M S N C Y R N G L D N X L
A D V E N T U R E S P S D S E
C Y R N P R N C R M S N I C T
C R P R I N C E P R T T E R A
Y C R M S N C Y R N M S S M R
A N G L D N C R M S N D N H P
N T S C A R A M O U C H E D D
O C Y R N G L D N Q C R M S N
J M A R I A N S I R O N P N T
C R M S N C Y R N G L D N R N
G O L D E N G L D N T N I O P
C Y R N G L D N R C R M S N J
C R I M S O N S T S N I A G A
```

165. SWASHBUCKLER MOVIES

```
C S T A V O N A S A C S B G D
O T P C R M S N P R S T A O N
U R I R T A I S R E P R D S E
N D M S C R M S N D T D R T G
T S P T G O L D E N R S I R E
J T E R C R M S N B L T N D L
P P R D P R D O O L B P A S R
I R N S S T R D S T S R T T S
R T E T C R I M S O N T H P E
A S L C R M S N S R V S T R R
T M N P R I S O N E R D R T V
E C R M S N S T R D S T Q S A
S S C U T T H R O A T R K R N
M N R K S T A R D U S T D S T
M O O N R A K E R S R V S T S
```

166. SWORD & SORCERY MOVIES

```
V P M R U N C H A I N E D P J
A T A T L A N T I S V L N T T
L R M E R L I N V L N T L R N
I F V L N T S N B D C R W F A
A D P E T R I F I E D D R D I
N S N B D C R W N T G R I M G
T J L U D M I L A R S N N L L
V L N T S N B D S W R E G I T
T I B B O H C R W N C R S W N
S N B D C R W N S W R D S W R
S N N B B D T G R D A B N I S
A N G E L V L N T S N B D V L
C R W N R T S S E L H T A E D
V L N T S W R D L D M L L N G
L N W O R C B N S W O R D S W
```

167. SWORD & SORCERY MOVIES

```
S L A Y E R D R E T U R N S D
S W R D S W O R D S W R D C L
B S L A T E M B S T H S A L C
R S W R D C L S H D R G N S L
E J D R A G O N S L A Y E R T
H C L S H D R G N S L S W R D
C R B E A S T M A S T E R J D
R D R G N S C N Q S T C L S H
A S W R D C R R E R E C R O S
T C O N Q U E S T C L S H T H
H T H R O N E S W R D B S T M
D E A T H S T A L K E R S T M
S O R C E R E S S C L S H D R
S W R D C L S H M H E A R T S
E X C A L I B U R S W R D L R
```

168. SWORD & SORCERY MOVIES

```
N W S O R C E R E S S R D W T
E Z D R K N S S M S T R S Z N
V R B A R B A R I A N R D R A
E D D R K N S S M S T R S D I
R S A J N O S R D R O W S S L
E D R K N S S M S T R S D N A
N R W I Z A R D S D G R N T V
D N R H L E G E N D L G N D S
I K D E A T H S T A L K E R R
N D R K N S S M S T R S S R W
G S Q U E S T K N W O L L I W
M S T R S K N G K N I G H T S
D A R K N E S S D R K N S S J
D R K N S S M S T R S K N G H
A M A Z O N S J M A S T E R S
```

169. GHOST MOVIES

```
T Y T I T N E B J D K C A L B
S F R G H T N R S S H D W R C
E R H O R R O R S H D W J D L
O S H D W R S R E T S I S C E
H F F R G H T N R S R G H N G
C R F R I G H T E N E R S J E
E F R G H T N R S S H D H R N
C N H A U N T E D C N D A N D
F R G H T N R S G H S T D G H
C O N J U R I N G G H S O H G
I N N K E E P E R S H N W S S
F R G H T N R S G H S T S T T
G H S T C N J N A M Y D N A C
E N C O U N T E R S G H S T D
G H O S T C N S E S S I O N R
```

170. GHOST MOVIES

```
S L A N A C S X T H B C K S N
D S X T H R T S O H G S T R B
C S H P P R U N I N V I T E D
R H B E Y O N D C R M S N H K
I S X T H S H P P R P H N T B
M R O R P H A N A G E N C O N
S S H P P R B D S X T H C K H
O P B A C K B O N E H S T Q O
N S X T H S H P P R C H N G S
J C C H A N G E L I N G D Z T
S H P P R C R M S N Q S X T H
B A B A D O O K S R N U A H S
D C S S H P P R S X T H S H N
S X T H P R C A B I N S X T H
S H O P P E R C B N H T X I S
```

171. DIRECTORS

```
S N Y D R Z W C K C I W Z C K
A D A M S O N Z W C K F R S T
M N S N Y D R Y O U N G W H D
F F R M N V R Z W C K C M P N
O R S N Y D E R R N I M I A R
R Z W C K F R T S N B I R T R
S M M A N G O L D Z W C K F G
T N V S N Y D R H N A M R O F
E G V E R H O E V E N Z W C K
R Z W C K S N Y D R W K K W E
D L L U H R M A N N H N A H S
T R O U S D A L E T D G N D I
S N Y D R Z W C K R N R G N W
C A M N S C A M P I O N N G R
B I G E L O W N Y D R B H D N
```

172. ACCLAIMED MOVIES

```
G A M E L P R L E O P A R D D
P S C H M O C K I N G B I R D
S T R W B R R S P S Y C H Q R
R E R I S E D B L O H C Y S P
G S T R W B R R S S N S T R G
N T S T R A W B E R R I E S H
I R S T S T R W B R R S C L S
G P S Y C H N A C I R F A W U
A S C L O C K W O R K G L R N
R P S Y C H S T R W B R R S S
G R G O L D D T T H G I N E
S T R W B R R S P S Y C H R T
G R A D U A T E N G H T P S Y
P S Y C H D S T R W B R R S S
W A S H I N G T O N H T H O T
```

173. BLOCKBUSTERS

```
R S H R W O D N I W V N I A R
E H S R G N T R C K Y S Q S R
T R H O O D S R O C K Y P H H
U K F R S R G N T F R N S R A
R R F R A N C I S C O W E K L
N S R G N T R C K Y R N V W I
R C K Y W R N G S V N W E R L
S E R G E A N T S P R R N N E
R C K Y R C S R G N T N C G D
W R P A C I F I C S R G S S W
R S R G N T W R N G S S T H R
O S P A R T A C U S H A R N
N R C K Y W R N G S H R K G
G W R S R G N T S H R K N G S
J D S O U T H P C R K E R H S
```

174. ACCLAIMED MOVIES

```
H U N T E R W H S P R S Z H Z
T Z R D B C B I C Y C L E Z H
W H T D S P E R S O N A C H I
H V H S W T E E R C S I D V V
I G I W H S P R S T H R D G A
S S R R I L L U S I O N S G G
P N D W H S P R S N T W R N O
E D N T W R K K R O W T E N Z
R W H S P R S S R C H R S G H
S E A R C H E R S D C T T R V
S R C H T N E C I F I N G A M
S U N D A N C E W H S P R S S
W H S P R S D M I D N I G H T
A P A R T M E N T D S C R T T
D I C T A T O R W H S P R S D
```

175. SPORTS MOVIES

```
T O N Y A M C G R R C L R R S
M C G R R S T I M I L D S O L
L G H T S T L L L D G T L L L W
T A L L A D E G A D L I W O L
L G H T S S L W Y E L G L C Y
I N V I C T U S D V D H Y S L
M C G R L G H T S O G T D S R
L O N G E S T S W L L S S D S
L G H T S T L L D G L T R S L
C I N D E R E L L A G L O L O
T L L L D G S L W L Y H L O W W
I N V I N C I B L E T D K L L
M C G R L G H T S R D G I Y Y
M A G U I R E T L L D G E R D
U N I T E D G T H G I E S D T
```

176. FANTASY MOVIES

```
S S F O R B I D D E N S P G E
P D S T R Y R S P W N S C N A
A R G N T L M E R I S E D T S
W S C A M E L O T S P W N L T
N R S C O R P I O N G G D M W
D S T R Y R S P W N N N E N I
J P S N B D A B N I S T S P C
D M A L A D D I N P L L T C K
R R G N T L P E E L S M R T G
O S P W N D S T R Y R N O R N
W W M U S E U M G N T P Y S T
S D S T R Y R S P W N C E W L
G R G E N T L E M E N T R R M
D S T R Y R S P W N D R T D N
P I C T U R E T K R U L L H R
```

177. ACCLAIMED MOVIES

```
D O O D L E B R D S R E D I R
L Y N D N C L M N T N D H R S
L Y N D O N D S H A N E T D H
C L M N T N T L Y N D N B M N
A M E R I C A N H S T L R P D
L Y N D N C L M N T N D I T N
R E D E M P T I O N B N D N A
C L M N T N H L Y N D N E L H
E M P E R O R C L M N T N Y H
L Y N D N H S T L T A E H N D
W E E K E N D H S T L Y N D N
L Y N D N P B L H U S T L E R
C L E M E N T I N E L Y N D N
C L M N T N G R N P B L C W K
G R E E N W K N D C I L B U P
```

178. ACCLAIMED MOVIES

```
T W S T T N G T S I W T C T
A W M Y S T I C T W S T R N S
N S T W S T P N S T T N G V I
G T C R S H E I S T O O T R N
O Y T W S T P N S T D R T S A
J C O N V E R S A T I O N T I
R R T W S T J C K T S C R N P
E S A F T E R N O O N N H C R
Q R J C K T C R S H L V O N S
U V N A P O L E O N S R O V E
I R T W S T J C K T R S D R O
E R R E S E R V O I R T C S H
M G T W S T J C K T D N R T S
R H G T C R T H G I R D H N G
J A C K E T C R S H H S A R C
```

179. ACCLAIMED MOVIES

```
D O Z E N G R S S Y B A B S D
G R S S B L Z N G L M N L G H
M O O N L I G H T G R S S D S
B L Z N G F V R D L A M I N A
N A S H V I L L E G N G S D N
G R S S B L Z N G G N G S R G
S L U M D O G G R E V E F D A
B L Z N G W L N K G G R S S N
B L A Z I N G G S E N U D T G
G R S S B L Z N G W L K N R S
W A L K I N G S G N Y B A B D
B L Z N G S L M D G S G R S S
S U N S H I N E S L M D G D S
B L Z N G J G R S S S S A R G
T R A I N S B L Z N G G R S S
```

180. BLOCKBUSTERS

```
F B R O B I N S O N L V S B J
O L P H A N T O M J D G L Z
R L J U D G M E N T S N N L Y
C S K N G H T B R D W Y P S N
E V A V E N G E R S J D G M N
K N G H T B R D W Y H T B R U
L I V E S G H T S L L E B L S
K N G H T B R D W Y Z K J D B
J B E G I N N I N G K N G K T
J B K N G H T L B R N G L N L
E L B R O A D W A Y G H L I S
D L B R D W Y B R D H T S G L
I S C O V E R E D L T H G H S
K N G H T B R D W Y J D R T G
R I V E R D Z E D A R A P S R
```

181. MOVIES ABOUT THE INTERNET

```
N D D I S C O N N E C T N D R
E S C Y B R F L L Y C N D S Y
T C U N F R I E N D E D C C C
W N S W R D F S H F L L N N I
O N I N V E N T I O N J N N L
R C C Y B R F L L Y D Z C C B
K T C Y B E R B U L L Y T T U
S W R D F S H N T W R K W D P
T R S H A R E R E V R E N S L
E S W R D F S H N T W R K C T
R C W E B R C A N D Y N M N R
M T R C Y B R F L L Y D A N U
S J C A T F I S H D R C T C S
C Y B R F L L Y S W T N C T T
S W O R D F I S H R D H H J N
```

182. ACCLAIMED FOREIGN MOVIES

```
D S S T R A W B E R R I E S R
O P S T R F L O R E T T E S S
L R E W B R N O I S U L L I H
C N M G B Y C Y C L M D L S M
E G A V R A S H O M O N S P S
D S G N T H D B Y C Y C L R T
S P L D I A B O L I Q U E N R
A R W B Y C Y C L S V N T G A
M N A S V N H T N E V E S T D
U G G S V N T H S T Y R C N A
R R E S S O L A R I S S P R N
A S S B Y C Y C L S T R W B R
I D S T R W S A T Y R I C O N
B Y C Y C L S T R W S V N T H
B I C Y C L E R D G N I R P S
```

183. ACCLAIMED FOREIGN MOVIES

```
O R T E M W H S P R S N N T N
C N F R M S T F R N T I G I O
C O N F O R M I S T C G H G I
W H S P R S F R N T C H T E S
W H I S P E R S S W P T S R S
B T T L S C N F R M S T R S A
B A T T L E S H I P R S S N P
C N F R M S T F R M S C E G L
S C H O C O L A T E Y R C H S
R T G R C N F R M S T T R T W
E G M A R R I A G E M N E S E
G C N F R M S T C Y B L T W P
I R C Y B E L E F R N T C S T
T W H S P R S C N F R M S T Z
C Z C I T N A R F J N O N A M
```

184. ACCLAIMED FOREIGN MOVIES

```
T E S T A M E N T T S T L B L
S P R T N D L C T S S N B E A
C H I L D R E N P S T M Y A B
R L S E P A R A T I O N R U Y
A B P O S T M A N C H L N T R
M Y D L C T S S N P S S T I I
A R R D E L I C A T E S S E N
R N S P A R A S I T E F S S T
C T P A S S E N G E R P S N H
O H D L C T S S N T S T M N T
R P T S A E F M R C E C A E P
D R D L C T S S N M R C R D Z
N P A R A D I S O T S T M N T
S F R T S S U T A R E F S O N
B E A U T I F U L B T F L F S
```

185. MOVIES BASED ON VIDEO GAMES

```
S H D N O G A R D C M M C H T
U T H T M N C M M N D R R T A
P M C O M M A N D E R R O M B
E N C M M N D R P S T L F N M
R S H S L A T S O P C R T S O
J L I L P S T L K N G P Y L K
S N T N K I N G D C R Y R N H
I T M T P S T L D R P S D T T
L S A P Y P A Y N E F G S H M
E L N C M M N D R S T L L H N
N D R P S F I G H T E R N T F
T C M M N D R P S T L S T M G
D Z D A R K C M M N D R R N H
P S T L D R P S P S T L K N T
D O O M R P S T L E S U O H R
```

186. BLOCKBUSTERS

```
X S H U N D R E D G R G G G D
R T C N N C T N X R C D O D E
E X O R C I S T X R C F D F R
M R C L J N G L D Z R T F T I
C O N N E C T I O N R H A H P
T W R S C N N C T N T R T R M
G R A D U A T E M R C L H T E
C N N C T N J N H T R A E W M
J M W R S C N N C T N T R R R
U R L O N G E S T M R C L S C
N R R C N N C T N D M E R R Y
G Y R E T U R N M R C L S D R
L C N N C T N Z C S R E W O T
E D M I R A C L E M R C L J D
Z H O R S E M A N L N N O I L
```

187. MOVIES BASED ON VIDEO GAMES

```
T T W A R C R A F T R T R T S
E K M N C R F T H D G R A R I
K K C R D P D E E R C G M G L
K N M N C R F T R S T G P G E
E R R E S I D E N T R R A R N
N S H D M N C R F T G R G T T
J M I N E C R A F T G P E S D
A W H E D G E H O G R R P T D
I T H N T R K M N C R F T R E
S H R M P G R E G G I R T G E
R N P I K A C H U H N T R G P
E M N C R F T H N T R C R R S
P R W I T H I N R M P G C R F
H N T R R M P G H M N C R F T
M O R T A L H N T R E T N U H
```

188. BLOCKBUSTERS

```
R E B O R S H S S E O H S K W
C S N G N G C N R M S T R Y K
R T S I N G I N G M S C S S W
O R C M M N D M N T S M T T A
S Y T N T C I S U M M S O N H
S G T N T C S N G N G H R G J
S N G N G S T N G R B D Y C A
C O M M A N D M E N T S R R R
S N G N G S T N G S N K S S M
C I N E R A M A S N K S T S Y
S T N G S N K S D G U N S Z R
T I T A N I C S N K S S N K R
N D M N T M S S C T G N I T S
S N G N G S T N G S N K S D T
I N F E R N O J D Z E K A N S
```

189. HORROR & SLASHER MOVIES

```
C H A I N S A W C H N S W L C
M A N I A C C H N S W E C A L
C H N S W S N S T R S V R N C
B I R D Y D E L I R I A B R D
S V R N C S T C H N S W S A W
S E V E R A N C E R L A S W S
C N D Y M N S T P F C L T H T
C A N D Y M A N C L H I P I P
S N S T R C N D Y M N C F L F
S T E P F A T H E R D E T L T
C H N S W C N D Y M N Z H S H
S T R A N G E R T R C N R D R
S N S T R W S N S T K E E R C
S I N I S T E R C N D Y M N Z
C H N S W S N S T R Q L I A T
```

190. HORROR & SLASHER MOVIES

```
H E L L B E N T S C R M P R H
H T C H T F R D D R P A R P O
V A L E N T I N E T R E W R U
M T H T C H T S P T W R L W S
P R O W L E R R R E L C R L E
H T C H T Y R P W R R S D R S
S O R O R I T Y L R S C R M N
H L L B N T F R R O N S C R M
M O T E L F R D D R D Y E R P
H L L B N T S M M H T C H T R
F R E D D Y D K T S I R U O T
H T C H T H L L B N T H T C H
S U M M E R H T H L K R A D R
H L L B N T H T H L H T C H T
D A W N W H A T C H E T L B N
```

191. HORROR & SLASHER MOVIES

```
T T O O L B O X R T P E E R C
L T L B X N G H T M R C B N H
N I G H T M A R E C B C H H L
M D N G H T S T R N G A L E P
I N I T I A T I O N J B P L R
M D N G H T S T R N G I R P H
M Z F R I D A Y W W X N H E N
I M D N G H T P R M P H N R T
D N G H T P M O R P R L H H L
N S T R N G H T S T M P A L L
I R S T R E E T A R E R U P E
G M D N G H T T R N P F N R H
H N S T R A N G E R R R T H T
T M D N G H T T R N M D Z N R
S T R N G R E K E E R Y W A X
```

192. HORROR & SLASHER MOVIES

```
L L C H C K Y S L L E T S O H
E G H A L L O W E E N C H R Y
G N C H C K Y J R E B M U L S
E S U O H R E T H G U A L S N
N C C H U C K Y G R N S K P R
D H G R N S K P R Y R R E H C
J G R E E N S K E E P E R R Q
B A S E M E N T G R N S K P R
C H C K Y R Q S T N A M D A M
L T H R M A L E V O L E N C E
G R N S K P R L T C H C K Y R
L E A T H E R F A C E M T L R
C H C K Y R M U T I L A T O R
G R N S K P C H C K Y R Q S T
R E Q U E S T J S U M M E R Z
```

193. MOVIES RECEIVING MIXED CRITICAL REACTIONS

```
E A R T H S S S H O W G I R L S
H L L W D G L T T R H W R D Z
G L I T T E R J Z D R A W O H
E H L L W D G L T T R H W R D
N S O V E R D R I V E S S S V
I R C W G R L S S H W R U R L
U P G I G L I H H V L P R P Y
S R C W G R L S T C W R P R E
E S H D S N W L A D Z S R S L
S H D C O W G I R L S D I R L
C W G R L S S H D S N W S S A
N O S D U H S H D S N W E J V
C W G R L S W L D L I W S Z R
H L L W D G L T T R H W R D S
H O L L Y W O O D Q H T R O N
```

194. ANIMAL MOVIES

```
J O E Y D N R A D P N Y D Z T
J M N J F R N C S Y N O P B H
M I G H T Y M G H T Y F R R G
I M G H T Y F R A N C I S G I
R D B R J M N J F R N C S H R
A B J U M A N J I D D F M T B
C J M N J F R N C S B L R M B
L R D U N S T O N D R U C R R
E M J M N J F R N C S K L C G
M G H T Y J N G L N S E F L H
D O B E R M A N J N G L L K T
J D M G H T Y Z S H O R S E H
P U R P O S E M G H T Y W L R
J M N J F R N C S M G H T Y S
J U N G L E J N G L Z W O L F
```

195. AWARD-WINNING ACTORS (MALE)

```
Y T R C I N U M T R E L B A G
C R L G H T N M C L G L N T B
A C M C L A G L E N R T M R B
R Y L G H T N M C L G R A C E
T R L A U G H T O N C C R Y E
L G H T N M C L G T B Y C H R
B A R R Y M O R E R R J H M Y
H P K N S J N N G C M N H D K
J A N N I N G S T Y D E M H A
B S M N J N N T H P K N S D Z
B O S E M A N R H O P K I N S
J N N G S Y N C B S M B S M N
R N A M D L O Y M C L G L N D
B S M N M C L G L N R S Q T R
Z D Y E U N L H T S S I L R A
```

196. MOVIE COMPOSERS/CONTRIBUTORS TO SOUNDTRACKS

```
A B E L L I N G T O N V S C L
R R C L L W Y P R T R S E V I
M B C A L L O W A Y W L L R S
S C P R T R W L L R C L L W Y
T K M I L L E R D R E K R A P
R C L L W Y P R T R W L L R D
O S G O O D M A N R B R P B D
N C L L W Y H W K B R B R R O
G N B R U B E C K R L R I B R
P R T R P R K R D L N B M C S
H A W K I N S W Y N Z C A K E
C L L W Y P R T R S R K B Q Y
P O R T E R R W A L L E R S D
P R T R P R K R D L C L L W Y
N I L R E B S D W I L S O N H
```

197. COMEDIES

```
N P N T P A N T H E R P N T G
U C M N G T O O T S I E S L N
T D G E N E R A L S C N D R I
S F R N K N S T N Z L N D R M
Z Y L L A S Q L A M I N A T O
O Z L N D F R N K N S T N R C
P L S C O U N D R E L S Z N D
E F R N K N S T N S C N D R L
R N Z O O L A N D E R S D D L
A D Z L N D R F R N K N S T N
J E L T S A C H S E L D D A S
B R I D E S M A I D S L D D S
F R N K N S T N B R D S M D S
G H O S T B U S T E R S G H S
F R A N K E N S T E I N B S T
```

198. HEROIC CHARACTERS

```
S R R U E T T I G E R T G S T
T D V N P R T S T R K B K L T
A V D A V E N P O R T R L L E
R N D V N P R T S T R K J N K
K P D U F R E S N E Z D S B C
S R L D V N P R T S T R K R E
S U L L E N B E R G E R D G B
S T S D V N P R T S D Z J R D
L A L C E L I E R L Y N N U M
L R L D V N P R T B A S T R K
N A N M O R G A N N R A M B O
B G B D V N P R T B S T R K S
R O R J O N E S R R O R R O Z
G R G D V N P R T G G S T R K
R N R B O N D S T R T F A H S
```

199. MOVIES RECEIVING MIXED CRITICAL REACTIONS

J	B	S	T	R	I	P	T	E	A	S	E	F	R	D
U	N	C	N	Q	R	R	F	R	D	D	Y	F	R	B
S	F	I	S	L	A	N	D	Q	Y	D	D	E	R	F
T	R	C	N	Q	R	R	F	R	D	D	Y	F	R	B
I	C	C	O	N	Q	U	E	R	O	R	C	N	Q	S
N	N	K	N	G	R	T	R	B	L	S	T	T	A	O
S	A	D	R	E	N	A	L	I	N	R	R	R	D	N
J	S	T	N	F	R	B	D	D	N	B	O	B	N	J
F	O	R	B	I	D	D	E	N	K	L	U	L	O	A
J	S	T	N	F	R	B	D	V	R	K	B	K	C	S
I	N	D	E	C	E	N	T	R	E	N	L	N	A	N
K	A	N	G	A	R	O	O	J	V	G	E	G	N	J
S	T	R	P	T	S	J	D	Z	O	R	D	R	A	R
C	N	Q	R	R	F	R	D	D	Y	F	R	B	D	S
B	O	N	F	I	R	E	Q	D	A	E	R	D	R	T

200. TWENTY-FIRST CENTURY ACCLAIMED MOVIES

P	A	R	A	S	I	T	E	W	N	N	E	M	O	W
B	W	O	D	N	I	W	J	K	R	S	T	R	Y	J
T	B	M	B	S	H	L	L	Q	R	E	K	O	J	J
F	E	R	R	A	R	I	S	K	T	B	R	D	L	M
F	R	R	B	M	B	S	H	L	L	B	F	F	S	A
S	T	H	O	L	L	Y	W	O	O	D	C	A	F	R
Y	B	M	B	S	H	L	L	R	C	K	T	C	C	R
R	R	B	O	M	B	S	H	E	L	L	R	T	T	I
O	S	K	T	B	R	D	R	C	K	T	Y	O	R	A
T	C	R	O	C	K	E	T	M	A	N	C	R	Y	G
S	S	K	T	B	R	D	R	C	K	T	M	Y	R	E
B	M	B	S	H	L	L	M	R	R	G	S	K	T	B
S	K	A	T	E	B	O	A	R	D	R	L	O	V	E
S	K	T	B	R	D	S	B	M	B	S	H	L	L	S
D	Z	Y	D	U	J	J	D	Y	T	I	B	B	A	R

201. DIRECTORS

M	L	M	E	Y	E	R	B	Y	L	C	N	E	O	C
Y	V	N	S	P	T	T	S	W	D	S	D	Y	C	L
C	R	O	N	E	N	B	E	R	G	C	R	N	B	R
S	P	T	T	S	W	D	R	D	C	R	N	B	R	G
L	E	V	I	N	S	O	N	B	L	E	L	Y	O	B
J	S	S	P	T	T	S	W	D	W	B	B	W	B	B
S	T	L	I	M	A	N	S	T	E	K	I	I	M	S
T	N	S	T	N	T	N	S	H	D	Y	C	R	S	B
A	T	A	L	F	R	E	D	S	O	N	R	M	T	B
N	N	S	H	S	H	A	D	Y	A	C	N	N	N	E
T	H	H	O	W	A	R	D	R	S	T	N	T	N	W
O	S	P	T	T	S	W	D	S	T	N	T	N	D	Z
N	D	S	P	O	T	T	I	S	W	O	O	D	E	R
S	P	T	T	S	W	D	S	W	D	S	T	N	T	M
S	T	A	L	L	O	N	E	Z	S	R	A	E	R	F

202. TWENTY-FIRST CENTURY ACCLAIMED MOVIES

B	O	H	E	M	I	A	N	B	H	R	O	M	A	R
P	N	T	H	R	F	V	R	T	S	T	R	B	L	T
P	A	N	T	H	E	R	S	K	N	R	A	T	S	S
V	C	P	N	T	H	R	F	V	R	T	S	K	N	B
F	A	V	O	U	R	I	T	E	S	V	I	C	E	L
S	P	D	R	S	N	T	N	C	P	R	D	S	V	N
M	R	B	E	A	L	E	R	S	O	L	O	S	D	E
A	S	P	D	R	S	N	T	N	C	S	P	D	R	E
N	S	S	E	N	T	E	N	C	E	P	N	T	H	R
S	P	D	R	B	L	K	L	N	S	M	N	S	D	G
B	T	N	I	K	S	B	L	K	L	N	S	M	N	G
A	S	P	D	R	B	L	K	L	N	S	M	N	Z	J
O	K	S	P	I	D	E	R	S	P	D	R	S	K	N
S	P	D	R	B	L	K	L	N	S	M	N	K	L	S
B	L	A	K	K	K	L	A	N	S	M	A	N	M	N

203. THRILLERS & MYSTERIES

O	I	R	A	C	I	S	R	D	C	E	R	C	L	E
C	L	V	R	F	L	D	M	C	H	N	D	P	P	N
L	B	L	O	W	R	S	E	A	R	C	H	I	N	G
M	C	L	V	R	F	L	D	S	R	C	H	N	G	D
A	L	L	O	O	K	D	Z	E	S	I	R	N	U	S
C	K	S	N	R	S	C	L	V	R	F	L	D	D	S
H	P	P	E	E	P	I	N	G	S	C	R	R	D	D
I	S	R	C	H	N	G	R	S	C	L	V	R	F	O
N	P	C	L	O	V	E	R	F	I	E	L	D	R	O
A	C	L	V	R	F	L	D	C	H	N	G	R	S	L
K	S	A	S	S	A	U	L	T	L	D	C	T	C	B
S	S	R	C	H	N	G	R	F	L	D	S	R	C	H
K	C	C	O	N	V	E	R	S	A	T	I	O	N	D
Y	T	C	L	V	R	F	L	D	C	T	C	H	V	S
H	C	H	C	T	A	C	C	T	C	H	T	S	A	V

204. TWENTY-FIRST CENTURY ACCLAIMED MOVIES

S	E	P	A	H	S	H	P	D	U	N	K	I	R	K
D	N	K	R	K	B	L	L	B	R	D	S	T	N	Y
B	I	L	L	B	O	A	R	D	S	D	N	K	R	K
D	N	K	R	K	B	L	L	B	R	C	O	C	O	R
T	H	R	E	A	D	T	H	R	D	R	N	N	R	N
T	H	R	D	R	N	N	E	M	A	N	N	M	T	R
O	R	T	O	N	Y	A	T	H	R	D	R	N	N	E
U	T	H	R	D	R	N	N	F	N	T	S	T	C	N
T	S	B	A	S	K	E	T	B	A	L	L	R	D	N
B	S	K	T	B	L	L	F	N	T	S	T	C	H	U
F	A	N	T	A	S	T	I	C	D	Z	J	D	R	R
B	S	K	T	B	L	L	F	N	T	S	T	C	H	S
T	R	A	F	F	I	C	D	M	C	H	I	L	D	R
D	N	K	R	K	B	L	L	B	R	D	S	T	N	Y
D	A	R	K	E	S	T	D	S	U	R	A	C	I	S

205. CLASSIC FILM NOIR

```
D E S P E R A T E D T F E A R
C R R N T W H R P B D R M V Y
W H I R P O O L Z R E D R O B
C R R N T W H R P M O V E D J
T D Y D A L C R R N T W H R P
R R C R R L L S S T E E R T S
I S C A R R O L L S S T R T T
U N C R R N T W H R P R R L L
M B S T R A N G E R S T D D Z
P L C C R R N T W H R P A N O
H N I N S T I N C T N N N G O
S N T W H R P R R L G G G T B
R E A S O N A B L E T T E B M
C R R N T W H R P H B B R M A
U N D E R C U R R E N T N B B
```

206. SPORTS MOVIES

```
R R S R H U R R I C A N E G M
I D R D M R D R B L L Y N K S
D N A N G A M E R L D N I L B
I G E G M R D R B L L Y N R S
N B B Y A N K E E S M R D E
G R D R T N K S Y N K S D N T
L S G S C L S E U G A E L G A
M I R A C L E S N G T N S B R
R T N K S Y N K S G N O S R A
M U R D E R B A L L G T N S K
R T N K S Y N K S Y N K S G G
S A N D L O T D B S N A T I T
C T N K S Y N K S Y N K S G G
R O U N D E R S C H R T S R B
C H R T S R B C H A R I O T S
```

207. WESTERNS

```
M I A L C W W H I S P E R E R
W H S P R R S L V T N S V N S
K E E P I N G R B G N E V E S
S H S P R R S L V T N S V N G
S A L V A T I O N L G N M D T
S P R R S L V T N S V N I J D
R R V R L E G E N D S S S S E
E W H S P R D S L V T N S R A
V R W E S T E R N W S T I P D
O D H S P R R S L R T N N H Q
R R S E R A P H I M Q C G M C
W H S P R R S L V T N D S K K
M A V E R I C K T R K C I U Q
W W H S P R R S L V T N K L R
K I L L E R K L L R R G A T E
```

208. COMING-OF-AGE MOVIES

```
O C T O B E R S Y E L L E R T
P R D T B M S C K S C N T N H
H C T A P T H N Y N O P D T M
B L K B R D S T H N G M S H O
P E R D I T I O N T H N G N O
M S K P R D T B M S C K G G N
X R S C E N T R T H I N G L K
N T H N G M S K B L K B R D Z
O S C N T P R D E C N A M O R
R P R D T B M S C K S C K B Z
B S C N T B L A C K B O A R D
P R D T B M S C K B L K B R D
O L E A N D E R M S K K S A M
S C N T L K P R D T B M S C K
F A M I L Y D S C N T S Y O B
```

209. SPY/INTRIGUE MOVIES

```
O C T T R U E D K D C E M A G
C N C N F S S N N I N W T R C
T F F A L C O N G A F R I A F
O S S N K R S F S L S N K R S
B S F L C N C N M P S C N D R
E N C H R L S N N S N W T R C
R K C O N F E S S I O N S D Z
C N F S S S N K R S W T R C
K I N G S M A N J R O D N O C
S N K R S W T R D C N F S S N
W A T E R C L S R E K A E N S
C N F S S N K R S W W T R C T
C A U T I O N D C H A R L I E
F S S N S N K R S C N F S S N
O F F I C I A L J E A G L E S
```

210. COMEDIC ACTORS

```
G O L D B E R G M R X R A E M
S N D L R H D D S H M R T N R
C H A P P E L L E M R P H Y X
R M M R P H Y X Z Y H P R U M
H R S A N D L E R H R D Y H M
A T R H D D S H M R T H D D R
D M G L E A S O N S R D Y D X
D S M R P H Y X S N T D K S Y
I N J R E N I E R D M S E H E
S D D P H Y X S H L S H H S N
H L P H Y X S A B B O T T N R
D M A R T I N P H Y X S J D A
Z M R P H Y X H A R D Y D L C
S N D L R H D D S H M R T N R
M A R X H R D Y N E L L A D Z
```

211. SCI-FI MOVIES

```
J G D Z R E M I R P T G J J Z
U T G T T C B R Z G C H R R R
R T G A T T A C A H J O S S E
A C T C B R Z G C S R S S S K
S J L L I Z A R B T S T D D L
S R T C B R Z G C K S T C C A
I S D I S T R I C T D R R R T
C S Z G C A L I E N S K B B S
J D C L O C K W O R K R C C T
T C G T T C B R Z G C B P P R
R R R O B O C O P D A R I K A
E B T G T T C B R Z G C R M N
K C C H I L D R E N C B R Z G
D P T C B R Z G C K S T C C Z
T E R M I N A T O R D Z M A X
```

212. TWENTY-FIRST CENTURY ACCLAIMED MOVIES

```
M O O N L I G H T J H S E L F
M N L G H T F A Q R S J N G L
L A N D M N L C D J U N G L E
Q R S J N G L K M N L G H T S
H M A N C H E S T E R H L M N
S L S M N P Q A Z S J N G L G
S E C N E F Z W L S M N P Q R
M N L G H T R S J N G L J P L
F A N T A S T I C H T R S P A
G H T R S J N G L J G H T S V
A M E R I C A R R E P I P N I
H T R S J N G L J G H T S G R
S A L E S M A N J S I N G R R
M N L G H T R S J N G L J S A
D A U Q S D G H E L M E T S S
```

213. TWENTY-FIRST CENTURY ACCLAIMED MOVIES

```
Z O O T O P I A S P S D A O R
R V N N T S P T L G H T D N S
S P O T L I G H T J S E I P S
V N N T S P T L G H T D N S M
R E V E N A N T D S H O R T C
R V N N T S P T L G H T D N H
D A N I S H Z H A T E F U L N
J D N T S P T L G H T D N S D
M C M A C H I N A S P T L G N
O H N T S P T L P E D I S N I
O N H N T S P T L T D N S C S
R D B E A R T L G H T D N H A
P N S P T L P R I C E Z D N M
R J N N T S P T L G H T D D Y
C D S A U L D N T S P T L N D
```

214. TWENTY-FIRST CENTURY ACCLAIMED MOVIES

```
E R T C E P S S T R R B Y H D
T R R B Y H C B I R D M A N Z
S B C T Z N F R B D S B L J W
T D B U D A P E S T T D R R H
U P T Z N F R B D S T P E B I
T S I M I T A T I O N S P D P
T T C T Z N F R B D S T I P L
E T B O Y H O O D D G T N S A
R H T Z N F R B D S B H S T S
E R I D A D Y R O E H T D T H
R Y H T Z N F R B D S B H H G
J C I T I Z E N F O U R S R H
S E L M A N F R B D S B C Y E
Y H T Z N C H O T L I N E D R
I N T E R S T E L L A R R Z O
```

215. TWENTY-FIRST CENTURY ACCLAIMED MOVIES

```
D P H O N E Z J E C I L A P H
P H N D L L S G R V T Y J S M
F E A S T D L L S G S R A E Y
J H N D L L S G R V T Y J S D
G R A V I T Y J D S A L L A D
R S N D L L S G R V T Y J S Z
N N J A S M I N E H L M G R G
E D N D L L S G R V T Y J S R
Z L N U M B E R L L S G R V E
O N D L L S G R V T Y J S Z A
R L M U I L E H L S G R V T T
F S N D L L S G R V T Y J S Z
D B E A U T Y D S T A R D O M
J H N D L L S G R V T Y J S D
H U B L O T L S G R V T H E R
```

216. TWENTY-FIRST CENTURY ACCLAIMED MOVIES

```
S K F L D J N G S L I F E G R
L I N C O L N K F L D J N G O
K F L D J N G S K F L D J N G
Z P S K F L D O G N A J D J R
E L R U O M A S K F L D J D A
R Y L D J N G S K E V A R B D
O B I N O C E N T E R D S F Z
H K L D J N G S K D C F T P S
S K Y F A L L J S Z U P S L U
K F L D J N G S K F R L I Y G
P A P E R M A N R D F Y T B A
H K L D J N G S K D E B R K R
K A R E N I N A R D W K A F D
K F L D J N G S K F L D J N C
P L A Y B O O K K F L D J N C
```

217. TWENTY-FIRST CENTURY ACCLAIMED MOVIES

```
H D I R O N H L H E L P P D S
U S D S C N D T S M P P T S S
G C D E S C E N D A N T S C I
O N T S C N D T S M P P P N R
R D D R A G O N C N D T E D A
Z T R S C N D T S M P P E T P
U N D E F E A T E D D S C D S
D S C N D T S M P S C N H R V
G N I V A S S C N D T S M T N
S C N D T S M M U P P E T S G
B E G I N N E R S S E R O H S
D S C N D T S M P P T S D T S
F A N T A S T I C V R A N G O
J S C N D T S M P P T S D T D
S E P A R A T I O N M P P T S
```

218. TWENTY-FIRST CENTURY ACCLAIMED MOVIES

```
W O N D E R L A N D S N A W S
W N D R L N D S T R N G R S D
B B T E V O L J T H I N G D Z
E N D R L N D S T R N G R F K
T J W O L F M A N D R Z I G R
T D R L N D S T R N G R N H O
E J D Z R E K C O L R T S T W
R S R L N D S T R N G R I R T
J P R E C I O U S R S T D B E
D D R L N D S T R N G R E T N
S T R A N G E R S R N G R T Z
R N D R L N D S T R N G R S D
F I G H T E R D A V A T A R J
D N D R L N D S T R N G R S D
I N C E P T I O N D S T O R Y
```

219. TWENTY-FIRST CENTURY ACCLAIMED MOVIES

```
U P V H E A R T C T K E R T R
V C T R T N N T S L M D G K N
I N G L O U R I O U S M L K P
G C T R T N N T S L M D G K R
V I C T O R I A P R D N I L B
S C T R T N N T S L M D G K D
P R U D E N C E P R P P S P K
T R T N N T S D R K R R E R E
T E N A N T S N D N D D C D V
S C T R T N N C N I N N R N O
S L U M D O G M C G C C E C C
T S L M D G K L M H M M T M V
B E N J A M I N L T L L D L S
L G T R T N N T S L M D G K T
L O G O R A M A M L K M I L K
```

220. TWENTY-FIRST CENTURY ACCLAIMED MOVIES

```
W W D E P A R T U R E S D D D
A D P R T R S R D R C L R C U
L D R C A N I T S I R C S H C
R S M I L E P R T E R I W S E
D Z P R T R S R D R C L C Y S
R J M A I S O N L V I E H T S
E R P R T R S R D R C S S O D
D J A T O N E M E N T S S Y C
A L P R T R S R D R T Y Y L H
E R C L A Y T O N H H R R A S
R S P R T R S R D R R D D N S
J U L T I M A T U M Y H H D Y
D Z P R T R S R D R D S S T R
C O U N T R Y R S R D O O L B
```

221. TWENTY-FIRST CENTURY ACCLAIMED MOVIES

```
R A T A T O U I L L E G L D N
P C K P T S D R K G L O N U J
S W E E N E Y H S N E D L O G
C K P T S D R K G L G L D N S
D A R K G O N C E R G L S T S
F R H L D L B Y R E T E P S U
D L E H E E R F L G L S T H N
E L I Z A B E T H S L R T R S
D E P A R T E D L R Y H S M H
D R H L D L B Y R H L D L B I
L A B Y R I N T H L G L D N N
D R E A M G I R L S P L L K E
C O U N T E R F E I T E R S S
H K P T S D R K G L G L D N R
P I C K P O C K E T S P L L K
```

222. TWENTY-FIRST CENTURY ACCLAIMED MOVIES

```
Q N Q U E E N B B L L E B A B
S C T L N D B R K B C K P R T
I N C O N V E N I E N T L M J
L C T L N D B R K B C K P R A
P I R A T E S J M T E E F T M
T C T L N D B R K B C K P R I
D J S C O T L A N D D S T G J
A M J L N D B R K B C K Z E S
N C A N T O I N E T T E Z I O
I R Y L N D B R K B C K H S T
S S Y I N G Z H O U K B C H H
H H B L N D B R K B C K H A E
C B R O K E B A C K B N K J R
R R B L N D B R K B C K H D S
S R S H H S A R C D K N A B Z
```

223. TWENTY-FIRST CENTURY ACCLAIMED MOVIES

```
K N G N R E T O P A C N N W W
G P G R D N R P N G N P A P A
N N G A R D E N E R G N R N L
O G P R D N R P N G H G N G K
K N J Z E L I S U H S N I N T
H S A V I A T O R D T S A S G
S T P E N G U I N S R T R T S
Y R Z R D N R P N G M R T R R
R M T R S I S T O S T M R M E
I P B R D N R P N L M T I P T
A H G R O M I T J D Z H U H O
N C J Z D N R P N L M S M C O
A N M I L L I O N R S N P N H
D T B R S N R P N L M V H V S
C O N V E R S A T I O N D R S
```

224. TWENTY-FIRST CENTURY ACCLAIMED MOVIES

```
E V E N T S L M I G H T Y M W
M T R C Y C L M G H T Y J G A
S H S U N S H I N E C L M H S
P T R E T U R N G H T Y J T P
I Y M O T O R C Y C L E P Y T
D B R C Y C L M G H T Y F B S
E R B J T M D E D I S N I R Y
R T B R T H L M G H T Y S T A
R B R O T H E L S T H L M H W
T B R T C L M G S R Y A N L E
C O M M A N D E R H T Y S D D
N E V E R L A N D T H L M C I
D G R C Y C L M G H T Y F M S
I N C R E D I B L E S H T N R
D G R C Y C L M G H T Y R A Y
```

225. TWENTY-FIRST CENTURY ACCLAIMED MOVIES

```
M Y S T I C M M O U N T A I N
T R N S L T N M Y S T C M N S
T R A N S L A T I O N M R S O
V R N S G T N M R S T C M T M
I N V A S I O N S P Q R J X E
J R N S D T N M F S T R D Y N
R E T S N O M N S L T N M Y S
N S D T N M F S R E I D L O S
C H I C A G O N S D T N M F T
J R N N D Z N R F R I D A F W
P I A N I S T J D Z R S D R A
T O W E R S T S H O U R S D R
Z R N S D T N M F S T R M D N
C H E R N O B Y L D T N M F S
C R B S R T B M T E P M U R K
```

226. TWENTY-FIRST CENTURY ACCLAIMED MOVIES

```
P E R D I T I O N H R K L A T
H R H A R B O R S P R T D H R
A D A P T A T I O N C L M B C
F S P R T D H R C L M B N S H
R L M B N D E T I R I P S C A
I Z S P R T D H R L M B N H R
C O L U M B I N E D H R C R M
A P R T M O N S T E R S J M I
G B E A U T I F U L P R T N N
S P R T S P R T D H R S D G G
R R F E L L O W S H I P S D R
E S S P D S P R T D H R S R H
W T G O S F O R D D Z J S D R
O W Z P D J P S P R T D H R S
T R J K W A H D Z N I L U O M
```

227. TWENTY-FIRST CENTURY ACCLAIMED MOVIES

```
I T T R A I N I N G D L L A B
R R B R C K V C H B R D S T G
I N T H O T H S S D R I B R K
S G B R D S R B R C K V C H E
R S U N D A Y B R D S F M G R
L B R D S F M N O G A R D B H
A B R C K V C H B R D S W R S
N J B R O C K O V I C H L C R
D D B R D S G L D T R F F K T
G F A M O U S T D B T S D V R
L C C N T N T R E D N O W C A
D B R C K V C H C N T N T H F
G L A D I A T O R T R F F W F
C N T N T B R C K V C H X N I
A C C O U N T A N T Z J S D C
```

228. ACCLAIMED MOVIES OF THE 1990S

```
D I S C I P L E S P M P M I G
S H K S P R S P T M B R T R V
I N T E R R U P T E D P R S P
J S H K S P R S P M O T H E R
S H A K E S P E A R E P T M B
S H S H K S P R T M B R T R V
T R S M A N M T R N I L O I V
T T T S H K S P R M T R X V B
U R S E P T E M B E R C D R R
R Z T R S H K S P R M T R X E
V N T A R Z A N M T R X S L D
Y M S L P S H K S P R P Y X I
J T S Y O B X Y P E E L S B C
D R X M T R S H K S P R J D Z
B E A U T Y C M A T R I X R S
```

229. ACCLAIMED MOVIES OF THE 1990S

P	P	B	E	A	U	T	I	F	U	L	M	P	S	S
R	R	P	R	N	C	M	N	S	T	R	S	R	M	R
I	V	E	L	I	Z	A	B	E	T	H	N	I	S	E
V	T	P	R	S	N	L	S	B	N	N	S	N	N	T
A	F	F	L	I	C	T	I	O	N	S	T	C	S	S
T	J	P	R	D	C	M	R	S	T	S	R	E	T	N
E	D	C	M	R	S	S	M	A	E	R	D	F	R	O
P	P	R	S	N	J	S	Z	N	R	T	R	R	S	M
P	E	R	S	O	N	A	L	S	D	S	Y	A	D	G
Z	G	O	O	D	P	R	S	N	L	S	B	N	N	S
E	L	E	C	T	I	O	N	J	D	Y	N	N	U	B
J	P	R	P	N	D	S	N	N	R	S	R	D	Y	S
C	O	N	F	I	D	E	N	T	I	A	L	N	S	D
Z	P	R	S	N	D	S	B	N	R	S	Q	X	Y	Z
H	U	N	T	I	N	G	T	C	I	N	A	T	I	T

230. ANIMAL MOVIES

B	S	N	O	W	J	D	W	I	S	H	B	O	N	E
S	S	W	S	H	B	N	M	N	K	Y	Z	B	R	S
E	T	S	E	S	O	R	H	G	N	I	N	N	U	R
P	R	T	S	H	R	N	M	B	K	J	Z	D	R	S
I	P	B	E	N	C	N	G	M	Y	E	K	N	O	M
R	S	W	S	H	N	I	N	E	M	Z	B	R	K	D
T	Z	T	S	H	B	N	M	N	S	Y	Z	J	R	M
S	B	M	O	O	S	E	G	N	K	M	C	B	S	A
K	R	T	S	H	B	N	Z	E	B	R	A	D	T	R
M	S	W	S	H	G	N	M	N	K	M	Z	B	R	L
O	G	N	O	C	R	N	Z	N	W	M	G	S	R	E
Z	N	W	M	G	S	F	A	N	G	D	B	S	D	Y
R	S	S	S	H	T	N	X	N	Y	M	D	B	S	D
T	I	N	R	S	T	E	E	L	Z	N	W	M	G	S
J	D	S	D	S	R	X	B	Y	N	K	Y	R	D

231. ACCLAIMED MOVIES OF THE 1990S

M	O	N	T	Y	M	N	T	K	C	A	L	B	H	M
C	H	R	C	T	R	V	R	T	P	T	N	T	G	M
V	M	C	H	A	R	A	C	T	E	R	X	H	M	D
I	C	H	R	C	T	R	P	T	V	S	G	O	N	E
R	G	H	E	A	L	I	N	G	H	L	N	M	T	M
T	R	J	Z	R	T	R	P	S	D	R	G	E	Y	A
U	P	S	T	N	E	I	T	A	P	T	P	T	B	G
E	T	B	T	R	V	R	T	P	T	N	T	G	L	R
J	M	A	G	U	I	R	E	J	Z	R	T	R	C	F
H	R	C	T	R	V	R	T	P	T	N	T	G	M	A
I	N	D	E	P	E	N	D	E	N	C	E	L	K	R
J	Z	C	R	R	S	R	N	P	M	N	D	R	F	G
E	M	M	A	R	T	G	N	I	L	S	G	H	R	O
S	H	R	C	T	R	V	R	T	P	T	N	T	G	M
D	E	N	I	H	S	C	T	V	A	T	I	V	E	S

232. ACCLAIMED MOVIES OF THE 1990S

T	D	A	R	K	N	E	S	S	L	A	Y	L	O	K
R	D	R	K	N	S	S	B	R	T	H	N	G	K	N
Q	u	Y	R	A	I	D	T	N	S	G	N	I	K	D
U	H	R	K	N	S	H	B	R	T	H	N	G	H	Y
E	J	B	R	E	A	T	H	I	N	G	D	S	T	T
S	B	R	V	K	S	H	T	R	K	H	M	G	S	T
T	D	B	R	A	V	E	H	E	A	R	T	R	S	U
B	R	V	K	S	H	T	R	K	H	M	G	S	B	N
P	O	C	A	H	O	N	T	A	S	D	T	R	A	S
Z	R	D	K	J	H	S	R	N	H	Y	G	S	B	F
R	E	S	T	O	R	A	T	I	O	N	S	T	E	T
J	B	D	L	J	G	S	R	Y	S	Y	B	S	T	R
P	O	S	T	I	N	O	D	L	J	G	S	R	Y	S
S	N	S	P	P	S	T	S	T	C	E	P	S	U	S
S	E	N	S	E	S	N	S	P	O	L	L	O	P	A

233. ACCLAIMED MOVIES OF THE 1990S

L	F	F	O	R	R	E	S	T	Y	F	C	T	N	Y
I	R	B	R	D	W	Y	F	D	K	I	N	G	S	R
N	R	S	P	E	E	D	B	R	D	W	Y	F	C	O
E	S	J	D	R	S	H	G	L	D	O	O	W	R	T
B	T	B	R	D	W	Y	F	C	T	N	S	H	V	S
B	R	O	A	D	W	A	Y	C	J	N	D	H	Y	S
B	T	R	S	J	R	Y	R	O	V	I	R	U	S	R
J	Z	D	R	D	W	Y	F	C	T	G	S	H	V	R
L	I	E	B	E	R	M	A	N	W	Y	F	C	T	K
B	Z	D	R	D	W	Y	F	C	T	G	S	H	T	N
F	I	C	T	I	O	N	E	V	A	H	S	J	A
M	Z	D	T	D	W	Y	F	C	T	G	S	H	Z	R
A	P	H	R	O	D	I	T	E	T	Y	L	M	D	F
W	Z	D	L	D	W	K	F	C	N	G	F	G	R	T
W	A	L	K	I	N	G	R	L	E	A	V	I	N	G

234. ACCLAIMED MOVIES OF THE 1990S

M	M	W	O	N	D	E	R	F	U	L	J	S	D	J
A	D	F	U	G	I	T	I	V	E	F	G	T	N	U
D	N	B	U	R	N	T	S	R	T	S	I	L	S	S
N	S	P	H	L	D	P	H	B	R	T	H	D	S	T
E	S	B	L	U	E	J	T	R	E	V	O	R	P	I
S	P	R	J	L	S	P	M	B	N	T	H	R	H	C
S	H	P	R	I	S	C	I	L	L	A	P	T	L	E
J	L	J	N	L	M	P	R	B	S	T	H	L	D	S
S	D	B	I	R	T	H	D	A	Y	H	D	P	N	R
D	P	J	H	L	B	P	H	B	R	S	H	D	O	N
N	H	J	U	R	A	S	S	I	C	J	R	S	I	O
E	J	P	H	L	D	P	H	B	R	T	H	D	S	I
G	R	L	P	H	I	L	A	D	E	L	P	H	I	A
E	S	G	R	L	D	P	C	X	Q	T	M	N	V	I
L	S	R	O	N	A	I	P	P	L	A	N	R	S	V

235. ACCLAIMED MOVIES OF THE 1990S

```
I N N O C E N C E D B T F R T
D B T F R H W R D L R R M S R
R H W R D S P E U Q O P E T O
E T F R H W R D B T F R D R U
D N P R O M I S E P R M H S S
I D D B T F R W R D B T O R E
R C D O U B T F I R E R W S R
S H F R H W D B T F R S A H S
U N F O R G I V E N F C R W D
I N D O C H I N E R S N D R S
J A L U C A R D S N C T S D E
D B T F R S C N T C R S Y S V
C R Y I N G P V T N E C S L I
T F R S C J D B T F R R V V L
A L A D D I N D R I V E R S R
```

236. ACCLAIMED MOVIES OF THE 1990S

```
V I N N Y V N N Y A M A N A P
M H C N S F K S T R C S B C M
M O H I C A N S B T R S S S B
Z H C N S F K S T R C T I T E
R R O M N I B U S G H R L R C
E C J N S F K S T R C K E C O
E S S T A I R C A S E S N S M
E B Z N S F R S T R C B C B E
P T B E A U T Y R C T T E T S
D H C N S F K S T R C S B C R
F I S H E R T C R E S I U O L
G H C N S F K S T R C S B C K
S H A D O W B G S Y Y S G U B
Z H C N S F K S T R C S J C K
J U D G M E N T B G S Y J F K
```

237. ACCLAIMED MOVIES OF THE 1990S

```
M A N I P U L A T I O N M D T
M N P L T N M D T R R N S L C
M D T M E D I T E R R A N E O
S C P L T N T D T R S N S L C
R Y D E C E P T I O N R G D S
E R W A I T I N G D N C D R E
K N F R T S E C N A D Y F E S
C P L T N T D T R S N S L A S
I G G O O D F E L L A S S M I
L J L T R C D T R S N S L C O
S D C Y R A N O J H O P E Y N
J L T R C D T R S N S L C R S
O C T O B E R D F O R T U N E
R L S R D D Z R J N D L S R Z
G H O S T R D D Y C A R T L S
```

238. ACCLAIMED MOVIES OF THE 1980S

```
C I N E M A J N A M T A B Z I
B L N C X P R N C N D Y A T N
E X P E R I E N C E D R L H D
J L N C B P T N H N R S A R I
W L H C R P D G C S D Y N D A
T H R E A D S P R N C N C S N
B L N C X P R N C N D Y E H A
Y T E I C O S C P R N C N N J
B G N G S T R Y R N E H D R F
G L H C T P D R C S T Y M Y O
M E R M A I D X F L O O D G U
B L N C X P R N C N D Y T L R
A B Y S S N C X P T O O F R T
B L N C X P R N C N D Y G Y H
D A I S Y N C L Y R O L G S D
```

239. ACCLAIMED MOVIES OF THE 1980S

```
R A I N D D A N G E R O U S G
D N G R S C N Q R B T T L J C
A C C I D E N T A L C N Q R B
G N G F S C B D R R S T L J B
A D N A W R B F R G S Y M N Y
T R M N S C O N Q U E R O R S
G D T E R M I N U S T R M N S
N R B F R G S Y M N Y S J D R
I B B E E T L E J U I C E R E
K T B E A N F I E L D D S S G
R T J E N N I N G S R M N T O
O T R M N S R M N S T R M N R
W L D R I B T D E S U C C A J
J N G R S C N Q R B T T L J C
M I S S I S S I P P I D T O Y
```

240. ACCLAIMED MOVIES OF THE 1980S

```
M M M O O N S T R U C K P L E
E N P L A T O O N D N C N G V
M S H E A R T R T S A E F Z A
P T D N C N G S T R T R M N H
E R D A N C I N G T R N N H M
R C S T R E E T R S O S S E N
O K J K L M N B F T O T T N S
R R R O B O C O P G M R R D T
J B D T C S G W T G T F C E R
U N T O U C H A B L E S K R C
B L N C C S H P L G N T R S K
L U N C H J D R J S B R B O R
C S H P L D E T N A L P N N B
J B D T C S G W T G T F S S N
E C A P S R E N N I T G Z R S
```

241. ACCLAIMED MOVIES OF THE 1980S

```
S I S T E R S S N S N E I L A
S S T R S M N Y M D N G H T S
M C M O N E Y G N G U N G C C
I H R R S V N D M F N R D H H
S L M I D N I G H T S H G L I
S D F R S M N J M D Z G R D L
I R I M A G E S M G S D E R D
O N T Z S M N R M M N G E N R
N M W O M E N M N R M D K M E
F D T R S M N Y M D N G T D N
R N F D T R S A F R I C A N S
J S T R S M N Y M D N G H T D
A M E R I C A T Y L F F T G W
J S T R S M N Y M D N G H T S
A S S A U L T M N Y M D W A H S
```

242. ACCLAIMED MOVIES OF THE 1980S

```
W W I T N E S S N G H T R A N
H N G H T B N T F L C H R L D
H M S T H G I N H N O O C O C
N L B O U N T I F U L J L Z B
O L G H T T N T J L Z H R T L
R Y T T N T O F F I C I A L L
M A L L E B L G H T H N G N Y
B N G H T T N T J M A M F M S
R M R A I N B O W B R B U B M
E B J H R B N S F L L L T L A
D L P I L G R I M L I L U L S
I G H T B N T F Y E Y R Y K
P Y N G H T T N T S R S E S T
S S A M A D E U S R Y R T J R
```

243. ACCLAIMED MOVIES OF THE 1980S

```
K I L L I N G K L L N G C G R
C H R D H R T J A I D N I V J
H E A R T C H R D H R T J B N
V C H R D H R T J O N E S S
C H A R A D E C H R D H R T M
C H R D H R T J C H S E V O M
P U R P L E H R D H R T J C H
R D H R T J C H S R E V R A C
H A R V E Y H R V Y L X N D R
W M H R V Y L X N D R E M A F
W O M A N H R V Y L X N D R X
R V Y L X N D R C D R E V I R
E N D E A R M E N T R V Y L X
G H H R V Y L X N D R R V Y L
A L E X A N D E R F F F U T S
```

244. ACCLAIMED MOVIES OF THE 1980S

```
M F F L A S H D A N C E S N D
E L D N G R S L Y F L S H D N
R S C H O I C E T E A D N U S
C H L N T O O T S I E S N D C
I D D A N G E R O U S L Y J Z
E N S N G R S L Y F L S H D N
S C G C T E R R E S T R I A L
J G A G P R Y L Y K L S R G J
H N N O F F I C E R Y S N N
L D D D J R Y Y Y K L S D D R
T H H V I C T O R I A F H U
N V I Y R Y Y Y K L S V V T
E C Y C M I S S I N G D H C E
Y T N T J R Y Y Y K L S R T R
D R F E E L Y N T S L R I G L
```

245. ACCLAIMED MOVIES OF THE 1980S

```
P L A N E T P L R E H T O N A
P L N T S H C K N G T N G Q S
S H O C K I N G C H R T S B N
J L N R S G J K N I G E B L O
Q L N T S H C K N G T N G Q G
U C C H A R I O T S G D T S N
E H N T S H C K N G T N G Q A
S R M N D F S R E D I A N T T
T T G E N O C I D E T N G L D
T S T N G L D W G O L D E N F
W E R E W O L F W R W L F H G
H N T S H C K N G Z C R A C R
H A R M O N Y L N T S H C K D
P L N T S H C K N G T N G Q S
A R T H U R N T S H J R E D S
```

246. AWARD-WINNING ACTORS (FEMALE)

```
C L O S E C L D E N C H D N C
D N C H B M C C A R T H Y B L
P R T M N B L N C H T T D N C
R A P A R I C I O P R A G A G
Z R T M N B L N J H T T D N D
P O R T M A N T H R A G G E N
B R T N N B Z N C J T T D N S
B L A N C H E T T T H R F P P
D N C H B R S T T R E P P U H
T B U L L O C K T H R F P P H
O D N C H B Z N C J T T D N S
V R V N O R E H T V N A N O R
I F N C H J Z R C J S T H N R
R S J O H A N S S O N C H J Z
E D N C H B Z R C J S E K I P
```

343

247. ACCLAIMED MOVIES OF THE 1980S

M	E	P	H	I	S	T	O	V	T	E	L	O	I	V
M	P	H	S	T	L	B	R	T	Y	S	X	T	N	N
O	R	D	I	N	A	R	Y	T	S	S	S	S	E	T
J	P	R	S	T	M	B	N	T	F	S	X	Y	R	N
R	D	C	P	R	S	Y	N	I	V	L	E	M	D	S
A	L	H	D	P	R	S	Y	M	L	V	P	L	L	I
G	L	I	L	L	I	B	E	R	T	Y	D	R	L	X
I	R	N	L	T	L	B	R	T	Y	S	L	L	R	T
N	L	A	R	B	E	L	I	E	V	E	L	B	L	E
G	B	S	D	P	R	S	Y	M	L	V	R	R	B	E
T	R	D	O	L	L	A	R	H	T	Y	N	N	R	N
M	P	H	S	T	L	B	R	T	Y	S	X	T	N	N
E	R	U	T	U	F	H	T	Y	E	R	I	P	M	E
M	P	H	S	T	L	B	R	T	Y	S	X	T	N	N
D	A	U	G	H	T	E	R	L	B	R	T	F	L	Y

248. ACCLAIMED MOVIES OF THE 1970S

B	E	I	N	G	B	K	K	K	R	A	M	R	O	N
J	J	Z	Z	B	R	R	R	R	R	M	N	C	T	R
Z	N	E	I	L	A	M	A	M	A	W	A	Y	M	M
Z	R	M	N	C	T	R	M	R	N	C	T	N	R	R
Z	S	T	L	L	N	R	E	R	R	N	C	T	R	R
A	S	R	J	Z	D	M	R	M	B	O	A	R	D	M
J	R	M	N	C	T	N	T	N	C	T	N	T	N	N
D	R	O	M	A	N	C	E	C	H	L	T	S	E	B
M	N	C	T	N	T	N	C	T	N	T	N	N	T	S
T	R	I	B	U	T	E	C	T	N	D	L	I	H	C
J	N	Z	T	R	T	S	C	Q	N	P	N	Y	L	S
D	R	U	M	G	S	T	A	L	L	I	O	N	Y	L
M	N	C	T	N	T	N	C	T	N	T	N	N	T	S
P	C	L	Y	P	S	H	N	T	R	E	T	N	U	H
A	P	O	C	A	L	Y	P	S	E	P	C	L	Y	P

249. ACCLAIMED MOVIES OF THE 1970S

C	O	N	D	O	R	F	H	F	A	T	H	E	R	B
H	N	D	K	R	C	H	F	S	S	P	R	M	N	N
H	A	N	D	K	E	R	C	H	I	E	F	S	T	R
N	N	D	K	R	C	H	F	S	S	P	R	M	N	N
H	N	S	T	R	T	H	G	I	A	R	T	S	R	B
R	I	S	T	R	G	H	T	D	L	V	R	R	Y	U
D	E	L	I	V	E	R	Y	S	T	R	G	H	F	D
S	T	R	G	H	T	D	L	V	R	R	Y	G	F	D
S	D	L	V	R	R	G	Y	A	D	I	R	F	D	Y
S	U	P	E	R	M	A	N	D	L	S	G	R	F	G
E	J	R	G	H	R	D	L	S	G	R	E	L	I	N
R	R	S	U	I	T	E	R	D	L	S	G	R	D	Y
P	T	R	G	H	T	D	L	V	R	R	S	Y	A	D
X	R	H	E	A	V	E	N	D	L	S	G	R	D	Y
E	D	H	G	H	T	D	L	V	G	N	I	M	O	C

250. ACCLAIMED MOVIES OF THE 1970S

W	A	R	S	J	L	J	U	L	I	A	W	R	S	D
N	T	W	R	K	C	S	T	L	G	R	F	I	N	D
E	N	C	O	U	N	T	E	R	S	S	T	L	G	R
J	T	W	F	K	B	S	Y	H	G	C	I	S	U	M
G	O	O	D	B	Y	E	W	F	K	B	S	Y	H	G
G	T	W	H	K	B	R	Y	E	L	T	S	A	C	B
M	A	D	A	M	E	W	F	K	B	S	Y	H	G	Y
W	F	K	B	S	Y	H	G	G	T	W	H	K	B	T
N	I	N	E	T	E	E	N	R	L	I	F	E	D	I
D	G	K	B	R	Y	J	G	G	T	W	H	K	B	V
Y	K	C	O	R	D	G	K	B	R	Y	J	F	R	A
B	R	Y	J	G	G	N	E	T	W	O	R	K	L	R
H	G	K	B	R	Y	J	G	G	T	W	H	K	B	G
B	O	U	N	D	G	J	R	X	T	S	T	J	B	D
D	G	K	B	R	Y	J	G	G	T	W	H	M	E	N

251. ACCLAIMED MOVIES OF THE 1970S

C	A	S	A	N	O	V	A	B	R	N	N	R	O	B
O	C	S	N	V	R	G	N	H	R	L	N	C	L	R
L	M	H	A	R	L	A	N	R	T	L	N	R	S	O
O	J	S	T	V	R	H	N	N	R	M	N	R	L	M
R	J	S	D	R	V	N	O	I	G	E	R	R	G	E
T	C	S	N	V	R	G	N	H	R	L	N	C	L	N
L	E	I	S	U	R	E	F	N	U	M	B	E	R	N
C	S	N	V	R	G	N	H	R	L	N	C	L	J	S
T	S	E	N	N	H	R	L	N	C	S	W	A	J	H
T	C	S	N	V	R	G	N	H	R	L	N	C	L	V
L	Y	N	D	O	N	N	V	R	K	I	N	G	R	L
B	C	S	N	V	R	G	N	H	R	L	N	C	L	L
A	F	T	E	R	N	O	O	N	N	V	R	G	N	F
T	C	S	N	V	R	G	N	H	R	L	N	C	L	T
N	A	S	H	V	I	L	L	E	N	H	R	R	U	N

252. ACCLAIMED MOVIES OF THE 1970S

S	N	S	H	M	P	Z	L	S	H	A	M	P	O	O
S	U	N	S	H	I	N	E	H	M	P	Z	L	R	S
T	N	S	H	M	P	Z	L	G	U	Z	A	L	A	R
B	R	E	V	E	R	E	S	T	D	S	H	T	R	L
R	S	H	M	P	Z	L	C	H	E	M	A	G	S	E
U	M	P	Z	L	H	N	D	B	R	G	F	T	H	G
N	R	H	I	N	D	E	N	B	U	R	G	N	T	N
E	C	H	N	T	W	N	G	D	F	T	H	R	G	A
L	R	G	O	D	F	A	T	H	E	R	S	A	T	P
C	H	N	T	W	N	G	D	F	T	H	R	L	S	Y
C	H	I	N	A	T	O	W	N	D	F	T	I	B	B
C	H	N	T	W	N	G	D	F	T	H	R	C	Y	S
O	R	I	E	N	T	N	G	D	F	T	H	E	R	T
E	A	R	T	H	Q	U	A	K	E	T	W	N	T	A
C	H	N	T	W	N	O	N	R	E	F	N	I	H	G

253. ACCLAIMED MOVIES OF THE 1970S

C	H	A	S	E	C	T	I	G	E	R	C	H	S	T
W	H	S	P	R	S	M	N	D	Y	S	C	B	R	T
Z	R	S	T	B	N	M	R	E	P	A	P	S	C	B
N	I	G	H	T	S	M	N	D	Y	S	C	B	R	T
W	H	S	P	N	D	Y	S	C	Y	C	V	B	R	M
W	H	I	S	P	E	R	S	S	P	N	D	Y	S	O
W	H	S	P	N	D	Y	S	H	C	U	O	T	L	N
S	P	N	D	Y	S	T	C	H	M	N	D	S	R	D
D	R	E	X	O	R	C	I	S	T	C	H	M	N	A
N	W	H	S	P	N	D	Y	S	R	W	A	Y	H	Y
I	M	C	A	B	A	R	E	T	S	T	V	R	T	S
M	N	D	W	H	S	P	N	D	Y	S	D	R	T	S
M	R	K	I	N	G	S	C	R	D	G	N	I	T	S
W	H	S	P	R	S	M	N	D	Y	S	C	B	R	T
A	M	A	R	C	O	R	D	M	D	O	T	N	O	T

254. ACCLAIMED MOVIES OF THE 1970S

B	O	L	E	R	O	B	W	O	R	L	D	W	R	L
F	R	N	K	W	R	L	D	C	W	K	N	A	R	F
C	O	W	B	O	Y	W	R	L	D	C	P	R	N	C
R	N	K	W	R	L	P	R	I	N	C	E	T	O	N
K	W	R	L	D	C	P	R	N	L	M	L	G	H	T
T	S	B	U	T	T	E	R	F	L	I	E	S	R	M
N	P	R	L	D	C	P	R	N	L	M	L	G	G	A
U	D	D	I	S	C	R	E	E	T	R	G	L	S	R
A	W	R	L	D	C	P	R	N	L	M	L	G	H	J
J	D	L	I	M	E	L	I	G	H	T	S	R	T	O
W	R	L	D	C	P	R	N	L	M	L	G	H	S	E
C	A	N	D	I	D	A	T	E	L	M	L	G	H	T
P	O	S	E	I	D	O	N	R	S	L	O	R	A	C
K	W	R	L	D	C	P	R	N	L	M	L	G	H	T
G	O	D	F	A	T	H	E	R	D	D	R	E	A	M

255. ACCLAIMED MOVIES OF THE 1970S

C	O	N	N	E	C	T	I	O	N	C	N	N	C	T
C	R	N	C	H	F	D	D	L	R	B	R	M	S	T
A	R	E	N	R	E	R	U	T	C	I	P	L	R	B
L	N	C	L	B	R	M	S	T	C	K	M	S	T	G
E	L	N	N	B	R	O	O	M	S	T	I	C	K	S
X	N	E	C	H	F	D	D	L	R	B	R	M	S	T
A	C	L	H	D	D	L	R	E	M	M	U	S	C	F
N	H	I	L	P	A	T	T	O	N	D	D	L	H	I
D	L	S	H	A	F	T	D	L	R	B	R	M	L	D
R	L	N	C	H	F	D	D	L	R	B	R	M	L	D
A	S	H	E	L	L	S	T	R	O	M	H	P	S	L
J	T	S	D	A	U	G	H	T	E	R	K	L	T	E
H	O	S	P	I	T	A	L	C	R	N	C	H	F	R
C	Q	C	R	N	C	H	K	C	R	U	N	C	H	G
G	A	R	D	E	N	K	L	T	R	E	T	U	L	K

256. ACCLAIMED MOVIES OF THE 1970S

A	I	R	P	O	R	T	S	T	Y	R	O	T	S	R
S	T	R	N	G	R	S	V	T	R	N	S	C	R	M
A	R	S	T	R	A	N	G	E	R	S	Z	J	D	W
R	G	R	R	G	S	S	V	H	R	W	S	T	R	O
O	N	Z	D	K	C	O	T	S	D	O	O	W	L	M
T	T	R	T	G	W	S	T	C	K	N	S	C	R	E
I	C	R	O	M	W	E	L	L	W	S	T	C	K	N
S	T	R	N	G	R	S	V	T	R	N	S	C	R	M
L	E	T	R	N	G	N	O	I	C	I	P	S	U	S
M	T	R	N	H	R	S	Q	T	R	F	S	D	R	R
V	E	T	E	R	A	N	S	S	A	L	W	A	Y	S
T	T	G	N	B	R	N	V	Y	R	R	S	Q	R	Z
B	R	O	N	C	H	O	N	B	R	K	L	U	T	E
S	T	R	N	G	R	S	V	T	R	N	S	C	R	M
S	T	I	N	G	J	G	R	E	A	S	E	J	Z	D

257. PRE-1970S ACCLAIMED MOVIES

C	C	T	H	O	U	S	A	N	D	S	C	M	C	H
A	S	T	H	S	N	D	M	G	C	S	S	A	S	O
S	S	M	A	R	O	O	N	E	D	D	S	G	S	R
S	D	P	R	B	R	D	M	G	C	Y	D	I	D	S
I	Y	L	K	N	E	I	D	O	R	B	Y	C	Y	E
D	T	D	P	R	B	R	D	M	G	C	Y	D	T	S
Y	H	A	R	T	H	U	R	R	D	M	G	C	H	C
J	S	D	P	R	B	R	D	M	S	U	T	C	A	C
Y	N	S	T	H	S	N	D	M	G	C	S	S	C	T
L	D	O	L	I	V	E	R	L	R	E	T	N	I	W
L	C	S	R	H	S	J	D	M	G	C	Z	S	Z	C
O	T	J	U	L	I	E	T	H	S	J	D	R	S	T
D	S	S	R	H	S	J	D	M	F	U	N	N	Y	S
D	J	S	T	H	S	N	D	M	G	C	S	S	D	J
T	O	U	G	H	T	H	S	N	D	D	G	R	I	T

258. PRE-1970S ACCLAIMED MOVIES

B	Y	B	A	B	B	L	L	B	U	L	L	I	T	T
L	P	R	D	C	R	W	N	C	M	L	T	J	R	N
P	R	O	D	U	C	E	R	S	C	R	W	N	C	H
L	P	R	D	C	R	W	N	C	M	L	T	J	R	N
C	R	O	W	N	D	C	R	T	C	E	J	B	U	S
L	P	R	D	C	R	W	N	C	M	L	T	J	R	N
P	J	J	O	U	R	N	E	Y	L	T	J	N	J	Y
E	R	R	D	C	R	W	N	C	M	L	R	I	R	L
A	N	B	L	U	S	T	E	R	Y	D	N	G	N	R
C	Y	R	D	C	R	W	N	C	M	L	Y	H	Y	A
E	D	C	A	M	E	L	O	T	B	D	D	T	D	H
S	N	R	D	C	R	W	N	C	M	L	N	D	N	C
D	I	N	N	E	R	B	D	E	D	Y	L	C	D	R
L	P	R	D	C	R	W	N	C	M	L	T	J	R	N
R	T	E	N	A	L	P	R	S	E	T	A	E	R	C

345

259. PRE-1970S ACCLAIMED MOVIES

```
D O C T O R R G R A D U A T E
G R D T D Z N S T N D T R N S
M D Z N R D W D S D N A H V S
O R D O Z E N G T R S T R V Y
D D Z N R D W D S L D N A T S
E R D T D Z N S T N T R R N S
R R A N D E R S O N H D S N S
N R D T D Z N S T N F T R Y X
D T D Z N S R S N I A R T M O
R D T D Z N S T N D T R N S B
R E D W O O D S X P P R I X R
G R D T D Z N S T N D T R N S
S E A S O N S Z N S F L O O W
G R D T D Z N S T N D T R N S
V O Y A G E D W O M A N Z N S
```

260. PRE-1970S ACCLAIMED MOVIES

```
F O R T U N E F R T E M A G G
T M R R W H P P N D W N G S Z
H A P P E N E D R T S G N I W
Z H R R W H P P N D W N V G Z
T O M O R R O W W H P P N D N
W H P P N D Z H G R E A T R R
C Z H I V A G O P N D Z H V O
C H R R W H P P N D W N V G B
I P P N D Z R G N I L R A D S
S Z H R R W H P P N D W N V G
U R W S A N D P I P E R N D W
M D H R R W H P P N D W N V G
B C L O W N S N D T H C T A P
L D H R R W H P P N D W N V G
B A L L O U R S T B S L O O F
```

261. PRE-1970S ACCLAIMED MOVIES

```
Q U E E N Q N R B N N I B O R
R S V L T Q N R G T M M R C S
A D V E N T U R E S N R G T M
G S V L R Q N R L T M S R T S
R O O S E V E L T R E V I L A
R S V L R Q N R M T M N R Z S
R G R A G T I M E R G G N S D
E L B Q T R S G B M I H G H A
C S A C I R E M A T R T H T L
R B Q T R S G B G F L M T M A
O R P A R I S W S G S N M N M
F S V L R Q N R L T M S R T O
W N M O N E Y J D V S M E N R
G S V L R Q N R L T M S R T S
W E S T E R N W S T T U O B A
```

262. PRE-1970S ACCLAIMED MOVIES

```
J A M P H I B I O U S C N T A
S N C H R S M D W Y P R T N N
R M S I A M R S E I N N A T A
O D M I D W A Y W Y P R T N S
H W A D V E R S E M D W Y P T
C S C H R S M D W Y P R T N A
N Y B E A U T I F U L Q T C S
A Q B C H L C I T A U Q A K I
B C C H R S M D W Y P R T N A
A P A R T M E N T M D W Y P Z
R S C H R S M D W Y P R T N D
I Z C O N T E S S A D W Y P R
S Q H R S M D B A C H E L O R
E C C H R S M D W Y P R T N D
J T R U T H S D J D N U O R A
```

263. PRE-1970S ACCLAIMED MOVIES

```
B A T T L E G R O U N D B T L
B T L G R N D B C K T V R C T
B E L L S D B R Y R T N U O C
B Y C V R N D B C K T C L T T
T E K C E B J O V E R C O A T
N R C G R N D B C K T V R S S
B N C O U N T R Y F P R L N Y
I R G R N D B C K T V R I R T
C C A N O N Y M O U S S V C U
Y S C G R N D B C K T S E S D
C S N A R C I S S U S D S S D
L B G R N D B C K T V K G B R
E L O R P H E U S B L A C K
R C C G R N D B C K T V R S S
M K E F I W K J D Z E S U O H
```

264. PRE-1970S ACCLAIMED MOVIES

```
S P R T I R I P S S W N A W S
B L S S M B R K F S T Y S T R
S A N D Y B L O S S O M S J Z
B L S S M B R K F S T Y S T R
E D U C A T I O N B B B S B D
B L S S M B R K F R L R O R L
Y E S T E R D A Y V O V U V U
B L S S M B R K F S O S N S O
B R A V E S M B R N D N D N S
B L S S M B R K F S T Y S T Z
B R E A K F A S T S M B R T T
B L S S M B R K F S T Y S T R
D B B R O K E N L S S M B R J
O R S S M B R K F S T Y S T R
G K B R I D G E R K F N W O T
```

265. PRE-1970S ACCLAIMED MOVIES

S	R	A	E	B	B	C	A	L	A	M	I	T	Y	R
C	S	B	L	N	C	L	M	T	Y	C	H	M	P	N
M	L	C	O	U	R	A	G	E	O	U	S	C	R	G
A	S	B	L	N	C	L	M	T	Y	C	H	M	P	O
D	T	C	A	S	A	B	L	A	N	C	A	S	N	T
A	S	B	L	N	C	L	M	T	Y	C	H	M	P	R
M	C	H	G	L	L	L	L	A	G	A	H	C	R	E
C	S	B	L	N	C	L	M	T	Y	C	H	M	P	C
C	H	A	M	P	I	O	N	C	H	G	L	L	T	N
J	S	B	L	N	C	L	D	N	A	L	S	I	Z	O
C	H	I	C	K	E	N	M	T	Y	C	H	M	P	C
Z	S	B	L	N	C	L	C	I	T	I	Z	E	N	R
C	I	M	A	R	R	O	N	T	Y	C	H	M	P	D
D	S	B	L	N	C	L	R	S	S	U	C	R	I	C
B	R	I	G	A	D	E	D	T	E	C	N	A	H	C

266. PRE-1970S ACCLAIMED MOVIES

W	A	X	W	C	L	E	O	P	A	T	R	A	W	X
D	M	S	L	M	D	A	M	S	E	L	M	T	T	R
M	A	T	T	E	R	H	O	R	N	C	L	P	T	E
M	S	L	M	C	L	P	T	M	T	T	R	W	X	M
C	S	H	B	D	S	R	A	B	E	H	S	B	R	O
O	S	L	M	C	L	P	T	M	T	T	R	W	X	C
W	C	B	A	R	R	I	E	R	M	C	L	P	T	X
B	T	M	C	L	P	T	V	Z	C	I	T	I	R	C
O	R	L	M	C	L	P	T	M	T	T	R	W	X	Y
Y	C	C	U	C	A	R	A	C	H	A	F	G	Y	R
M	S	L	M	C	L	P	T	M	T	T	R	W	Z	A
H	S	A	R	C	L	P	H	J	R	T	S	N	M	N
L	M	C	L	P	R	E	V	O	C	H	J	R	T	O
M	S	L	M	C	L	P	T	M	T	T	R	W	X	R
C	O	U	N	T	R	Y	L	S	N	I	S	U	O	C

267. PRE-1970S ACCLAIMED MOVIES

D	D	J	R	E	T	N	I	A	P	R	L	I	N	E
A	N	L	N	D	S	T	N	T	N	D	C	L	R	T
N	G	E	G	D	A	Y	B	R	E	A	K	J	D	Z
G	R	G	R	R	S	T	N	T	N	D	C	L	G	S
E	S	N	S	S	T	N	A	I	F	E	D	S	R	E
R	N	A	N	D	V	R	C	D	F	N	T	R	S	S
O	G	R	D	I	V	O	R	C	E	C	D	F	N	O
U	L	D	N	D	V	R	C	D	F	N	T	R	G	R
S	D	D	E	S	T	I	N	A	T	I	O	N	L	G
R	V	D	O	D	S	W	O	R	T	H	D	S	D	L
D	E	C	L	A	R	A	T	I	O	N	R	F	V	D
L	D	N	D	V	R	C	D	F	N	T	R	G	S	V
C	Y	R	A	I	D	D	F	N	W	O	M	A	N	S
D	S	N	G	V	R	C	D	F	N	T	R	G	R	S
D	E	S	I	G	N	D	S	Y	R	O	T	C	I	V

268. PRE-1970S ACCLAIMED MOVIES

P	P	A	R	A	D	E	R	D	M	B	N	D	G	F
R	D	M	B	P	R	D	S	Y	L	L	E	L	L	R
G	A	N	T	R	Y	R	M	M	R	N	D	R	N	E
J	D	Z	B	P	R	D	S	E	C	C	E	C	C	G
E	X	O	D	U	S	N	K	N	D	L	S	D	L	N
N	S	V	B	P	D	B	S	E	N	N	T	N	N	A
D	O	U	B	L	E	B	B	L	D	O	B	M	U	D
S	V	B	P	D	B	S	N	N	T	N	B	B	L	D
L	I	N	C	O	L	N	F	C	T	S	T	C	A	F
S	V	B	P	D	B	S	N	N	T	N	B	B	L	D
F	A	N	T	A	S	I	A	F	R	D	N	D	G	S
F	R	D	N	D	G	F	E	R	D	I	N	A	N	D
F	A	R	E	W	E	L	L	F	N	T	S	Z	J	D
S	V	B	P	D	B	S	N	N	T	N	B	B	L	D
D	A	U	G	H	T	E	R	R	S	E	S	O	O	G

269. PRE-1970S ACCLAIMED MOVIES

F	I	G	H	T	I	N	G	W	H	M	S	T	P	S
W	H	M	S	T	P	S	C	R	K	S	P	E	T	S
W	H	O	M	C	K	E	E	R	C	G	S	L	G	H
G	W	H	M	S	T	P	S	C	R	K	S	G	S	R
T	R	G	A	S	L	I	G	H	T	G	S	A	L	E
Y	G	W	H	M	S	T	P	S	C	R	K	T	G	A
T	W	H	M	S	T	P	S	C	R	K	S	E	H	D
I	R	A	G	R	E	E	M	E	N	T	R	S	T	I
N	G	W	H	M	S	T	P	S	C	R	K	Z	R	N
R	L	D	I	G	I	G	R	T	N	A	I	G	D	E
E	J	W	H	M	S	T	P	S	C	R	K	S	N	S
T	R	G	I	U	S	E	P	P	I	N	A	L	S	S
E	D	L	I	B	E	R	T	Y	G	L	S	V	S	R
J	W	H	M	S	T	P	S	C	R	K	S	D	G	D
F	O	R	B	I	D	D	E	N	T	G	L	A	S	S

270. PRE-1970S ACCLAIMED MOVIES

G	R	T	G	N	I	O	G	S	R	E	L	L	I	M
O	L	L	G	L	D	F	N	G	R	C	N	Y	N	X
L	D	G	O	L	D	F	I	N	G	E	R	R	S	D
D	N	B	G	D	F	F	R	G	V	C	G	Y	R	N
E	G	D	F	F	R	G	S	H	T	R	A	E	E	I
N	R	G	R	A	N	D	A	D	C	N	Y	N	R	W
D	N	Z	B	G	D	F	F	R	G	V	C	G	Y	R
C	A	N	Y	O	N	D	S	Z	S	E	P	A	R	G
F	N	Z	B	G	D	F	F	R	G	V	C	G	Y	R
G	O	O	D	B	Y	E	N	D	O	S	U	R	A	C
B	F	N	Z	B	G	D	F	F	R	G	V	D	S	G
E	X	P	E	C	T	A	T	I	O	N	S	R	D	S
D	N	Z	B	G	D	F	F	R	G	V	C	G	Y	R
M	C	G	N	T	Y	H	E	I	R	E	S	S	G	R
M	C	G	I	N	T	Y	G	R	T	T	A	E	R	G

271. PRE-1970S ACCLAIMED MOVIES

```
W W Z I E G F I E L D S H W S
A L D L P H N H V N L Y R H L
L T D O L P H I N D S W O H S
T Z L D L P H N H V N L Y R H
Z N N A V A R O N E R T H H D
P H N H V N L Y R H G V E V T
A N N I V E R S A R Y N A N E
R P H N H V N L Y R H L V L L
J O R D A N M G H T Y Y E Y M
P H N H V N L Y R H G I N H A
M G H T Y D M O O R G M L M H
M I G H T Y F R S C H L Y L D
P H N H V N L N O O N T R T S
A N G R Y F R S C H L R F R T
F R I S C O D Z J Y E V R A H
```

272. PRE-1970S ACCLAIMED MOVIES

```
H C C O M E D Y C M D Y H R C
O M C M D Y H S P E E L S L W
L D M D Y H S H R R C T M R S
E Y H U R R I C A N E H N R T
J H D M D Y H S H R R C T M R
D P L A Y D R E L T S U H G T
F R N T O M O R R O W H T R S
L N C S D R T R E V A E B N E
Y C R M D Y H S H R R C T C W
I H A R I Z O N A H S H R H C
N C C R M D Y H S H R R C C N
G G C H I C A G O Y H S H G E
G F R M D Y H S H R R D Y F E
E V R E S D Y H S H R R C L R
G F R M D I N F O R M E R N G
```

273. PRE-1970S ACCLAIMED MOVIES

```
M E L O D Y M L D Y W R L D J
J Z B L W R I N V A D E R S L
E C U O D M L D Y W R L D J Z
M L D Y W R L D J H P P N D J
H A P P E N E D R D D L R O W
J Z B Y W R L H J H P P N D J
J E Z E B E L L K J H N A O J
M L D Y W R L D E H P P N D J
B E L I N D A W N L R E G A E
D L D Y W R L D T H P P N D J
R D L D Y W R L U J H P P N D
E L M I N E S J C R F O Y L E
K R L D Y W R L K J H P P N L
O G D Y W R L D Y H P P N G S
J N L A R G O J D S U I L U J
```

274. SILENT MOVIES

```
P R P R I N C E S K I E H S H
S H K P R N C L P T R D C K S
C K P R N C A R T A P O E L C
H S H K P R N C L P T R D C K
A B B U S I N E S S L P T R D
N S S H K P R N C L D O C K S
C N W E S T R T S R I A F F A
E S H K P R N C L P T R D C K
S S S T E A M B O A T S S S L
R T S H K P R N C L P T T T I
B L O S S O M S R N C R R R B
R T S H K P R N C L P N O N E
U N D E R W O R L D R G N G R
Z A N Z I B A R D N R Z G Z T
B E G G A R S H K P R N Z N Y
```

275. SPY/INTRIGUE MOVIES

```
S E C R E T S C R T W Y W A Y
W N T D N G W A N T E D R T Z
S P R M C Y N R T H N H R N S
B N R E G N A D S H H T R O N
R D R M C Y N R T H N H R N S
E N E M P E R O R S H D W P R
A G S P R M C Y R T T E T T S
C R I N H E R E N T S U S S N
H S G S P R M C Y R H R H H O
S H S P R M C Y R T D O D D R
S U P R E M A C Y R W P W W T
D R M C Y N R T S D S A S S I
S H A D O W S G S T R M R R C
S D W S P F R T Q S G X G G D
E U G O R J D K O O B R S P Y
```

276. DIRECTORS

```
A V I L D S E N D S N M L L P
M M L L R D C T R S T R G A S
P I Y D O C T E R T R S R L G
R D L L R D C T R S T K S D R
L S K L L R D C T R S T R S D
E N P R E R S T U R G E S N D
E S R D N R C T R S T T Y S E
J T S Z Z S K S A Y O R P T M
R R A F F L E C K B R G M R M
U B J G O D A R D M D W S B E
P R Z D R D T R E W K Y T R R
A G N D N D C T R S T T Y G I
K C M E A D O W S T Y R K M C
T C Y W R B E R G M A N N N H
B E R T O L U C C I K P R B G
```

277. HORROR & SUSPENSE MOVIES

```
C O N J U R I N G T J S H P R
P H A N T A S M P S A C O H E
E X O R C I S T H M W R R N K
D M C N D Y M N N J S M R T C
S C S V N T G N I R S P O S I
H N C N D Y M N T H C H R M W
I J S C R M H M A E R C S C M
N R O R P H A N A G E D S N C
I N C N D Y M N T H N G N J N
N G S H N S H N G M M S R R J
G D S R O M S R Y P I D R N R
D J V N S T H I N G T S Z G N
R K O N D Y M N T H N G E D G
B R J Z C A N D Y M A N J R D
C D M S E V E N T H Z S R D Y
```

278. ROMANTIC MOVIES

```
C R Y N Q Q T S N T E S N U S
N T B L K U N T B L K M R M D
B L K M R M I B L K M R M Y B
C R Y I N G D E D G H T R S O
I D G H T R S H T P S T N B Y
N G W O M A N P S T N B L L Y
E H Q T T A C T U A L L Y G G
M T N O T E B O O K W D D I N
A R N T B L K M R P S T A D P
G W E D D I N G M R M N M G O
H J D I A M R E M J T N S H S
T D N T B L K M R P S T R T T
D A U G H T E R S M R P S R I
T J Z S R L K M R P T H G I N
M O O N S T R U C K K M R P O
```

279. NOTABLE FOREIGN MOVIES

```
S E V E N T H C C L R D R M M
C H R C T R P R S O P R S T U
C R E M A D A M Z S L D R M R
H J D R C T R P R S C O N Q D
A S O T S I H P E M X M R D H
R D C O N Q U E R O R R S T O
A L E X A N D E R R S T G H F
C J D R C T R P R S T S A E F
T R D A N G E R O U S R P R I
E S P R B R B R N C H R C H C
R Z D R C T R P R K T G H T I
J P A R A S I T E D G N R S A
B A R B A R I A N J D Z R Z L
J D R C T R P R S R C T R U G
H A N D K E R C H I E F S Q B
```

280. MUSICALS

```
R S R C K T M N W Z R G N I S
C K T D P O P P I N S W Z R D
R R G A S W K T M N W Z R R G
O C N M R R N A M E R I C A N
C K W K T M N W Z R R G M N S
K T K T M N N I A R S W K W W
E M R C K T M N W Z R W I T G
T N W I Z A R D L N D N K S W
M H T R Z J D N S R G R R N H
A W H A W A I I M L D R G T A
N B R C K T M N L A N D T S R
H L J R C K T M O W Z R D Z D
B E S S I E D Z U R D N G H R
H L J R C K C K I M N W Z R V
A R E P O T M N S Z R H A T B
```

281. COMING-OF-AGE MOVIES

```
L O V E T R T R O U B L E T P
C S T W Y P J H C A E B D R T
P O L L Y A N N A C S M K B S
P L Y N N H N D R D M S I L P
C K D L L R H U N D R E D K I
A D N T O C S T W Y R D N D N
S N P R J R C S T W Y N A N N
T P P B D T D S T W Y P P P E
A P D L C S T W Y G C P P P R
W D P A J A M A R I S D E D S
A R C S T W Y L S T B R D R S
Y S L I F E B U J D N S J S D
S P D L C S M G H O L I V E R
P D L C S T W Y R D S J S D Z
C E R T A I N J Z D G N U O Y
```

282. SPY/INTRIGUE MOVIES

```
B N V E N G E A N C E D G R G
J R V N G N C D R G N S L H R
I C I G N C D W E N K Q O S I
N N Z D N C D R G N S S T N N
G V J D G Q Q U I E T R Q V F
L R K R D E V R S N Q T R R E
O S V R S N J N O G A R D S R
U T C N V R I M I T A T I O N
R N E N G L I S H C N S T N A
I D C N S T D A G G E R S D L
O G C O N V E R S A T I O N R
U R S T N T T N K R D R G N S
S S C O N S T A N T N G L S H
C N S T N T T N K R D R G N S
T I N K E R J Z T U O L L A F
```

283. WESTERNS

```
J O N A H L R A N G E R J D Z
J N H R N G R T X S T Y R S O
B A L L O U R S A X E T J R P
R J N H R N G R T X S T R T S
A N O U T L A N D D S O G R A
N H R N G R T X S T Z Q T S S
D P M O N T A N A Z R R Q I O
E S H R N G R T X S T R E R R
D S M O U N T A I N S R D J A
J N H R N G R T X S R S V N B
S I L V E R A D O A H X P H R
G H T N N Z D R T S T S O P A
C A L A M I T Y R C L M S S B
J D G H T N N Z D R T S S S S
G U N F I G H T E R T Y E N A
```

284. PRODUCERS

```
R T W S P S P I E L B E R G L
E R G E B R D E M I L L E F R
L N T T L D K E N N E D Y Y L
K T R H G L K N N D Y F R D E
N H H T G I Ł G D D R O F J E
I T I C L C C S T Q Y G R T Y
W C T H D H H D T W Y L R W Y
J H C C W C C K U R O S A W A
W C H K G K K R T J Z S R D D
Y K C R O R R J A C O B S O N
L R O S L S S S T W Y L R W Y
E S C W D W W J K R T N K R T
R W K R W N A E L Y Q N W Y
D K R T Y T W Y L R W Y Q A X
T A R A N T I N O Y L R W Y M
```

285. SPORTS MOVIES

```
R W D D W R S T L R S G N I K
O R W R E S T L E R S L P W S
J S R A S M W R S T L R D R H
A T S N T L N O I L L I M S U
M L T S L H O O S I E R S T S
M R L J R D R H M P H N X L T
D U R H A M Q R A G I N G R L
P H O E N I X H M P H N X P E
M R L J R D L A R U T A N H R
H M P H N X P R S T L R P N H
R R C A D D Y S H A C K M X L
M O P H N X P R S T L R P R H
H R C P S L A P S H O T J O Q
X T H K X D R E A M S P O R T
S G D X Y M R L J R D P H N X
```

286. DOCUMENTARIES

```
N E U G A L P J S R E V I R F
P N G N S X N T G B W L N G F
P A I N T E R F L M S L F M I
E N G N S Q N T G B W O S G L
N B M O N T A G E D S R R D M
G N G N S R N T G B W L N R L
U G N S M G N I L W O B D S Y
I Z N G N S M P T G B W L N R
N G H O M E C O M I N G B W L
S Z N G N S M P C I R C U S D
J M U S C L E P T G B W L N S
F R G G N T A P E S S R C T H
S E A R C H I N G B W L A N S
J D F R G G N P T G B T G B W
F O R G O T T E N J E S R N T
```

287. WAR MOVIES

```
K D H E L M E T S E P A C S E
B I S R G N T S H L D R T R T
G R N S S E R G E A N T T Y E
B D S G H M B R G R G T T S R
R O G T S J Z N N I A R T Q N
S S D R G N T S H L D R T R I
D H S Y R B E R E T S G N H T
T N S R G N T S H L D R D N Y
N D S H O U L D E R D T H D Y
E H G E T T Y S B U R G C H M
L C H A M B U R G E R R C I
I R S R G N T S H L D R G R G
S G S H E N A N D O A H H G H
S H S R G N T S H L D R R H T
C O U R A G E T S H L D S G Y
```

288. HISTORICAL DRAMAS

```
V V K I N G D O M D W N F A M
I K C O M M A N D E R Z R N O
K N D W N F Q N G D H R B T D
I G H A R B O R V J G Z S O G
N S D W N F S N G D E V R I N
G D V H D W N F T R K K E N I
S O K U S D W N O L N N C E K
K W N R F S N G V X G G K T J
N N G S N G H J Z S K S O T C
G F S D W O W N X J D L N E O
S A L F U D R D N I W X I G L
L L X R N F S N G D W S N S E
X L S S A M A D E U S L G L T
D S K N A I D A D W N X F X T
A L E X A N D E R D Z D S D E
```

289. DIRECTORS

```
L T A N T O N I O N I   J D Z S
T E R T A R K O V S K Y   Y R E S
R T O K R I N A R I H   J T R T
N R S N S S K H N R Y A Z Y R
A K J C E V J C K S Y R C R U
L V J C K S S K H N R Y A K F
O S J A C K S O N R S R M V F
N K V J C K S S K H N K E S A
V R O S S E L L I N I V R K U
S C V I S C O N T I N S O T T
R E S N A I S J C K S K N C S
S K H N R Y F F R L L T M L B
Z S K H N R Y S U B M U L O C
Z E F F I R E L L I H N R Y J
F A S S B I N D E R Z S K H N
```

290. CRIME MOVIES

```
C G N G S T R L V N E V E L E
O D G A N G S T E R S T R L V
N F A M E R I C A D R S C S S
G O D F A T H E R S A D P U
E N G S T R L V G Q S R H C S
C F I C T I O N F I L E L S P
T T N G S T R L N S A D R T E
I S N G S T R O Q T T R T S C
O C T N G S T R L C N N T C T
N R S C A R F A C E T R N R S
D C O N F I D E N T I A L F S
Z J D G O O D F E L L A S C C
D E P A R T E D N G S T R T R
N G S T R C T N K I L L I N G
T R A I N I N G G S T R C T N
```

291. MOVIE COMPOSERS/CONTRIBUTORS TO SOUNDTRACKS

```
P W T R S D S R E T A W W T F
D A H W K N S W L K R T R L T
S R G R D O M I N O T R O T B
R N W E K N S W L K R W J B J
E R L K T U R N E R Z B A B A
K H W K N S W L K R T R D T M
L S H A W K I N S M N H D H E
A G K N S W L K R S R W E W S
W S A R M S T R O N G K R K R
H W K N S W L K R T R N L N M
T I B B E T H W K N S S E S O
W K N S W L K R T R N C Y C N
C O L T R A N E W L K G S G K
H W K N S W L K R T R T R T R
E L M A N K R T R N T A G U C
```

292. COMEDIC ACTORS

```
C C J D Z R H W N I R A M K N
A R C O H E N F L D M J S T O
R L F L D M J D Z R H W R N T
L N D L L R R E L L I D R B A
I D L D M J D Z R H G R L R E
N L F E L D M A N D Z R N W K
K R J D Z R H W R N W O R B R
R I C K L E S D Z R H W C R C
R J D Z R H W R H A W N K C H
H O W A R D Z D Z R H W L K O
G K R J D Z R H W R H R S L N
R J D R K R J D Z D M T M S G
L D O R A C A R E L L D I M T
N C R J D Z R H W R Z R H M H
K Z R H A R T Z R H W R Z H S
```

293. COMEDIES

```
S S G N I D A R T D M V S R S
T T G R N D H S J R K O S P L
R R D U M B E R N C U H R I G
A B R N D H S J R P N K O S R
N G G D E K A N R N D N S T T
G L B R N D H S T R S R D R E
E V J S P I N A L D S B A B M
L S K R E J B R N D H G I G O
O P G R O U N D H O G L R L S
V N B R N D H S T R S V P V D
E L A N C H O R M A N S L S B
S D R N D H S T R S V T A T O
L E B O W S K I L B S R N R R
R N D H S T R S S V R B E B A
A U T O M O B I L E S G Q G T
```

294. THRILLERS & MYSTERIES

```
D I A B O L I Q U E D B G D F
D D B L Q D R S S D G O R B U
G B R E D R O B B R N B R L G
U L D B L Q D R S E F M B Q I
I Q D N A L S I Q D R S U G T
L G R D B L Q D R S Q S L L I
T L S T R S Q R E D D A L T V
J T E B B L Q D R S Q S I B E
R B C L D R E S S E D T T L S
A L R L B L Q D R S Q R T L R
E L E T B R D S T U H S R T B
F T T Q F E M A L E S Q R I G
T T R B L Q D R S Q S S R G L
A T T R A C T I O N S D R L T
T R C T N S C R T N S S D T B
```

351

295. SPY/INTRIGUE MOVIES

```
S S B O U R N E B R N S L D J
T T C R T N K N W P R G W I D
A L R C T A D L O S D S M S J
L G R T N K N W P Q R A R T T
A T P E R E G R I N E S S L H
G H C U R T A I N R T T R G I
C R T N K N W P R G K L E T R
N O T O R I O U S T N G H H T
G R T N K N W P Q L E T T R Y
L A B Y R I N T H G W H O L B
N O R T H W E S T T H R W R P
R T N K N W P N H H R L S U Q
D E T R A P E D R R L Q O R W
G R T N K N W P J L S S D S G
L Y N D O N N S Q R J D S G R
```

296. WESTERNS

```
W L D P K L L Y K F R S K N V
C W A C D L I W R E C W B S A
B L F R S K N K L L L P R T L
E B S Y O B W O C W C L V L L
J R R S K N K L L K L L Y B E
A M F O R S A K E N D B P R Y
M S M S L N K L L B T R N M S
I T M I L L I O N R P M O S K
G N S M S L N K J M R S M T I
O S F R S K N K R S I T A N D
S P O U T L A W S T E N L S K
S T K L L Y S K N N S S A P E
S E P T E M B E R S T P K T N
B S T K L L Y T R P K T R S A
B R I M S T O N E T B T R N J
```

297. FAMILY MOVIES

```
F A I R Y T A L E F R M M M J
F R O N T I E R F R N G I G I
P L L Y S N I P P O P H G H N
N E W S I E S P L L Y T H T G
S C P L L Y R T N V G Y T Y L
P O L L Y A N N A D S J Y J E
L S C P L L Y R T N V N T N L
N G S E C R E T A R I A T G K
H S L O N G S T O C K I N G N
S U Z P L L Y R T N V N T N U
Z S G R N A V I G A T O R S R
R G D O Z P L L Y R R C H Z H
S S S D L S C P L L D A Q R S
D I A R I E S Y R T L L E S H
L Y R N I H P L O D P H N B S
```

298. SCI-FI MOVIES

```
S S C C T N I N C E P T I O N
S T T T I V N S H N G F T R S
T D A R Y T H N G E R U T U F
E Y S R S D Y N S H N T R S D
G S D N S H N L E N N U T F O
U S W V N S H N G F T R R L D
L D V A N I S H I N G R D T Y
E W R T N D E N I Z E N W N S
D N A N D R O M E D A D W R S
F S W V N S H N G F T R R S E
F L A T L I N E R S T R P D Y
S W V N D O W N S T R E A M S
S H N A G E M O M R E C U A S
M F S W V N S H N G F T R R S
M E T R O P O L I S S H N G F
```

299. ANIMATED MOVIES

```
W O N D E R L A N D P S S S R
C A N A S T A S I A D T T T E
B R E A D W I N N E R R O R T
P S C P T N P N G N R Y R Y E
P T N I A T P A C D Y P Y P P
R R J D T N P N R N S K R N S
I Y S A U S A G E R C G D G H
N P D T N P N R N S N A L U M
C N R E D L I N E T R C T C Z
E G R T A O B M A E T S T N P
T R G P E N G U I N P S C P J
T U R J D T N P N R N S T E P
R G N D Z C I T C R A P R B T
P R N E T N P N R N S R W R R
S S C J S R J D T N Y R N D B
```

300. MUSICALS

```
W E A T H E R W T H P P S T Y
W T H P S P R K L H O R T G S
E L K R A P S H R L T G R P D
T H P S P R K L L D R O Z R P
S I S T E R S Y K L P T N T A
H W T H P S P R K L H Y C Y R
H E A R T B E A T S T S A S T
W T H P S P R K L H Y T B T Y
F I G H T I N G R S S R I R J
D W T H P S P R K L H D N D Y
D R E A M G I R L S H R W R D
D W T H P S F R O Z E N D M A
H A M I L T O N F R Z N P G L
P D W T H P S P R K L H D R T
P E T E R T H D L I W E L D I
```

© 2021 Quarto Publishing Group USA Inc.

First published in 2021 by Chartwell Books,
an imprint of The Quarto Group,
142 West 36th Street, 4th Floor,
New York, NY 10018 USA
T (212) 779-4972 F (212) 779-6058
www.QuartoKnows.com

10 9 8 7 6 5 4 3 2 1

Chartwell titles are also available at discount for retail, wholesale, promotional, and bulk purchase. For details, contact the Special Sales Manager by email at specialsales@quarto.com or by mail at The Quarto Group, Attn: Special Sales Manager, 100 Cummings Center Suite 265D, Beverly, MA 01915, USA.

ISBN: 978-0-7858-4013-8

Publisher: Rage Kindelsperger
Creative Director: Laura Drew
Managing Editor: Cara Donaldson
Puzzle Editor: Rebecca Falcon
Cover Design: Beth Middleworth
Interior Design: Danielle Smith-Boldt

Printed in China